Esther Stocker – Art On Architecture

ESTHER STOCKER
Art on Architecture

Architekturbezogene Arbeiten

2001–2020

Verlag für moderne Kunst

edition
ROTE INSEL

Matthias Seidel

Einmessungen, Aufbrechungen, Neujustierungen

Architekturbezogene Arbeiten von Esther Stocker

Die Idee dieses Buches ist es, ein Nachschlagewerk zu den architekturbezogenen Arbeiten von Esther Stocker zu sein, das diese eigenständige Gruppe von Kunstwerken in einem gut nachvollziehbaren Gesamtzusammenhang darstellt. Inhaltlich werden das Zusammenwirken der Architektur und die an, auf oder mit ihr realisierten Werke hinsichtlich einer durch sie veränderten Wahrnehmung näher betrachtet. Ziel ist dabei zu ergründen, worin die besondere Strahlkraft dieser Werke besteht und was deren starke Resonanz sowohl in Fachkreisen als auch bei einem breiten Publikum auslöst. Diese Absicht unterstreicht insbesondere die Konstellation in der Zusammenarbeit an diesem Buch: Gemeinsam mit der Künstlerin Esther Stocker haben der Wahrnehmungspsychologe und Architekturwissenschaftler Dr. Martin Brucks sowie ich selbst, Matthias Seidel, als Architekt und Ausstellungsmacher von *drj art projects*, dieses thematische Werkverzeichnis erarbeitet und kommentiert.

Das Leitmotiv für die Auswahl der aufgeführten Arbeiten ist deren künstlerische Behandlung architektonischer Raumbegrenzungen geworden, also der Wände, Böden und Decken, die der Malerin Esther Stocker hier als Oberfläche für ihre Interventionen dienen. Das schließt jedoch die Verwendung auch dreidimensionaler Elemente nicht aus. Dauerhafter Erhalt hingegen ist nicht zu einem Kriterium für oder wider eine Aufnahme in das Verzeichnis geworden: Auch temporäre Arbeiten – insbesondere in Ausstellungen – können in ihrem Architekturbezug relevant sein. Die wissenschaftliche Betrachtung der Werkgruppe nimmt Martin Brucks vor: Mit ausgewählten Beispielen und Ausschnitten aus den Arbeiten selbst führt er vor Augen, welche Prinzipien Esther Stockers Werke mit Architektur für Betrachter:innen so besonders und wirkungsvoll werden lassen (S. 11 ff.). Ein eigener Text von Esther Stocker macht deutlich, wie sie selbst in diesen Bereich ihres Werkes hineingefunden hat und was er für sie bedeutet.

Die Arbeitsweise und das spezifische Vorgehen der Künstlerin sind in der vertieften Beschäftigung mit ihren Projekten den beiden Autoren deutlich erkennbar geworden: Esther Stocker nähert sich den architektonischen Gegebenheiten visuell, mithilfe einer genauen Betrachtung der architektonischen Situation. Insbesondere jene Oberflächen, die sie später unmittelbar bearbeiten wird, sieht sie auf ganz eigene Art und Weise an. Vor ihrem inneren Auge erzeugt sie für sich aus dem Ganzen ein neues Bild. Sie legt dafür in ihrer künstlerischen Vorstellung eine Struktur, meist aus ihrem vielfältigen malerischen Werk, über das Vorhandene. Sie überprüft die Wirkung des imaginierten Zusammenhangs mithilfe von zeichnerischen Skizzen. Des Weiteren nutzt sie schematisierte Visualisierungen, etwa mit halbtransparenten digitalen Überlagerungen von Fotos und gewählten Strukturen, um schließlich eines ihrer künstlerischen Systeme von Ordnung und Störung für die spezifische Situation zu bestimmen. Je nach den Gegebenheiten entsteht das eigentliche Werk dann in seiner genauen Ausformung erst vor Ort, indem die Künstlerin auf Basis ihrer Vorarbeiten detailliert mit den realen baulich-architektonischen Bedingungen interagiert. Wo dies aus planerischen oder örtlichen Gründen nicht möglich ist, vollzieht sie diesen Prozess an Modellen oder in maßstäblichen Zeichnungen. Wichtig ist zu sehen, dass sie insofern nicht als Erstes vom Raum als solchem ausgeht. Sie analysiert nicht strukturell oder konstruktiv die Gebäude oder die räumlichen Zusammenhänge darum herum, wie es etwa Architekt:innen oder manche Bildhauer:innen tun würden. Vielmehr projiziert sie ihre künstlerische Idee ganz direkt aus ihrer inneren Vorstellungskraft – durch verschiedene Medien und über mehrere Stufen der Sichtbarmachung – auf die Situation. Diese wird dadurch förmlich zur gebauten Leinwand. Bis zur Realisierung geht sie in eine anpassende Auseinandersetzung mit diesem besonderen Bildgrund und erreicht so ein sehr spezifisches Werk, das die Grundbedingungen der jeweiligen Architektur aufnimmt, überlagert und insgesamt einen ganz neuen, von ihr gestalteten Zusammenhang schafft.

Das Ergebnis sind Einmessungen, Aufbrechungen, Neujustierungen des zuvor Vorhandenen, durch die Überlagerungen mit den Strukturen und den Elementen von Esther Stocker. Visuell hat das große Tragweite: Es kommt eben nicht nur das Gestaltete hinzu, als gesondertes Neues, sondern es verändert sich auch die Erscheinung dessen, was als gebaute Grundlage schon da war. An den künstlerischen Hinzufügungen kontextualisieren sich Verhältnisse von Bauteilen und deren Spezifika neu. Es treten etwa Details, die zuvor nicht von großer Bedeutung waren oder sogar nicht sichtbar sein sollten, förmlich betont hervor und entfalten eine veränderte Wirkung. Die entstehenden Gesamtbilder eröffnen so mehrere Betrachtungsebenen und erzielen eine große Wirkkraft bei den sie betrachtenden Menschen.

Die formale und künstlerische Entwicklung der zusammengestellten Werke wird in ihrer Progression ablesbar, wenn man die Betrachtungsrichtung der hier vorliegenden Ordnung umkehrt und am Ende der Liste, im Jahr 2001, beginnt. Man erkennt dann, wie sich die Arbeit von Esther Stocker Zug um Zug auf die architektonischen Raumbegrenzungen ausgeweitet hat und diese und sich selbst dabei verändert. Es hat sich in der Folge eine Art eigenes Genre innerhalb ihres Œuvres entwickelt. Aus der Arbeitsweise der Künstlerin heraus sind dabei natürlich deutliche Querbeziehungen zu den ihr wichtigen Themen in der Malerei zu sehen: Die jeweils aktuelle Formfindung in ihrer Auseinandersetzung mit Ordnung und deren Störung – Esther Stockers Grundthema, das sie in einer sehr großen Bandbreite von Motiven seit Beginn ihres Schaffens bearbeitet – spiegelt sich auch in ihren architekturbezogenen Werken. Eine systematische Untersuchung des Zusammenhangs dieser beiden Bereiche wird künftigen Generationen von Kunstwissenschaftler:innen zukommen.

Die Künstlerin und die beiden Autoren haben entschieden, die Auswahl von Werken mit dem Jahr 2020 enden zu lassen. Einerseits sind so genau zwei Jahrzehnte dieser Werkgruppe zusammengefasst, zudem fällt andererseits dieser Zeitraum mit epochalen zeitgeschichtlichen Veränderungen zusammen: Nachdem im Jahr 2001 durch 9/11 die politischen Verhältnisse eine weltweit wirksame nachhaltige Erschütterung erfuhren, hat es durch die 2020 global ausbrechende COVID-19-Pandemie erneute fundamentale Veränderungen in allen Lebensbereichen der Menschen gegeben. Unverkennbar hat ein neuer Zeitabschnitt begonnen. Dass dies absehbar und dauerhaft auch auf der Ebene von Kunst und Kultur bleibende Auswirkungen haben wird, ist unstrittig. Wie und ob sich dadurch auch die Werke Esther Stockers im architektonischen Zusammenhang verändern werden, wird mit größerem zeitlichem Abstand zu betrachten sein. Insbesondere, da es hierfür in den meisten Fällen auftraggebende Personen oder Institutionen und immer einen gesellschaftlichen Kontext gibt, ist das voraussichtlich nicht auszuschließen.

Matthias Seidel

Calibration, Breaking Open, Readjustment
The architecture-oriented works of Esther Stocker

This book aims to serve as a reference work on the architecture-oriented works of Esther Stocker, contextualizing this discrete group of artworks in order to illuminate their relationships with each other. The interplay of architecture and works realized in, on, or with it is examined to determine how the relationship affects the perception of the component parts. The goal is to explore the special appeal of these works and to investigate what triggers their strong resonance both in professional circles and among a broad public. This purpose is particularly facilitated by the constellation of people who have collaborated on this book: the cognitive psychologist and architecture scholar Dr. Martin Brucks, and I, Matthias Seidel, architect and curator of drj art projects, *have developed this thematic catalogue raisonné together with the artist.*

The leitmotif for the selection of works discussed here is the artistic treatment of spatial boundaries: the walls, floors, and ceilings that serve as surfaces for Esther Stocker's interventions. This does not, however, exclude the use of three-dimensional elements. Permanence was not a criterium for or against inclusion in this catalogue: temporary works—in particular works created as part of an exhibition—can also relevantly engage with architecture. Martin Brucks provides a scholarly consideration of this group of works: he uses selected examples and details of the works themselves to illuminate the principles of Esther Stocker's work with architecture that makes it so special and powerful to viewers *(pg. 15 ff.)**. A text by Stocker herself explains how she came to this kind of work and what it means to her.*

Through a deep engagement with the artist's projects, the authors were able to recognize and grasp the specifics of Stocker's method and process: Esther Stocker approaches the given architecture visually, first closely observing the architectural situation. Specifically, she considers in a very particular way the surfaces that she will later treat. In her mind's eye, she creates a new image from the whole. She thereby imagines a structure, usually from her varied painterly oeuvre, overlaying what is actually present. She tests the effect of the imagined interaction with sketches. Next, she uses schematic visualizations, for example the semi-transparent digital superimposition of photos and structures, in order to choose one of her artistic systems of order and disruption for the specific situation at hand. Depending on the circumstances, the actual work usually emerges in its precise form only on site, as the artist interacts in detail with the real structural-architectural conditions on the basis of her preliminary work. Where practical reasons make this impossible, she carries out the process on models or scale drawings. It is important to note that she does not primarily proceed from the space as such. She does not analyze the building or its spatial relationships structurally or constructively as an architect or sculptor, for example, might do. Rather, she projects her artistic idea directly from her imagination onto the situation, using various media and several stages of visualization. These literally become a built canvas. Before the work is realized, she enters into an adaptive engagement with this special pictorial surface to arrive at a specific work that incorporates and layers the basic conditions of the architecture, ultimately creating a completely new constellation of relationships.

The result is a calibration, breaking open, and readjustment of the pre-existing conditions through the superimposition of structures and elements by Esther Stocker. Visually, this has major implications: what Stocker designs is not simply added as something separate and new; rather, it alters the appearance of what already existed as a built foundation. The artistic additions re-contextualize the relationships of the structural elements. Details which were formerly unimportant or even not meant to be seen literally emerge and develop a new effect. The images that result thus open up several levels of observation and have a strong impact on viewers.

The formal and artistic development of the selected works becomes legible if one reverses the order presented here, starting at the end of the list, in 2001. One can then see how Esther Stocker's work expanded bit by bit into an engagement with architectural boundaries, thereby changing both the architecture and her work. A kind of genre thus develops within Stocker's oeuvre. The artist's method clearly exhibits relationships with themes that are important in her painting: the development of form through the tension between order and its disruption—Esther Stocker's central theme, which she has developed through a wide range of motifs since the beginning of her career—is reflected in her architecture-oriented works as well. A systematic investigation of the relationship between these two areas will be the task of future generations of art scholars.

The artist and the two authors have decided to end the selection of works with the year 2020. For one thing, this allows a summary of exactly two decades of work. In addition, this time range coincides with epochal changes: 9/11 lastingly altered international political relationships in 2001, and in 2020 the COVID-19 pandemic fundamentally changed many aspects of life across the world. Undeniably, a new era has begun. There is no doubt that the pandemic will have a long-term impact on art and culture as well. Whether and how Esther Stocker's architecture-oriented works will be affected is a question that must be considered with more temporal distance. Since in most cases these works are commissioned by individuals or institutions, and there is always a societal context involved, this cannot be ruled out.

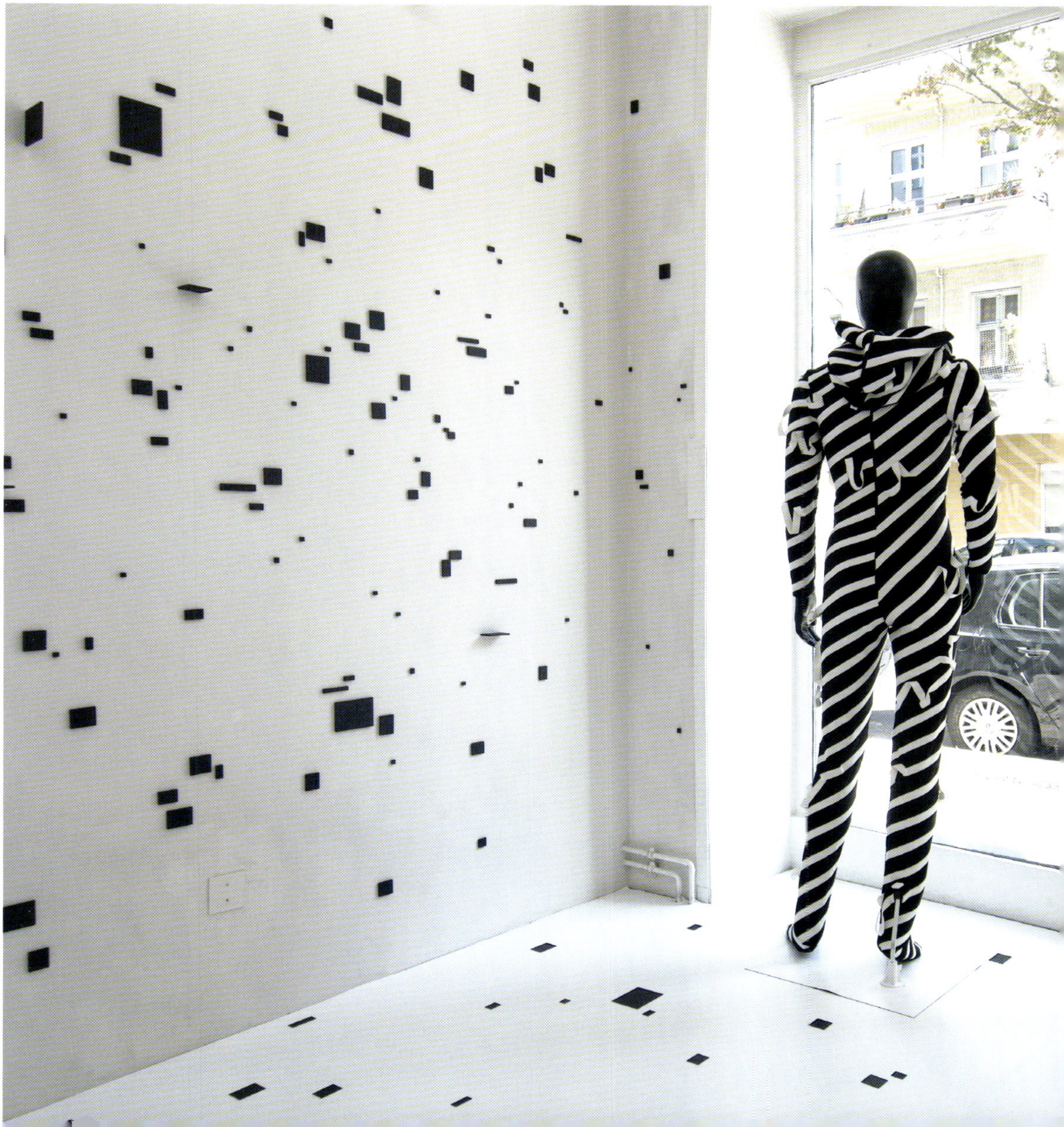

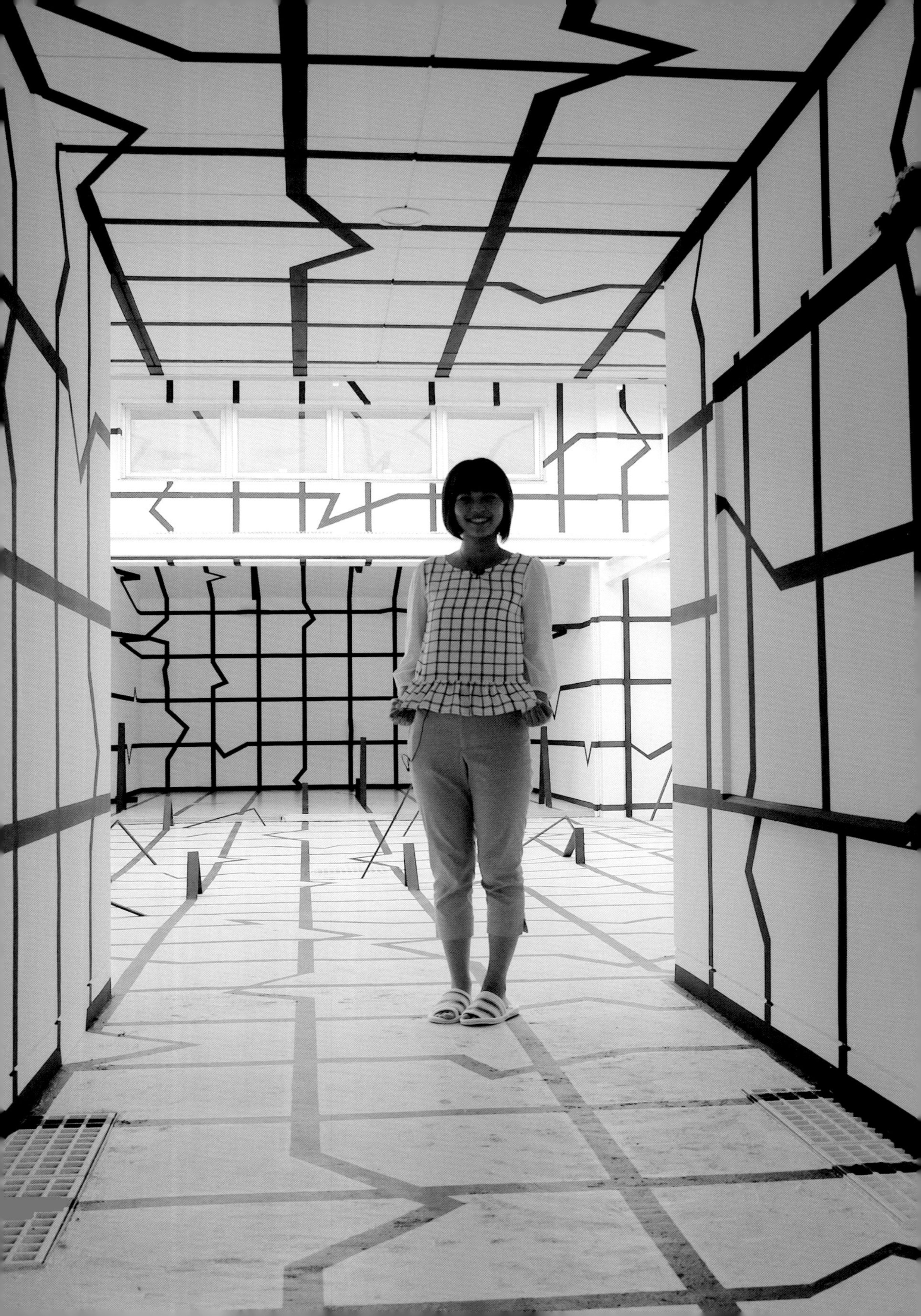

Martin Brucks

Raum und Kognition

Geometrische und wahrnehmungspsychologische Reflexionen zu Esther Stockers Arbeiten mit Architektur

I. Illusion der Zweidimensionalität

Raster und Strukturen gehören zum Basisinstrumentarium von Esther Stockers künstlerischem Schaffen. Sie spielen sowohl in ihren Bildern als auch in ihren räumlichen Arbeiten eine essentielle Rolle. Oberflächenstrukturen sind auch für die menschliche Raumwahrnehmung von großer Bedeutung. Menschen sind dreidimensionale Wesen, die in einer dreidimensionalen Umgebung leben und sich in ihr bewegen. Wirkliche Zweidimensionalität gibt es in unserer dreidimensionalen Welt nicht – sie ist vielmehr ein mathematisches Konstrukt, mit dem wir recht gut umgehen können. Es gilt sich jedoch zu vergegenwärtigen, dass selbst der Farbauftrag auf einem Gemälde eine Räumlichkeit besitzt. Zudem ist es nahezu unmöglich, ein rechteckiges Bild ohne perspektivische Verzerrungen zu betrachten. Weiterhin unterscheiden sich durch das menschliche stereoskopische Sehen unsere beiden Netzhautbilder bei der Betrachtung (vermeintlich) zweidimensionaler Gebilde voneinander, was auf deren tatsächliche Räumlichkeit verweist. Alles, was wir sehen, wird vom menschlichen Wahrnehmungssystem stets einer räumlichen Deutung unterzogen. Unser visuelles kognitives System ist evolutionär darauf ausgerichtet, Räumlichkeit zu explorieren, um uns eine möglichst gute Orientierung in unserer Umwelt zu ermöglichen.

Sowohl beim »Arbeiten mit Architektur« als künstlerischer Prozess als auch bei den »Arbeiten mit Architektur« als künstlerisches Produkt treffen indessen Zwei- und Dreidimensionalität aufeinander: Der künstlerische Umgang mit Einzelflächen als quasi zweidimensionales Geschehen steht der vorhandenen dreidimensionalen Raumcharakteristik des Interventionsortes gegenüber. Hinzu tritt bei Esther Stocker ein Übersprungsmoment – von der Fläche in den Raum. Alles zusammen wirkt und interferiert und fordert eine räumliche Deutung. Esther Stockers Arbeiten mit Architektur sind stets Raummodifikationen, sie modifizieren die Wahrnehmung des Raumes und verändern damit die Charakteristik des Ortes. Während dabei bestimmte räumliche Qualitäten einer Bestandssituation hervorgehoben bzw. gestärkt werden, werden andere geschwächt oder gänzlich eliminiert. Die relative Wirkung räumlicher Teilqualitäten kann dadurch stark verändert werden, vorhandene räumliche Aussagen werden modifiziert, neue treten hinzu, insgesamt formt sich ein neues Raumbild.

Im Folgenden sollen zehn Projekte von Esther Stocker, die mit Architektur in Verbindung stehen exemplarisch etwas näher betrachtet werden.

II. Ordnung und Störung in der Raumperspektive

Projekt 1: Setouchi-Triennale, Contours of Thinking, Awashima, Japan, 2016

Das Grundbezugssystem ist ein orthogonales Raster. Dieses schwarze Grundraster betont damit räumliche Lage und Ausdehnung aller Raumoberflächen. Die Ausrichtung des Grundrasters in Bezug auf das Bauwerk ist »konventionell«. Die Richtung vorhandener Raumkanten wird aufgenommen, unterstützt durch die Anwendung des Symmetrieprinzips. Das Raster steht im Maximalkontrast zur weißen Hintergrundfarbe, die auf alle vorhandenen Flächen – mit Ausnahme der Fenster- und Dachbereiche – angewendet wird. Raster und Hintergrundfarbe wirken somit in einem Modus der Totalität, unterstützt durch die Anwendung von Symmetrie. Der Maßstab des Rasters bestimmt, welche räumlichen Varianzen des ursprünglichen Raumes in der Wirkung hervortreten können und welche zurücktreten oder gänzlich überspielt werden. Die Gleichbehandlung aller Oberflächen – durch die allgemeine weiße Grundfläche und das applizierte Raster – setzt die Wirkung aller vorhandenen Materialeigenschaften und damit verbundener Farbqualitäten außer Kraft. Es bleiben der pure Charakter der Räumlichkeit sowie die Varianz der natürlichen Belichtung. Auf dieser Basis werden Raumqualitäten vor allem durch Schatteninformationen ablesbar, insbesondere durch den Eigenschatten. Als Reflexionsphänomen werden verschiedene Lichtfarbbereiche innerhalb der weißen Einheitsflächigkeit erkennbar.

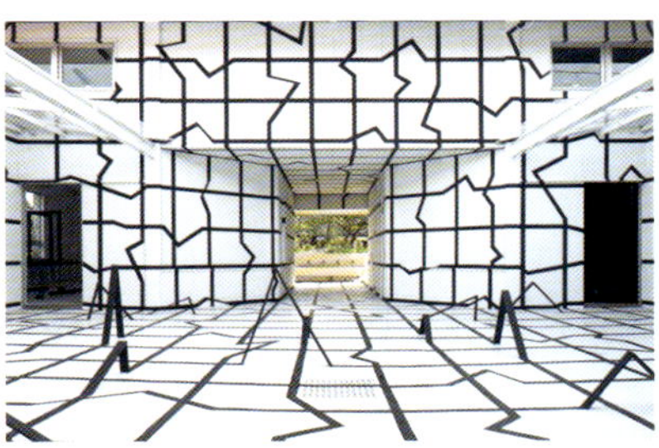

Projekt 1: Contours of Thinking, Awashima (vgl. links und S. 42 ff.).

Der Ordnung des Grundbezugssystems »Orthogonalraster« stehen quasi kontrapunktisch Störungen gegenüber – stets an Kreuzungspunkten von Rasterlinien verortet. Diese Störungen repräsentieren zwar gewisse Freiheitsgrade. Sie sind jedoch zugleich ganz eng an das Ordnungssystem gebunden und vollziehen sich letztendlich wieder in einem relativ geordneten Rahmen – sowohl quantitativ als auch qualitativ. Die exemplarische tatsächliche Verräumlichung von »Störungen« in Form zweischenkliger Dreiecksbrücken unterstützt die Räumlichkeitswirkung der Gesamtarbeit. Einige Störungen sind als Projektionen solcher räumlichen Dreiecksbrücken auf der Arbeitsfläche deutbar, erkennbar an teilweise ungleich breiten Schenkeln. Diese Projektionslesart überträgt man dann auch auf die Brücken mit Schenkeln gleicher Breite. Zugleich tut sich noch eine erweitere Lesart auf: Die projizierten zweidimensionalen Dreiecksbrücken könnten räumliche Gebilde repräsentieren, die eigentlich hinter der Arbeitsfläche liegen. Die Anwendung perspektivischer Illusionen ist jedoch zugleich immer mit dem Problem verbunden, dass sie sich nur für einen einzigen Blickpunkt herstellen lassen. Damit steht die Frage, ob die Ausrichtung einer »perfekten« Illusion auf einen einzigen Betrachterstandpunkt erfolgen soll, insbesondere wenn an verschiedenen Stellen mit diesem Prinzip gearbeitet wird. Auch wenn im vorliegenden Beispiel eher eine Multiperspektivität zugrunde liegt, tritt die lokale räumliche Wirkung der perspektivisch projizierten Elemente in der fokussierten Nahsicht deutlich hervor. Aus der Verwendung sowohl realer als auch projizierter Dreiecksbrücken-Elemente in der beschriebenen Form resultiert jedoch auch eine gewisse »Unsicherheit« bzw. »Unbestimmtheit«: Wenn perspektivisch in die Zweidimensionalität projizierte Dreiecksbrücken-Elemente eigentlich dreidimensionale Elemente repräsentieren, könnte es sich dann bei den real dreidimensionalen Dreiecksbrücken vielleicht gar um Projektionen vierdimensionalen Geschehens handeln? Dies vielleicht sogar auch nur selektiv? Die Verunsicherung setzt sich damit dramatisch fort: Ist möglicherweise auch das Grundraster selektiv »nur« Projektion eines vierdimensionalen Konstruktes? Die eben gefundene und sicher erscheinende Grundordnung des Systems droht sich bei diesem mathematisch-geometrischen Gedankenspiel schon wieder aufzulösen. Dies jedoch mit dem positiven Aspekt, neue Fragen aufzuwerfen.

III. Bewegung durch den Strukturraum

Oberflächen- und Raumstrukturen und die darauf basierende Strukturiertheit unserer Umwelt helfen dem Menschen in entscheidendem Maße, sich in der Umwelt zu orientieren. Dies gilt für den statischen und noch viel mehr für den dynamischen Fall: Das Fließen von Strukturen im optischen Feld des Menschen, der sogenannte optische Fluss, der durch die menschliche Eigenbewegung entsteht, liefert wichtige Informationen über die eigene Lage im Raum sowie über Art und Richtung der vollführten Bewegung. Gleichmäßige visuelle Strukturen ermöglichen uns zudem gut, Entfernungen abzuschätzen, geben uns dadurch ein stärkeres Gefühl von Kontrolle und damit auch von Sicherheit in unserer Umgebung. Strukturen können eine Maßstäblichkeit definieren und die wahrgenommene Komplexität eines Ortes verändern. Im Allgemeinen wird ein Maß mittlerer Komplexität als am angenehmsten empfunden. Der wahrgenommene Komplexitätsgrad ein und derselben gestalteten Situation kann sich in Nah- versus Fernsicht jedoch stark unterscheiden. In Esther Stockers architekturbezogenen Arbeiten wird all dies in höchstem Maße relevant.

Projekte 2, 3 und 4: Setouchi-Triennale, Bahnstationen Tsuneyama, Hachihama und Bizen-Tai, Japan, 2016

Der Typus »Bahnstation« bildet per se den Schnitt- und zugleich Wendepunkt von »Verbleiben« auf der einen und »Bewegung« auf der anderen Seite, er verweist auf die Polarität von Nähe und Ferne. Entsprechend existieren zwei Grundperspektiven: die dynamische des Ankommenden bzw. Wegfahrenden und die statische dessen, der sich auf dem Bahnsteig befindet. Für die drei Gestaltungen der Bahnstationen Tsuneyama, Hachihama und Bizen-Tai besitzen diese Grundperspektiven jeweils unterschiedlich starke Bedeutung.

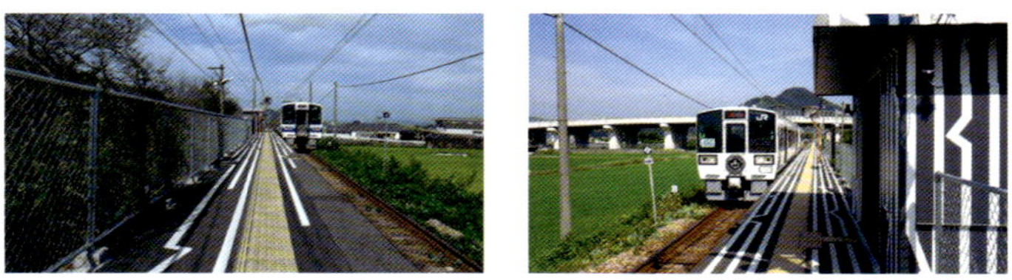

Projekt 2: Bahnstation Tsuneyama (S.46).

In Tsuneyama (Projekt 2) arbeitet Esther Stocker mit gleichabständigen Parallelliniensystemen in weißer Farbe auf dunklem Untergrund. Auf dem Bahnsteig ist das Liniensystem parallel zur Bahnsteigkante und damit auch parallel zur Hauptbewegungsachse installiert. Störungen – wiederum in Form perspektivisch projizierter Dreiecksbrücken – gibt es unregelmäßig verteilt in den einzelnen Linien des Systems. An den Bahnsteigenden laufen die Systemlinien unterschiedlich lang aus. In der Wahrnehmung aus der Bewegung heraus resultiert daraus ein sukzessives Einsetzen bzw. Ausklingen der Linien, verbunden mit gelegentlich aufblitzenden Störungsimpulsen. Aus der Entfernung entlang der Schienenachse betrachtet, wird ein zum Bahnsteig korrespondierendes Parallelliniensystem an den Seitenfronten des Stationsgebäudes erkennbar. Dieses Liniensystem setzt sich – scheinbar kontinuierlich – auch auf dessen Vorderfront fort, bekommt hier jedoch eine gänzlich andere Konnotation. Denn genau im nahezu statischen Schnittpunkt des Ankommens (bzw. Wegfahrens) eröffnet sich der Blick auf orthogonal aufeinandertreffende Parallelliniensysteme von Bahnsteigboden und Stationsvorderfront. Die beiden Ausrichtungen stehen sich dann diametral gegenüber, sie hemmen sich quasi gegenseitig und stehen in ihrer direkten Konfrontation gewissermaßen für den Moment des Stillstands selbst.

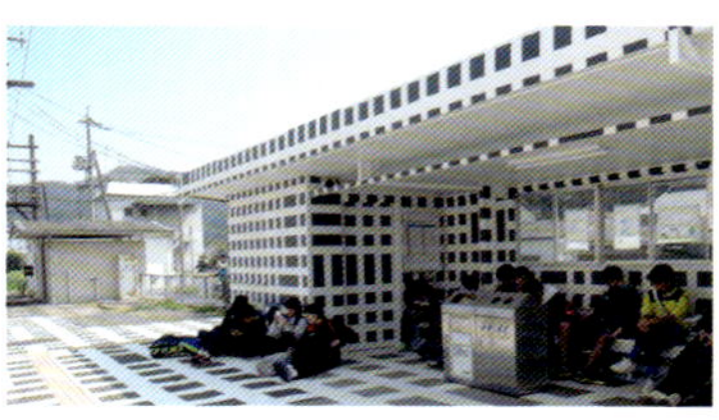

Projekt 3: Bahnstation Hachihama (S.47).

Während in Tsuneyama Fernsicht und Makrobewegung im Vordergrund zu stehen scheinen, sind es in Hachihama (Projekt 3) vielmehr Nahsicht und Mikrobewegung. Allseitig gleichmäßig ausgerichtete Weiß-auf-Schwarz-Orthogonalraster – freilich mit Störungen durch punktuelle Zusammenfassung von Rasterfeldern – umfangen gleichermaßen Bahnsteig und Stationsgebäude und sind in ihrer Maßstäblichkeit eher in der Nahsicht wirksam. Die gewählte Rastergröße filtert zugleich technisch erforderliche zusätzliche Ausstattungselemente des Gebäudes (wie Stromverteiler o.ä.) visuell gewissermaßen heraus. Die Dramatik perspektivischer Spreizung wird besonders deutlich und eindrucksvoll, wenn sich die Richtung des Betrachterblicks diagonal über das Bodenrastersystem legt. Dazu trägt ein weiterer subtiler Effekt bei, der durch den leichten Maßstabssprung der beiden Raster von Bahnsteigboden und Stationsgebäude bewirkt wird. Da das menschliche optische System die sehr ähnlichen Rastergrößen tendenziell als eine einheitliche Rastergröße verarbeitet, ergibt sich ein Effekt perspektivischer Illusion: Der Bahnsteigraum wirkt dadurch größer, das Bahnsteiggebäude erscheint weiter vom Betrachterstandpunkt entfernt, als dies tatsächlich der Fall ist. Mit zunehmender Fernsicht schwindet die Bedeutung dieser Rasterdifferenz – ebenso wie die Rasterwirkung selbst.

In Bizen-Tai (Projekt 4) indessen wird die Brechung von Orthogonalität gebauter Umwelt thematisiert: großmaßstäblich in Bezug auf das Stationsgebäude – kleinmaßstäblich in Bezug auf die Orthogonalstruktur der Formsteinwand, die den Bahnsteig von der dahinter liegenden Vegetationsfläche separiert. Eine unregelmäßige Netzstruktur überzieht Gebäude und Wand. Zum einen in weißer Farbe auf dem dunklen Hintergrund der Formsteinwand und zum anderen als Inversion dieser Struktur mit schwarzem Liniensystem auf weißem Gebäudehintergrund. Während in der Fernsicht Netzstruktur und Inversionskonzept im Vordergrund stehen, tritt bei einer Annäherung, d.h. einer Änderung des Betrachtungsmaßstabes, die subtile Orthogonalstruktur der Formsteinwand hervor, während der Brechungseffekt durch die unregelmäßige Netzstruktur in den Hintergrund tritt.

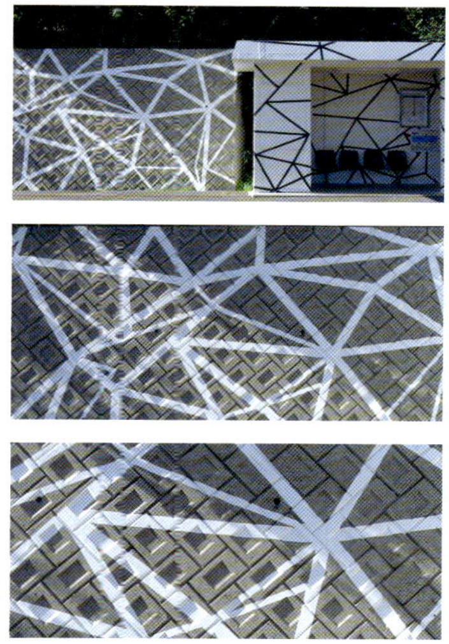

Projekt 4: Bahnstation Bizen-Tai (S.48).

Projekt 5: Bürogebäude der Firma CROMA, Leobendorf, 2017

Wie Bahnhöfe auch, so sind Treppenhäuser transitorische Räume. Die Bewegung in ihnen führt zu einem Ebenenwechsel. Dies ist in aller Regel mit einer räumlich-diagonalen Vermittlung zwischen verschiedenen Ebenen verbunden. Man könnte das Treppenhaus deshalb innerhalb eines von Orthogonalität beherrschten architektonischen Raumsystems selbst als eine Art von Systemstörung auffassen. Esther Stocker nimmt bei ihrer Intervention die dominanten vorgefundenen Struktureigenschaften – Stufung und Diagonalität – auf und entwickelt daraus künstlerische Mittel und Prinzipien, mit denen sie eine Dramaturgie formt. Grundmaterial ist dabei ein paritätisches Hell-Dunkel-Streifensystem. Obwohl die hellen Bereiche direkt von der Sichtbetonoberfläche gebildet werden, können sowohl die hellen als auch die dunklen Wandanteile jeweils als Hintergrund gelesen werden. Aus einem gleichermaßen profanen wie monotonen Sichtbetonort macht Esther Stocker damit einen Strukturerlebnisraum, den man im Aufstieg vom untersten zum obersten Geschoss – und zurück – quasi in kinematographischer Weise rezipieren kann. Die pure Stufengliederung aufnehmend, strahlt das Parallelstreifensystem im untersten Geschoss noch Ruhe und Gleichklang aus, die Komplexität wird nach oben hin jedoch sukzessive gesteigert. Fragmentierungen, Verflechtungen und damit verbundene perspektivische Verzerrungen nehmen nach oben hin zu und kulminieren im obersten Geschoss in der Art eines schwindelerregenden perspektivischen Verzerrungskabinetts. Die Gestaltung wird damit bis an die Grenze der ergonomisch sicheren Benutzbarkeit eines Treppenhauses geführt.

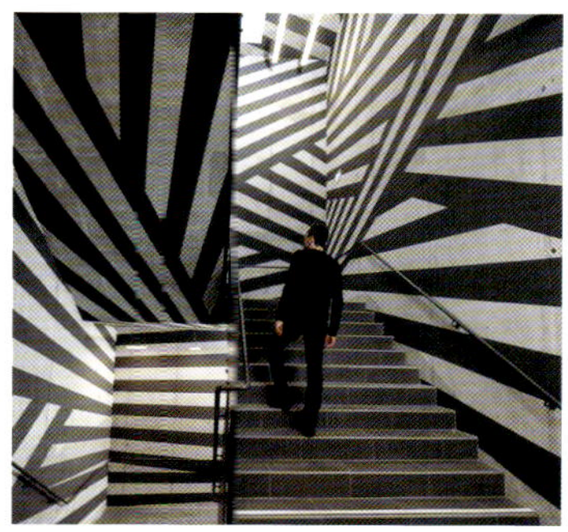

Projekt 5: Bürogebäude der Firma CROMA (S.38f.).

IV. Figur-Grund-Dualität und räumliche Tiefenwirkung

Die auf uns einwirkenden visuellen Sinneseindrücke werden vom menschlichen Wahrnehmungssystem aktiv organisiert. Ein wichtiges Prinzip ist dabei die Figur-Grund-Unterscheidung, die bei der Erkennung von Form und Gestalt eine große Rolle spielt. Was vom visuellen System als zusammenhängende Gestalt erkannt wird, tritt in den Vordergrund, das andere tritt zurück. Dabei kann es durchaus sein, dass ein tatsächlicher physikalischer Hintergrund psychologisch als Gestalt in den Vordergrund tritt. D.h. in der physischen Umwelt bestehende relative Raumverhältnisse können in der Wahrnehmung quasi umgekehrt werden. Dieser Umstand kann gezielt dazu genutzt werden, auch im Fall flächiger Gestaltung eine räumliche Tiefenwirkung zu erzielen.

Projekt 6: Parkhaus am Place Mazelle, Metz, 2012

In der Nahsicht tritt die Gestaltwahrnehmung der dunklen Strukturen in den Vordergrund, die helle Restfläche bildet entsprechend einen Hintergrund. In der Fernsicht dagegen nimmt man die helle Fassade als Gesamtgestalt wahr, die dunklen Strukturen werden indessen als eine Art »Hintergrund« wahrgenommen; sie erscheinen als Durchbrechungen der Fassade mit Blick in ein dunkles Inneres. Das kompakte und monoton wirkende Volumen wird damit aufgebrochen, was der Architektur insgesamt eine erstaunliche Leichtigkeit verleiht. Unterstützt wird die schwebend-leichte Wirkung durch den zurückgesetzten Sockel des Gebäudes. Bereits die konstruktiv bedingten vertikalen Gliederungselemente der Fassade verstärken in der perspektivischen Nahsicht die räumliche Wirkung des Baukörpers in seiner Horizontalausdehnung. Durch Esther Stockers Applikation eines Systems unregelmäßiger schwarzer Figurationen wird auch der vertikalen Dimension eine ablesbare Maßstäblichkeit zugeordnet; zugleich wird durch starken Helligkeitskontrast und die gewählte Maßstäblichkeit der Textur die Raumwirkung sowohl in vertikaler als auch in horizontaler Richtung deutlich verstärkt. Insgesamt resultiert eine einheitliche und auch in der Fernsicht gut ablesbare Maßstäblichkeit bei großer qualitativer und quantitativer Varianz der Einzelfiguren, d.h. in Bezug auf Form und Größe. Dem Gestaltgesetz der Prägnanz (bzw. der »guten Form«) folgend, interpretiert unser Wahrnehmungssystem das applizierte System in der Nahsicht als Überlagerung verschieden dimensionierter dunkler Rechteckfiguren, die in ihrer Ausrichtung einer einheitlichen Orthogonalordnung folgen – die helle Fläche bildet dabei den Hintergrund. In der Fernsicht hingegen führen dieselben Gestaltgesetze dazu, die Gesamtfassadenfigur als Überlagerung verschieden dimensionierter heller Rechteckfiguren zu interpretieren, die in ihrer Ausrichtung orthogonal aufeinander bezogen sind.

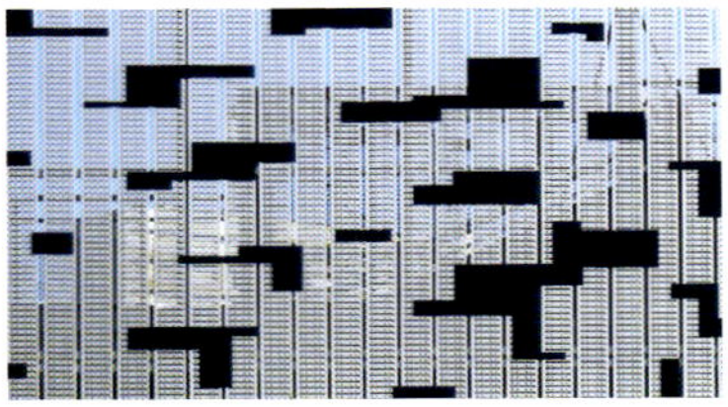
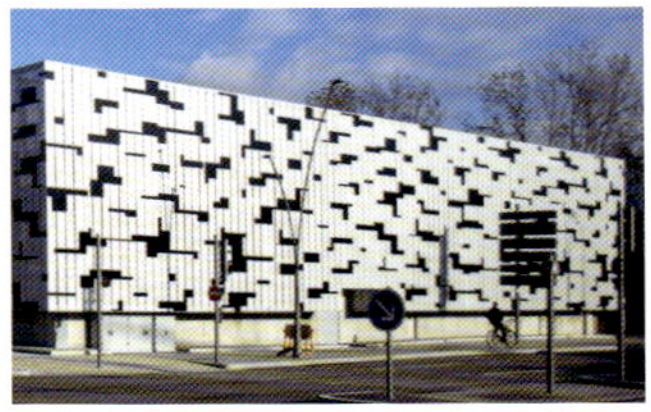

Projekt 6: Parkhaus Place Mazelle, Metz (S.60f.).

Projekte 7, 8 und 9: Lorystraße, Wien, 2011; Volkart-Haus, Winterthur, 2012; Lutfridstraße, Bonn, 2013

Es ist jedoch nicht allein der unterschiedliche Referenzrahmen (nah vs. fern), der die Figur-Grund-Wahrnehmung bestimmt. Im Vergleich der Projekte 7, 8 und 9 wird deutlich, dass hierbei auch die relative Verteilung von Hell- und Dunkel-Anteilen eine wichtige Rolle spielt.

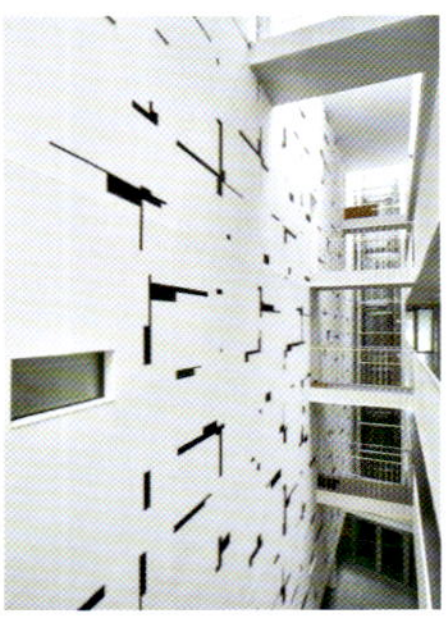
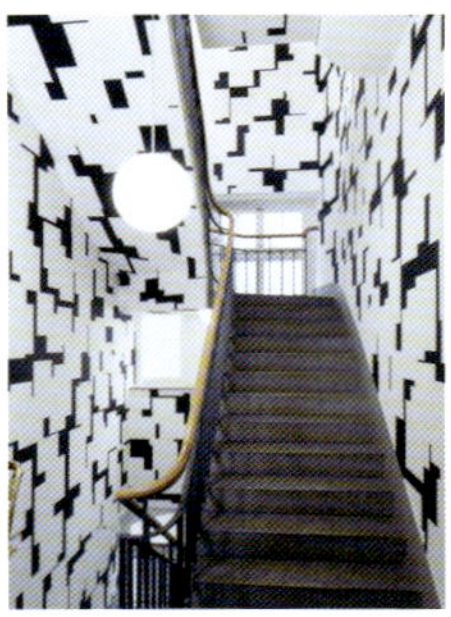
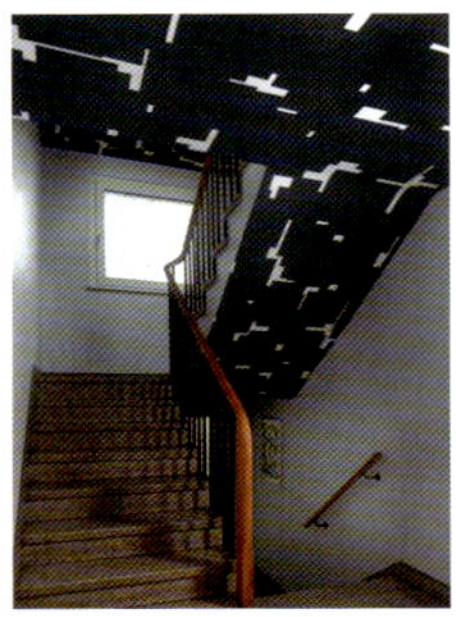

Projekt 7, 8, 9: Treppenhäuser in Wien (S.68), Winterthur (S.64) und Bonn (S.57).

Allen drei Projekten liegt dasselbe strukturelle Grundprinzip rektangulärer Überlagerungsfiguren zugrunde. Dennoch nimmt man in Projekt 7 (links) eher einen weißen, in Projekt 9 (rechts) einen dunklen Hintergrund wahr – in Projekt 8 (Mitte) ist die Situation indifferent. Die jeweilige Lesart wird dabei auch durch den architektonischen Kontext sowie menschliche Alltagserfahrungen mitbestimmt: Reale Fenstereinschnitte und eine ausschließlich laterale Anwendung in Projekt 7 unterstützen eine tektonische Deutung der schwarzen Figuren als Einschnitte, durch die hindurch man in dunkle Tiefe schauen kann. In Projekt 9 verstärkt die Anwendung des graphischen Prinzips ausschließlich in der Untersicht die Assoziation eines Nachthimmels mit leuchtenden Sternen und immaterialisiert in diesem Sinne die Fläche des oberen Raumabschlusses. Die Intervention in der allseitigen Totale in Projekt 8 korrespondiert mit der hier vorherrschenden Indifferenz der Figur-Grund-Unterscheidung.

Projekt 10: Parkhaus Süd, Kaufbeuren, 2012

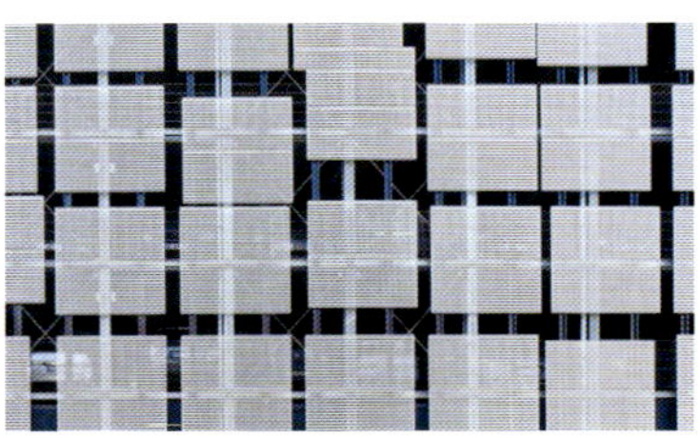
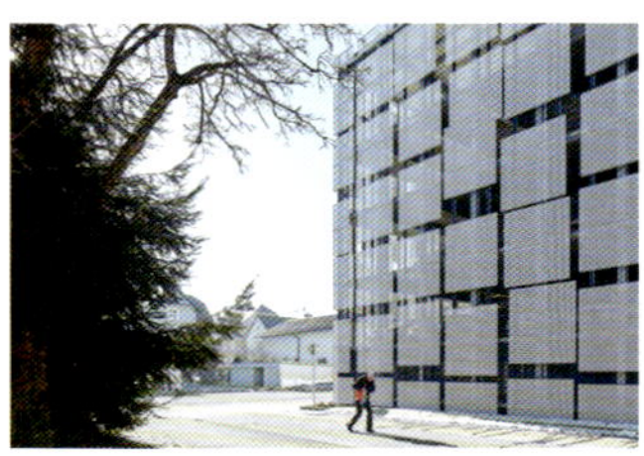

Projekt 10: Parkhaus Kaufbeuren (S.62f.).

Die Fassadengestaltung besteht aus Grundmodulen einheitlicher Größe, die an allen Randkanten der Fassadenflächen einen bewussten Anschnitt erfahren. Die Fassadenplatten sind in der Ebene auf Distanz montiert, so dass es bereits einen ersten Tiefenwirkungsaspekt durch reale Durchblicke zwischen den Elementen ins Parkhausinnere gibt. Darüber hinaus wird jedoch ein weiteres Prinzip angewendet, welches auf subtile Weise einen faszinierenden zweiten Tiefenwirkungseffekt erzielt. Esther Stocker arbeitet auch hier mit einem Rastersystem und darauf bezogenen Störungen. Fassadenmodule scheinen in unregelmäßiger Weise minimal aus einer ansonsten konsequenten orthogonalen Rasterordung herausgerückt zu sein.

Diese »Plattenverschiebung in der Ebene« ist so dosiert, dass unser visuelles System im Sinne von Größenkonstanz die Abstände zwischen den Modulen als überall gleich groß auffasst, die real sichtbaren Abweichungen jedoch anders deutet: und zwar in einer räumlichen Weise, nicht als Verschiebungen in der Ebene, sondern als minimal herausgezogenes bzw. hineingedrücktes Fassadenelement – in der Art unterschiedlich weit herausgezogener Schubfächer innerhalb eines Möbelsystems. Vor dem Hintergrund einer perfekten Ordnungsannahme wird also die Störung von unserem visuellen System räumlich interpretiert und lässt die Fassadenelemente vor bzw. hinter der eigentlichen Fassadenebene schwebend erscheinen. Letztlich werden damit – in nahezu dialektischer Weise – sowohl die Störung als auch die Rastermonotonie aufgehoben. Ein faszinierender Effekt, bei der die in der Architektur in vielen Anwendungskontexten angemahnte Fassadenplastizität mit einfachsten Mitteln erzeugt wird.

V. Epilog

Aus wahrnehmungspsychologischer Perspektive lässt sich in Esther Stockers architekturbezogenen Interventionen ein vielschichtiges und subtiles Arbeiten mit psychologischen Hinweisreizen für die Tiefenwahrnehmung identifizieren. Räumlich-geometrische Eigenschaften des Interventionsortes werden aufgespürt, analysiert, aufgenommen und verarbeitet. In Verbindung mit ihrer künstlerischen Grundintention und der jeweiligen ortsbezogenen Interventionsabsicht entwickelt sie einen projektbezogenen Kanon konkreter künstlerischer Mittel und Prinzipien. Die starke Wirkung ihrer künstlerischen Arbeiten entfaltet sich auf der Basis einer konsequenten Anwendung dieses Prinzipienkanons.

Martin Brucks

Space and Cognition

Geometric and Perception-Psychological Reflections on Esther Stocker's Works with Architecture

I. The illusion of two-dimensionality

Patterns and structures are among the basic tools of Esther Stocker's artistic work. They play an essential role both in her paintings and in her spatial works. Surface structures are also very important to human perception of space. Humans are three-dimensional beings who live and move in a three-dimensional environment. True two-dimensionality does not exist in this world—rather, it is a mathematical concept that we can easily assimilate. Still, one need only consider that even the application of paint in a painting has a spatial dimension to remember the artificiality of the concept of two-dimensionality. It is also nearly impossible to look at a square image without distortions of perspective. Furthermore, the stereoscopic nature of human vision means that our two retinal images differ from each other when we observe (supposedly) two-dimensional entities, which is another reminder of their actual spatiality. Our system of perception subjects everything we see to spatial interpretation. Our visual cognitive system is evolutionarily designed to explore spatiality to enable us to orient ourselves in our environment.

In both »work with architecture« as an artistic process and »work with architecture« as an artistic product, however, two- and three-dimensionality meet: the artistic engagement with surfaces as a quasi two-dimensional phenomenon is countered by the three-dimensional spatial characteristics of the intervention. In Esther Stocker's work there is also a kind of leap—from the surface into three-dimensional space. Overall, there a sense of interference that requires spatial interpretation. Esther Stocker's works with architecture are always modifications of space, they modify the perception of space and thereby change the characteristics of the place where they are situated. While certain spatial qualities of a given situation are emphasized or strengthened, others are weakened or eliminated completely. The relative effect of spatial qualities is thereby dramatically altered; the space's effects are modified and augmented, ultimately forming a new spatial image.

Ten of Esther Stocker's projects that work with architecture are examined more closely below.

II. Order and disruption of spatial perspective

Project 1: Setouchi Triennale, Contours of Thinking, Awashima, Japan, 2016

The basic framework is an orthogonal grid. This black grid emphasizes the spatial situation and the expansiveness of the space's surfaces. The orientation of the grid in relation to the building structure is »conventional.« The grid aligns with the structure's angles and edges, and adheres to the principle of symmetry. The black grid stands in maximum contrast to the white of the background, which is applied to all surfaces with the exception of the windows and roof areas. The grid and background color thereby have a totalizing effect which is supported by the use of symmetry. The scale of the grid determines which spatial variations of the existing space are emphasized and which recede or are covered up completely. The equal treatment of all surfaces—through the use of the white background and applied grid—cancels out the effect of all existing material qualities and therefore also qualities of color. What remains is the pure character of the room and the variations of natural light. In this way, the qualities of the space become legible above all through shadows, particularly one's own shadow. Through the phenomenon of reflection, various subtle variations of color can also be discerned within the uniformly painted white surface. The order of the basic framework of »orthogonal grid« is countered by quasi-contrapuntal disruptions—always at the intersection of grid lines. In a way, these disruptions represent a certain degree of freedom. At the same time, they are closely connected to the system of order and ultimately remain relatively orderly themselves—in terms of both quality and quantity. The exemplary spatialization of »disruptions« in the form of two-legged triangular bridges supports the spatial effect of the work as a whole. The unequal length of some of the legs allows some of the disruptions to be read as projections of these spatial triangular bridges on the surface. The viewer then applies this reading to the bridges with legs of equal length, understanding them as projections as well. At the same time, another possible reading opens up: the projected two-dimensional triangular bridges could represent spatial entities that lie behind the surface. The creation of illusions of perspective is however always accompanied by the problem that they can only ever be read from one point of view. This raises the question of whether a »perfect« illusion should be oriented towards a single viewing standpoint, particularly when the principle is applied in various places. Though this example assumes multi-perspectivity, the local spatial effect of the perspectivally projected elements clearly emerges upon close viewing. The use of both real and projected triangular bridges results in a kind of »uncertainty« or »ambiguity« : If triangular elements projected into two-dimensionality actually represent three-dimensional elements, couldn't the real three-dimensional triangular elements represent projections into four-dimensionality? But perhaps only selectively? At this point the uncertainty multiplies dramatically: Could the grid also selectively be »only« the projection of a four-dimensional construct? This mathematical-geometrical thought experiment threatens to dissolve the seemingly certain order of the system. But with a positive effect: it raises new questions.

III. Movement through structural space

Surfaces and spatial structures and the thereby structured nature of our environment is decisive in helping humans to orient themselves in their surroundings. This is true in static situations and even more so in dynamic ones: the flow of structures in the human optical field, the so-called »optical flow« created by our movement, delivers important information about our position in space, as well as about the kind and direction of a performed movement. Uniform visual structures also allow us to correctly estimate distances, giving us a stronger feeling of control and therefore also of security in our surroundings. Structures can define scale and change the perceived complexity of a place. In general, a medium degree of complexity is experienced as most pleasant. The perceived complexity of a given structured situation can, however, differ dramatically when viewed up close or from a distance. This is extremely important in Esther Stocker's architecture-oriented works.

Projects 2, 3, and 4: Setouchi Triennale, Tsuneyama, Hachihama, and Bizen-Tai train stations, Japan, 2016

Train stations represent both intersections and turning points: »remaining« on the one hand and »moving« on the other; they embody the polarity of near and far. Consequently, there are two basic perspectives: the dynamic perspective of arriving or departing and the static perspective of the person on the platform. In the design of the three train stations Tsuneyama, Hachihama and Bizen-Tai, these perspectives take on differing importance.

In Tsuneyama (project 2), Esther Stocker works with systems of equally-spaced white parallel lines on a dark background. One system of lines runs parallel to the edge of the platform and thereby also to the main axis of movement. Disruptions—once again in the form of perspectivally projected triangular bridges—are irregularly distributed among the individual lines of the system. The lines of the system are of unequal length. When moving through the space, the perception is of lines beginning and ending, accompanied by occasional flashes of disruption. Seen from a distance along the axis of the train tracks, a system of parallel lines corresponding with the train platform becomes apparent on the sides of the station building. This system of lines seems to continue unbroken on the front of the building, but here it takes on a different connotation: for it is precisely at the nearly static junction of arrival (or departure) that a view of the orthogonally intersecting lines of the platform floor and the front of the station becomes possible. At this moment, the two systems of lines are diametrically opposed, they mutually hinder each other and their direct confrontation stands, as it were, for the moment of standstill.

While in Tsuneyama the perspective of distance and macromovement seem to be foregrounded, the Hachihama design (project 3) is focused much more on the close-up view and micromovement. Uniform black-on-white orthogonal grids—with occasional disruptions where several grid fields are joined together—are applied evenly to the platform and station. The scale makes the design most effective when viewed at close range. At the same time, the size of the grid to some degree visually filters out technically necessary building add-ons (like power distributors, for example). The dramatic perspectival spreading becomes particularly obvious and impressive when the viewer's line of vision is diagonal to the grid on the ground. The impression is amplified by a subtle effect created by a slight difference in grid scale between the station platform and the station building. Since the human optic system has the tendency to interpret similarly scaled grids as a single uniformly scaled grid, a perspectival illusion is created: the platform seems larger, and the station building seems farther away than they really are. With increasing distance, both the effect of the difference in scale and the effect of the grids themselves diminish.

The design of Bizen-Tai (project 4), on the other hand, thematizes the disruption of the orthogonality of the built environment: on a large scale in the case of the station building and on a small scale in the case of the molded brick wall that separates the platform from the vegetation behind it. Both building and wall are painted with an irregular net design. On the wall, the design is in white on a dark background, while the building has the inversion of the pattern, with black lines on a white background. Whereas from a distance the network pattern and concept of inversion are most noticeable, upon closer approach, i.e. when the viewing scale is changed, the subtle orthogonal structure of the molded brick wall comes to the fore, while the effect of the disruption caused by the irregular net structure recedes.

Project 5: CROMA company office building, Leobendorf, 2017

Like train stations, stairwells are spaces of transit. Movement through them leads to a change of level. As a rule, this is achieved by a diagonal-spatial conveyance between the various levels. The stairwell can therefore be seen as a kind of disruption of the orthogonally-dominated spatial system. In her intervention, Esther Stocker picks up the dominant qualities of the existing structure—graduation and diagonality—and uses them to develop her own artistic tools and principles that result in a new dramaturgy. The basic material is a system of equal light and dark stripes. Though the light regions are comprised simply of the exposed concrete surface, both light and dark regions can be read as background. From a previously monotonous and mundane space dominated by exposed concrete, Esther Stocker creates a space of structural experience that can be received quasi cinematographically by climbing the stairs from the ground floor to the top floor and back. Picking up the pure structure of the steps, on the ground floor the system of parallel stripes exudes calm and consonance, but the complexity is successively increased on the journey upward. Fragmentation, interweaving, and the attendant perspectival distortions increase as one rises, culminating on the top floor in a kind of dizzying distortion chamber. The design thereby goes to the limit of the ergonomically safe usability of the stairwell.

IV. Figure-ground-duality and spatial depth effect

Visual sense impressions are actively organized by our system of perception. An important principle of this system is the differentiation between figure and ground, which plays an important role in recognizing forms and shapes. What the visual system recognizes as a coherent shape emerges and comes to the fore, while the rest recedes. It is however possible for what is actually physically background to be psychologically understood as the form which emerges as the subject. This means that the physically existing spatial relationships can be reversed, as it were, in perception. This can be deliberately used to produce an effect of spatial depth from a flat design.

Project 6: Parking garage on the Place Mazelle, Metz, 2012

At close range, the dark structures are perceived as the figures, with the remaining light areas correspondingly forming the background. From a distance, however, one perceives the light façade as a whole, with the black structures receding as a kind of »background;« they appear as disruptions of the façade that afford a view of the darkness inside the garage. The compact and monotone block of the garage is thereby broken, and the architecture acquires an astonishing lightness. This light, almost floating effect is bolstered by the building's recessed base. Viewed at close range, even the structurally necessary vertical elements of the façade strengthen the spatial effect of the building's horizontal dimension. Esther Stocker's application of a system of irregular black figures also gives the vertical dimension a readable scale; at the same time, the strong contrast of light and dark and the chosen scale significantly underscore the texture of the spatial effect. The overall effect is of a unified scale that is clearly legible even from a distance, combined with a great qualitative and quantitative variation of individual figures in terms of shape and size. According to the Gestalt law of Prägnanz (or »good form«), at close range we perceive the system here as the superimposition of variously-sized dark rectangular figures that are aligned according to a unified orthogonal order—with the light surfaces serving as the background. From a distance, however, the same Gestalt laws lead us to perceive the overall image as the superimposition of variously-sized light rectangular figures on a dark background.

Projects 7, 8, and 9: Lorystraße housing complex, Vienna, 2011; Volkart House, Winterthur, 2012; Lutfridstraße apartment building, Bonn, 2013

Figure-ground perception isn't determined solely by frame of reference (near vs. far), however. A comparison of projects 7, 8, and 9 makes clear that the relative distribution of light and dark elements also plays an important role. All three projects are based on the same structural principle of overlapping rectangular figures. In project 7 (left) one tends to perceive a white background and in project 9 (right) a black background, while in project 8 (center) the situation is indeterminate. The various readings are supported by the architectural context as well as our experience from everyday life: actual window recesses and the exclusively lateral application in project 7 support a tectonic interpretation of the black figures, too, as recesses through which one can look into a darkness with depth. In project 9 the use of the graphic principle only on surfaces viewed from below strengthens the association with a starry night sky, in this sense immaterializing the upper surfaces of the space. In project 8, the intervention is introduced on all sides, which corresponds with the predominant feeling of indeterminability between figure and ground.

Project 10: South parking garage, Kaufbeuren, 2012

The facade design consists of modules of uniform size which are deliberately truncated at all edges of the facade. The panels are mounted at a distance from the surface, so that there is already an actual effect of depth due to the spaces between the elements, which afford a view into the inside of the garage. In addition, another principle is applied, which subtly produces another effect of depth. Here too, Esther Stocker works with a grid and intentional disruptions to it. Some of the modules appear to be minimally displaced in an irregular manner from the otherwise consistent orthogonal grid arrangement. This displacement of plates in the same plane is portioned so that our visual system, striving toward consistency of size, interprets the distance between modules as being the same everywhere, and gives the clearly visible deviations an alternate meaning: a spatial one, understanding them not as shifts within the plane, but rather as elements that jut out or recede slightly—like drawers pulled out to different degrees in piece of furniture. Assuming perfect order, therefore, our visual system interprets the disruption spatially and makes the elements seem to float in front of or behind the actual plane of the façade. Ultimately, this cancels out both the disruption to and the monotony of the grid, in an almost dialectical way. It is a fascinating effect, in which façade plasticity—a quality so often demanded in many architectural contexts—is achieved through the simplest of means.

V. Epilogue

From a perceptual psychological perspective, Esther Stocker's architecture-oriented interventions exhibit multi-layered and subtle work with psychological cues for depth perception. The spatial-geometric characteristics of the intervention site are identified, analyzed, incorporated, and processed. In combination with her primary artistic goals and the intention of the site-specific work, she develops a project-based canon of concrete artistic strategies and principles. The strong effect of her works develops from her consistent application of this canon of principles.

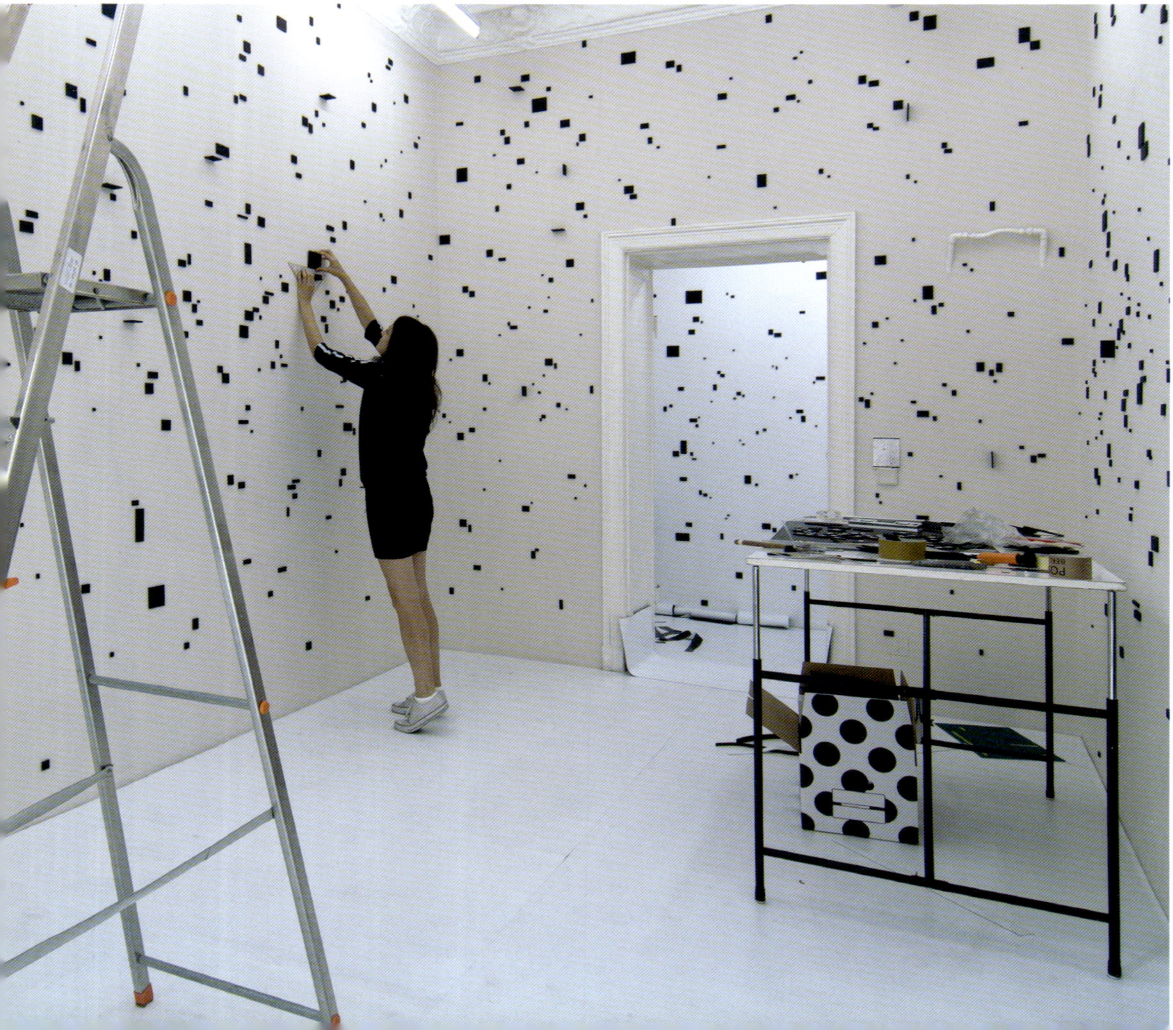

Esther Stocker

Was ich vom Raum nicht weiß – *What I don't know about space*

Für Architektur habe ich mich lange Zeit nicht interessiert – nein schlimmer eigentlich, ich habe sie noch nicht einmal wahrgenommen.
Was ich gesehen habe, waren Oberflächen, Bilder. Die ganze Welt war für mich ein Bild, und alles, wofür ich mich interessiert habe, war die Malerei, daran habe ich mein Auge geschult.
Alles waren für mich Bilder, Fragmente, Ausschnitte, nicht eines übergeordneten Ganzen, sondern eines Prozesses, einer sich ständig verändernden Struktur. Eine Struktur, die zwar Rhythmus, aber keine zwingende Logik besitzt.

»Wieso diese Beschäftigung mit dem Raum?« – oder »Seit wann beschäftigen Sie sich mit Räumen?« lauten typische Fragen, die mir oft gestellt werden.
Manchmal sage ich darauf, ich habe mich niemals mit dem Raum beschäftigt, der Raum hat sich mit mir beschäftigt.
Der Raum ist dann in mein Bild gekommen, als ich ihn dort überhaupt nicht brauchen konnte. Ich habe gerade meine Formensprache auf das Wesentliche reduziert – für mich wesentlich, das war ein orthogonales Rastersystem – um zum Wesen des Bildes vorzudringen.
Nicht um den Raum zu verstehen, sondern um das Bild zu verstehen. Das Bild, das alles für mich beinhaltet. Was ich für meinen Ausdruck brauche.

Also bin ich im Raum gelandet.
Ich wollte in die zweite Dimension und bin in die dritte geraten. Oder sollte ich sagen, irgendwo dazwischen?
Ich fühle mich selbst eigentlich nie wirklich im Raum. Eher an der Oberfläche, also eher zweidimensional.
Vielleicht wollte ich in die Fiktion und bin unfreiwillig in der Realität gelandet.
Ich glaube inzwischen nicht so sehr an Zwei- und Dreidimensionalität, sondern eher an alles, was dazwischen liegt.

Die erste Bewegung ist für mich die Bewegung des Auges, die geistige Bewegung.
Und auch die innere Bewegung, die Gefühle.
Es beginnt eigentlich mit der Linie.
Die Linie ist für mich der Anfang – also der Anfang des Ausdrucks. Der Wille, irgendwohin zu kommen.
Oder die Tendenz in eine Richtung. Es ist auch die Form, die direkt aus der Überlegung kommt.
Ein sehr direkter Weg vom Gehirn nach »Außen«. Eigentlich ist die Linie die Verlängerung der denkenden Hand.

Und das sind die Dinge, die ich vom Raum nicht weiß:
Wo bin ich? Wo sind die Grenzen? Wo ist der Übergang zum anderen und wo sind die Enden und Verbindungen dazu?
Existenziell stehe ich an einem Punkt, aber mental bin ich an vielen Punkten. Mental bin ich der Linie ähnlicher.
Eine Tendenz, eine Richtung.
Ich bin Teil der Raumgeometrie, von ihr definiert und definiere sie auch selbst. Und taste mich langsam voran.
»What I don't know about space«.

Das Raster ist mein Werkzeug. Auch die Ordnungen sind mein Werkzeug – vor allem um das Ungeordnete darzustellen.
Ordnung existiert für mich nicht.
Für mich existieren Strukturen, aber nicht so sehr Ordnungen. Trotzdem verwende ich sie als eine Art Sprache und es gefällt mir, sie anzusehen, wenn ich meine eigene Perspektive darauf wählen kann. Das ist die Perspektive, die die Ordnung als abhängig von Unterbrechung zeigt. Oder Kollaps.

Manchmal frage ich mich, ob wir überhaupt irgendetwas sehen könnten, wenn es perfekte Ordnung gäbe. Ich meine, ob sich das Auge noch irgendwo festhalten könnte. Ob wir überhaupt sprechen könnten.
Ob wir denken könnten. Brauchen wir nicht Unterbrechungen, um zu denken? Mein Denken folgt keinen geraden Linien, es ist eher wie ein glückliches Stolpern in einer sehr seltsamen und unebenen Landschaft

Es gibt Wahrheit in der Geometrie und der Vermessung des Raumes. Aber es gibt auch Wahrheit in dem Ausbrechen dieser Formen, den Leerstellen, den Linien, die abweichen. Da passiert Freiheit.
Generell denke ich, dass wir Dinge finden wollen, die wir nicht ursprünglich gesucht haben.

Esther Stocker

What I don't know about space

For a long time, I wasn't interested in architecture—worse, actually, I didn't even notice it.
What I saw was surfaces, images. For me the whole world was an image and the only thing I cared about was painting, that was how I trained my eye.
For me everything was images, fragments, details, not of some overriding whole, but of a process, a constantly changing structure. A structure with rhythm, but no compelling logic.

»Why the preoccupation with space?« — or »When did you start engaging with space?« are typical questions I'm asked. Sometimes I say I've never engaged with space, space has engaged with me.
Space came into my images when I didn't need or want it. I had just reduced my formal language to the bare essentials—for me that meant an orthogonal grid system—in order to get to the essence of image.
Not to understand space, but to understand image. Image, which contains everything for me. Everything I need to express.

So I ended up in space.
I wanted the second dimension and wound up in the third. Or should I say, somewhere in between?
I never really feel myself in space, actually. I feel myself rather on the surface, that is—two dimensional.
Maybe I wanted fiction and ended up involuntarily in reality.
Nowadays I don't believe so much in two- and three-dimensionality, but rather in what lies between them.

The first movement for me is the movement of the eye, the intellectual movement. And the inner movement, the feelings. Really it begins with line.
For me, line is the beginning—the beginning of the expression. The will to get somewhere. Or the tendency of direction. It's also the form that comes directly out of consideration. A very direct path from brain to »outside.« Really the line is the extension of the thinking hand.

And these are the things that I don't know about space:
Where am I? Where are the boundaries? Where is the transition to the other and where are the ends and connections to it?
Existentially I'm in one place, but mentally I'm in many places. Mentally I'm more similar to the line. A tendency, a direction.
I'm part of the geometry of space, defined by it and defining it. And I feel my way slowly forward.
»What I don't know about space.«

The grid is my tool. And systems of order are my tool—above for representing disorder.
Order doesn't exist for me.
For me what exists are structures, but not so much orders. Nonetheless I use them as a kind of language, and I like looking at them very much, when I can choose my own perspective for doing so. My perspective is the one that shows order as dependent on interruptions. Or collapse.

Sometimes I wonder whether we could see anything at all if there were perfect order. I mean whether the eye would be able to hold onto anything. Whether we could even speak.
Whether we could think. Don't we need interruptions to think? My thinking doesn't follow a straight line, it's more of a lucky stumbling through a strange and uneven landscape.

There is truth in geometry and in the measuring of space. But there's also truth in breaking free of these forms, in the empty spaces, in the lines that deviate. There, freedom happens. In general I think that we want to find the things that we weren't looking for in the first place.

Matthias Seidel

Art on Architecture

Zu Entstehung, Aufbau und Form von Buch und Werkverzeichnis

Das Vorhaben, zu den architekturbezogenen Werken von Esther Stocker ein Buch mit entsprechendem Werkverzeichnis zu erarbeiten, wurde schon 2017 mit der Reflexion ihrer Beiträge zur Setouchi-Triennale in Japan ins Auge gefasst. Diese wurden die in Deutschland in *on architecture* bei *drj art projects* als Fotografie- und Kunstausstellung gezeigt (S. 40 f.). Im Zusammenhang der von Esther Stocker mitkuratierten Ausstellung *Anarchy of Forms*, 2019 ebendort, wurde das Vorhaben weiter konkretisiert. Zwei Publikationen gingen diesem Buch bereits voraus: *Square Universe* (S. 26 ff.) ist als Einzeldarstellung des Beitrags von Esther Stocker zur Biennale *Shanghai Urban Space Art Season (SUSAS)* in der *edition ROTE INSEL* erschienen, ebenso wie *CONTEXTUALIZED*, worin insbesondere die architektonische Arbeit Esther Stockers in *Anarchy of Forms* behandelt wird (S. 30).

Die Kriterien für die Auswahl von Werken aus den zurückliegenden zwei Jahrzehnten zu bestimmen, in denen Esther Stocker Arbeiten mit zunehmend architektonischem Bezug entwickelt und realisiert hat, war eine anspruchsvolle Herausforderung. Denn eine exakte Trennschärfe zu ihren weltweit viel beachteten temporären Rauminstallationen zu vollziehen, ist nicht in allen Fällen eindeutig möglich. Der nun vorliegenden Auswahl liegt ein gründlicher Abwägungsprozess zugrunde, in dem die Künstlerin und die beiden Autoren aus der gemeinsamen Betrachtung eine ausgewogene und inhaltlich kohärente Zusammenstellung entwickelt haben. Die hier nicht betrachteten Installationen im Raum verdienten eine eigene Darstellung, die in der Zukunft vorgenommen werden kann.

Die Struktur des Buches unterscheidet in den Textteil und eine bebilderte Werkliste: Die Arbeiten sind chronologisch rückwärts sortiert und mit ihrem Titel sowie den grundlegenden Informationen zu Ort und Zeit der Realisierung aufgeführt. Hervorgehoben ist dabei eine bestimmte Zahl von Schlüsselprojekten innerhalb der Werkentwicklung. Hier wechselt zur Kenntlichmachung die grafische Darstellung von weißem auf schwarzen Hintergrund. Es wird auf diese Arbeiten textlich entweder direkt dort oder im vorangestellten Beitrag zur wahrnehmungspsychologischen Dimension der Arbeiten eingegangen. Das gestalterische Konzept des Buches lehnt sich dabei an die Grundlagen des behandelten künstlerischen Werks an: Es liegt eine Orientierung gebende Ordnung zugrunde, von der es auch inhaltlich-gestalterisch begründete Abweichungen und Ausnahmen gibt. Das übergeordnete Ziel jenseits einer lediglich lexikalischen Auflistung ist es, jede aufgeschlagene Doppelseite in sich schlüssig, lebendig und individuell gestaltet zu präsentieren. Dies folgt der Denkschule von Jonas Geist, prägender Professor an der Universität der Künste Berlin, dem beide Autoren eng verbunden waren. Er legte bei seinen Publikationen immer die Haltung zugrunde, dass die schlüssige Vermittlung der Inhalte höher zu bewerten ist als eine »sklavische« Einhaltung von Gestaltungsvorgaben.

Art on Architecture

On the genesis, development, and form of this book and catalogue raisonné

The idea of publishing a book on Esther Stocker's architecture-oriented works with a corresponding catalogue raisonné first came about through a reflection on her contributions the Setouchi Triennale in Japan. These were shown in Germany in on architecture *at* drj art projects *as a photography and art exhibition (pg. 40 f.). The idea further consolidated in the context of the exhibition* Anarchy of Forms, *likewise shown at drj and co-curated by Esther Stocker. Two relevant publications preceded this book:* Square Universe *(pg. 26 ff.) was published by* edition ROTE INSEL *as a monograph on Esther Stocker's contribution to the* Biennale Shanghai Urban Space Art Season (SUSAS), *as was* CONTEXTUALIZED, *which particularly treats Esther Stocker's architectural work in Anarchy of Forms (p. 30).*

Determining criteria for a selection of work from the previous two decades, during which Esther Stocker increasingly developed and realized architecture-oriented work, was a challenging task, as it is not always possible to draw a precise distinction between this work and her temporary spatial installations, which have received much attention worldwide. The selection presented here is based on a thorough process of consideration, through which the artist and the two authors jointly developed a balanced and coherent group of works. The spatial installations that are not discussed here deserve their own treatment, which can be undertaken in the future.

This book has two parts: a textual component, and an illustrated list of works which proceeds in reverse chronological order and contains titles and basic information on the place and time of realization. A number of projects that illustrate key moments in Stocker's development are highlighted. This is indicated by a black background. Details about these works are provided either in the accompanying text or in the preceding contribution about their cognitive psychology dimension. The design of the book thereby takes its inspiration from the artworks under discussion: an underlying order gives orientation but is sometimes deviated from for reasons of content or design. The ultimate goal goes beyond a simple lexical list; rather, each two-page spread is designed to be lively, individual, and coherent within itself. This follows the approach of Jonas Geist, an influential professor at the Berlin University of the Arts, with whom both authors were closely associated. His publications were always driven by the attitude that the coherent communication of content should be valued more highly than a »slavish« adherence to design specifications.

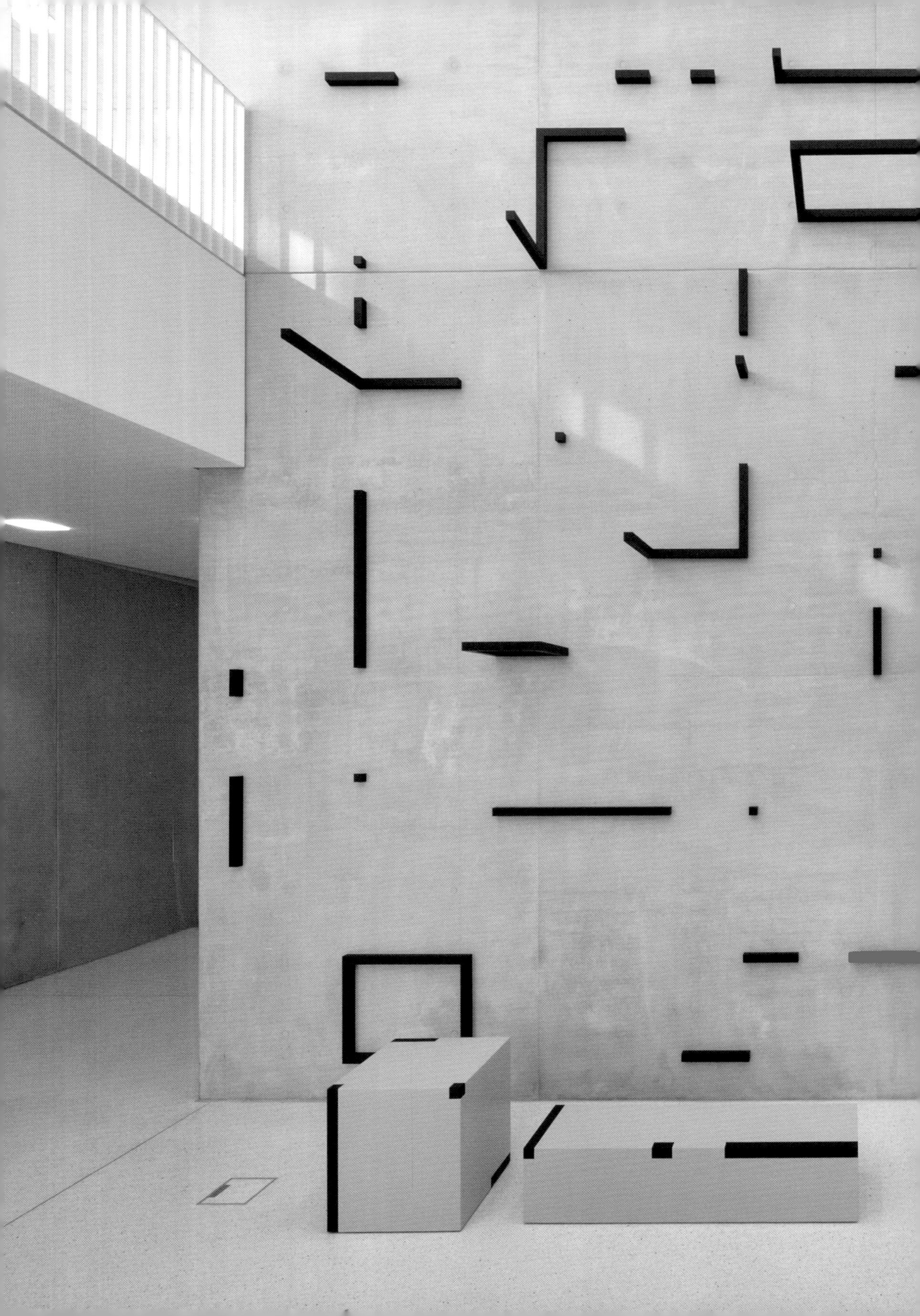

Chronologie 2020–2001

Verzeichnis architekturbezogener Werke von Esther Stocker

Chronology. Catalogue of architecture-oriented works by Esther Stocker

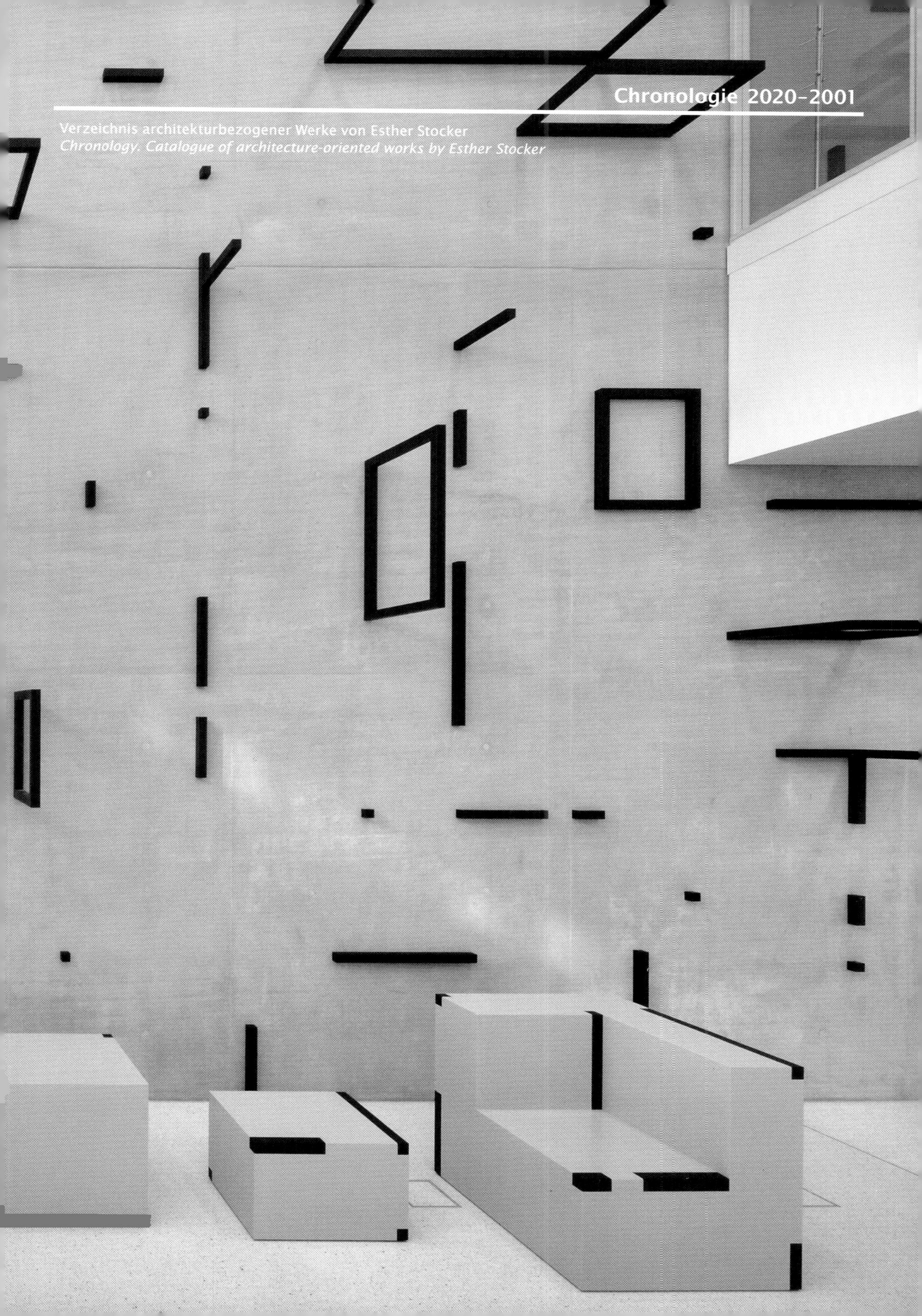

2020 – Fraunhofer-Institut IGCV, Augsburg

Fraunhofer-Institut für Gießerei-, Composite- und Verarbeitungstechnik (IGCV). Am Technologiezentrum 10, D-86159 Augsburg, Deutschland. Installative Gestaltung im Eingangsbereich mit Wand- und Möbelobjekten.

Fraunhofer Institute for Casting, Composite and Processing Technology, Am Technologiezentrum 10, Augsburg, Germany. Installation in the entrance area with wall and furniture objects.

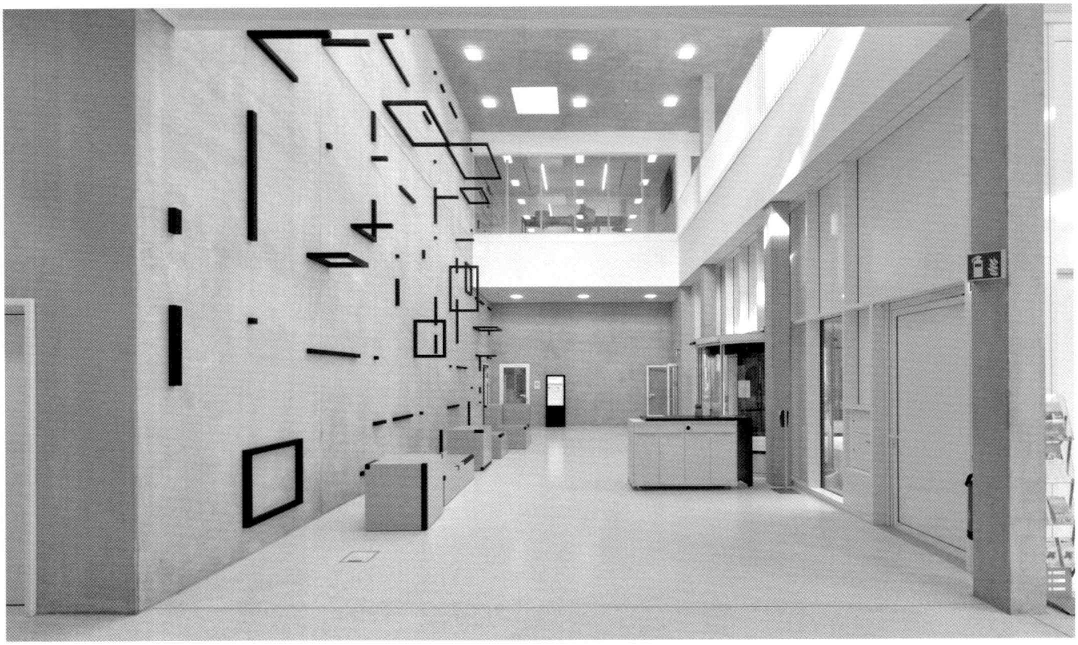

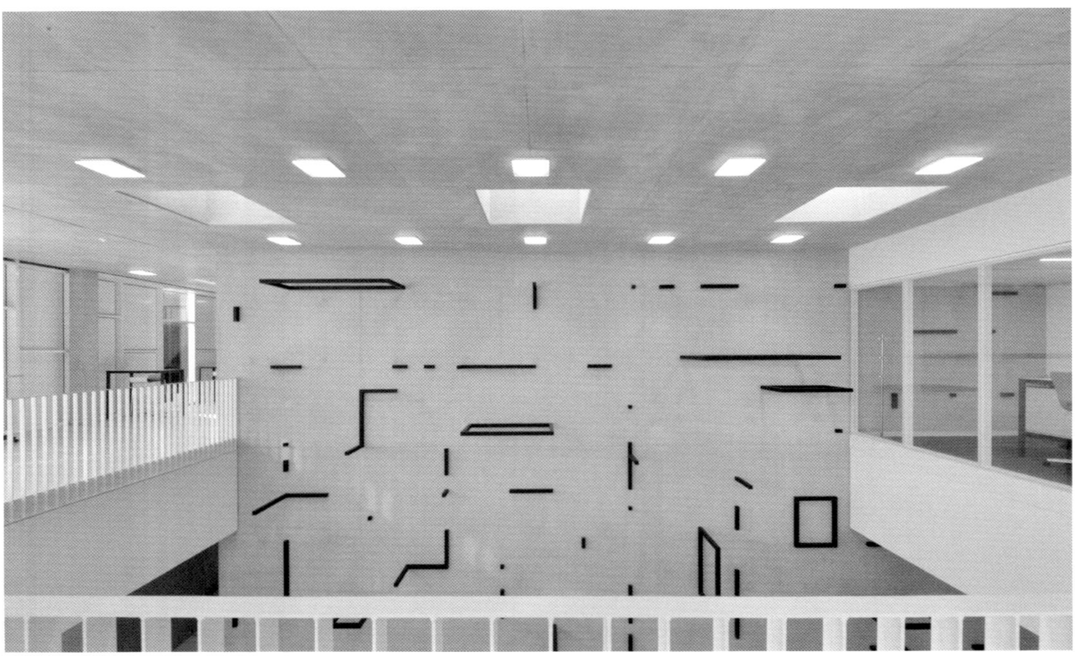

2020 – Dachverband der österreichischen Sozialversicherungen, Wien

Kundmanngasse 21, A-1030 Wien, Österreich.
Wandgestaltung und Sitzobjekte.

Headquarters of the Organisation of Austrian social insurance funds, Vienna, Austria.
Wall design and seating objects.

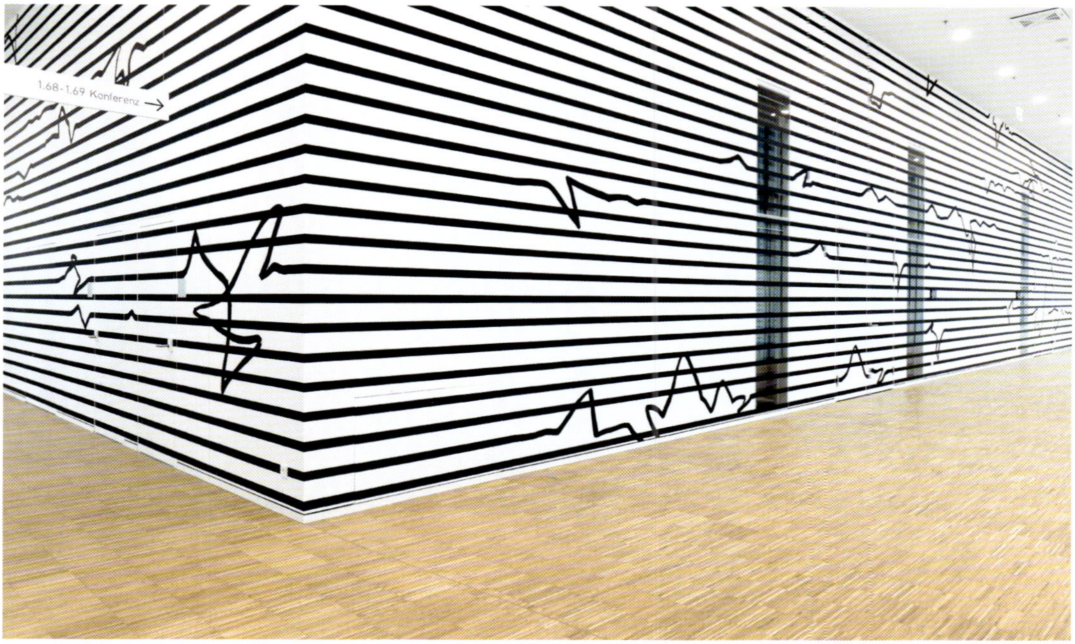

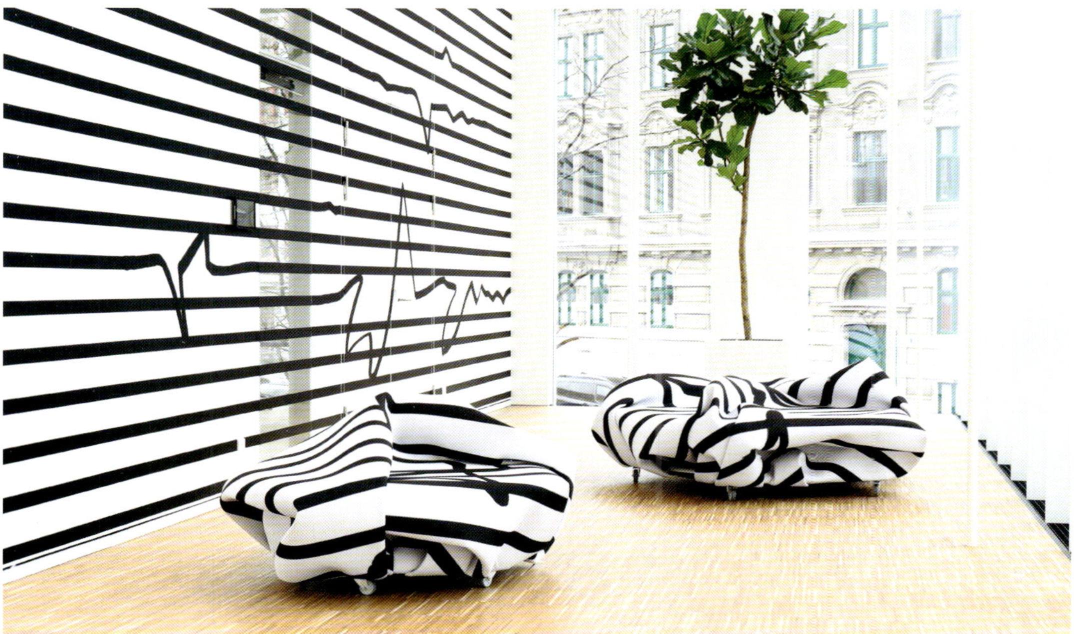

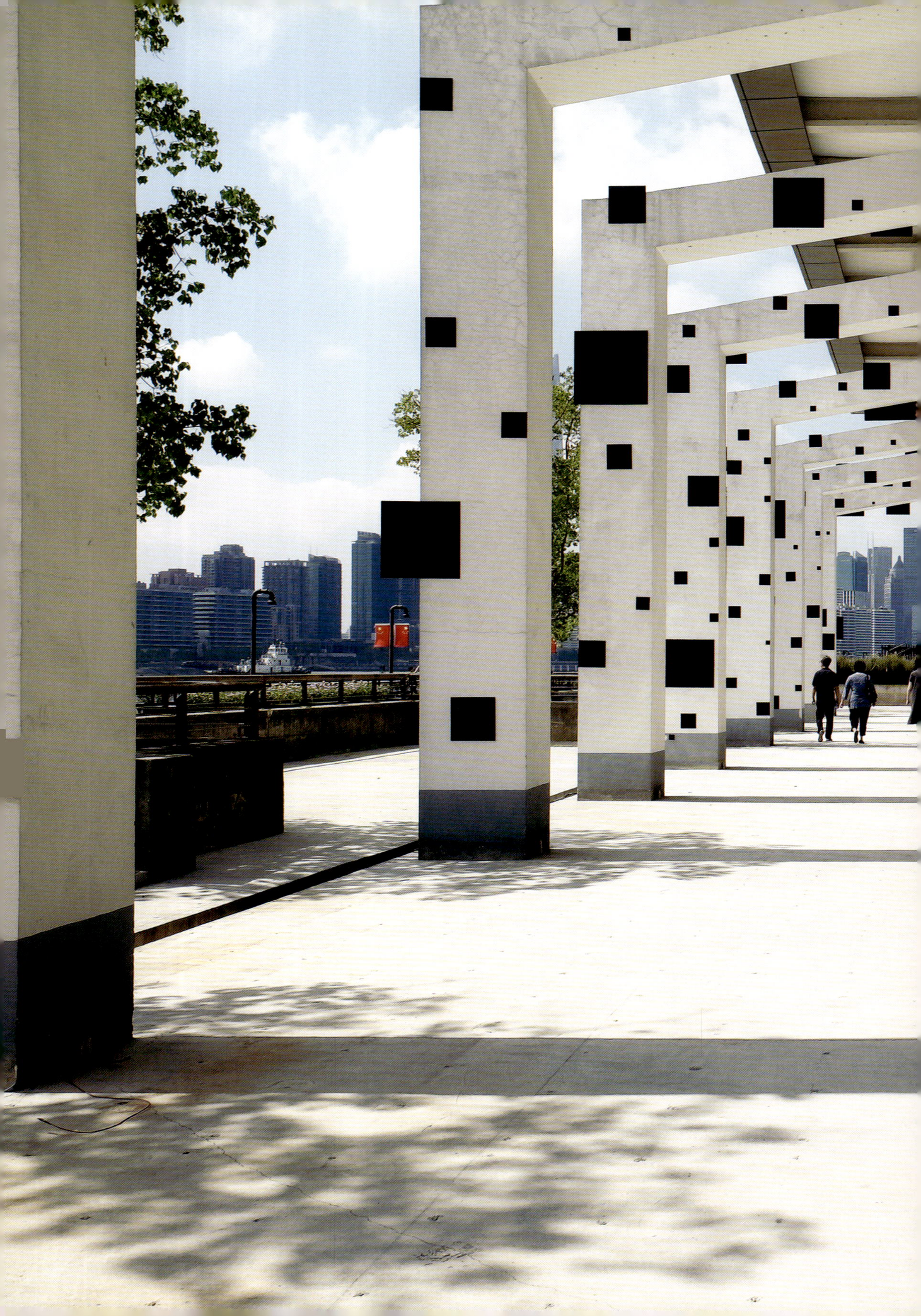

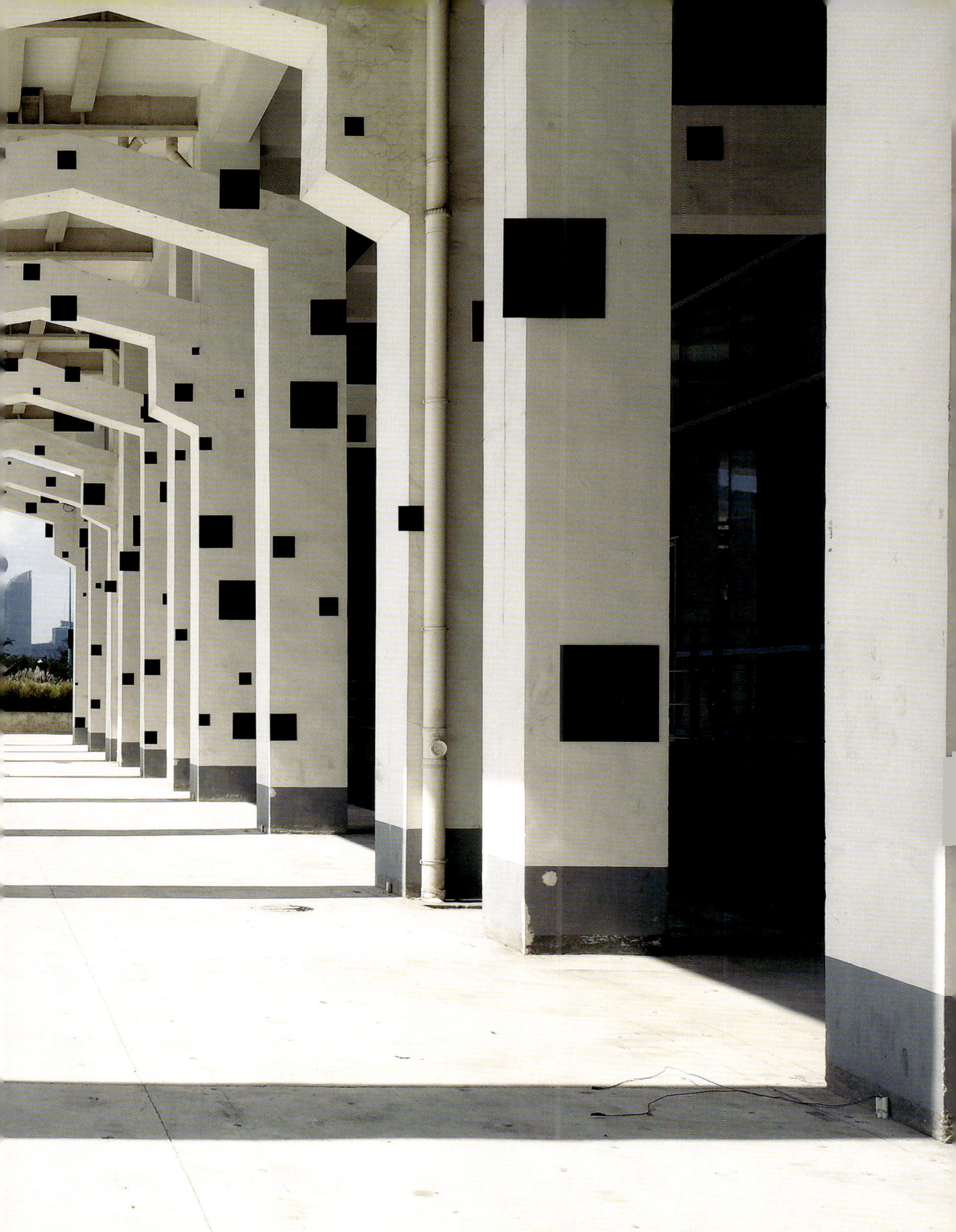

Square Universe, Shanghai – 2019

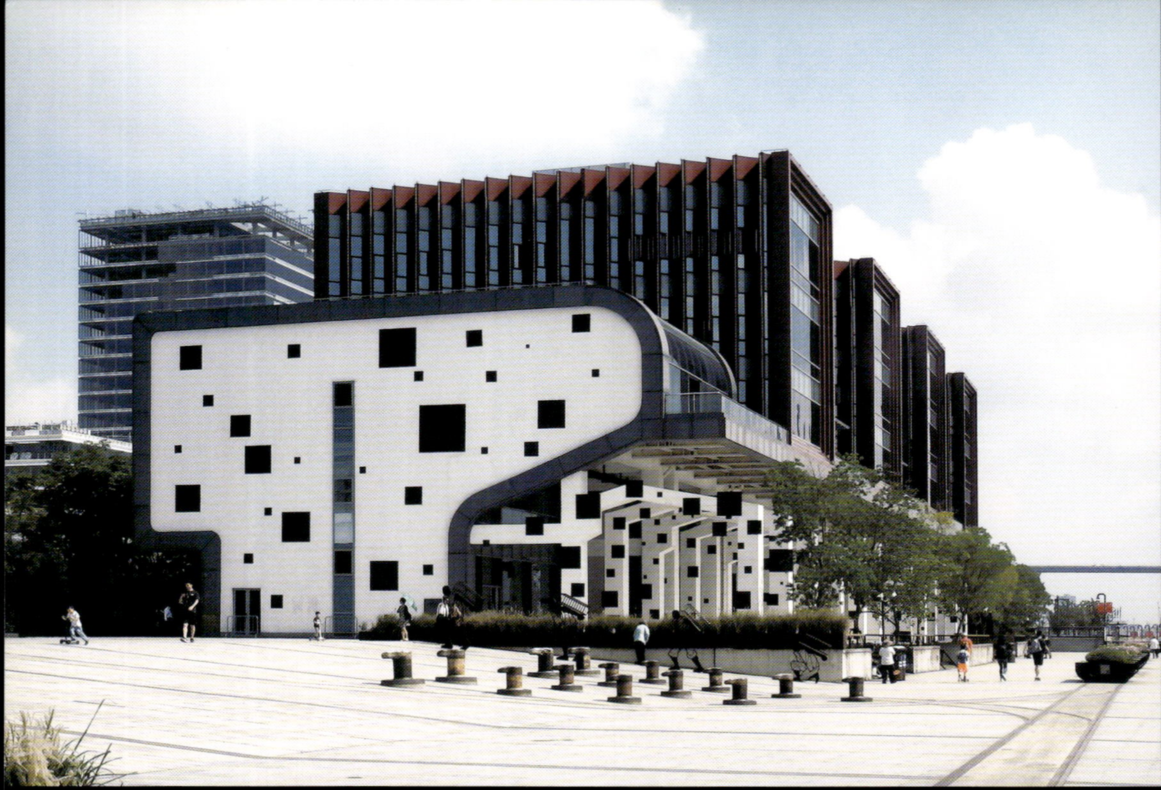

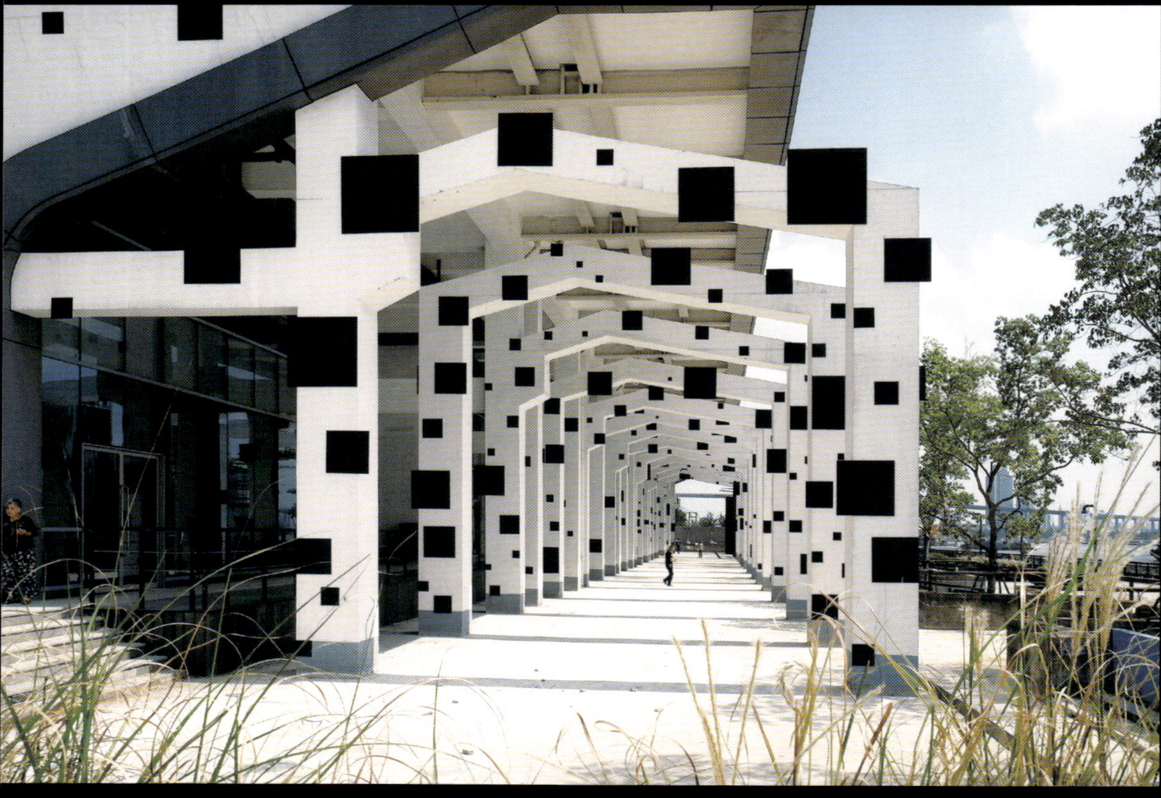

Oriental Fisherman's Wharf, Dandong Road, Yangpu District, Shanghai, China.
Gestaltung von Fassaden und Arkadengang eines Gebäudes am Flussufer des Huangpu-Flusses.

Die zugrundeliegende architektonisch-räumliche Struktur sowie die topographisch-städtebauliche Lage des Projekts ermöglichen eine Vielzahl von Wahrnehmungs- und damit Rezeptionsmodi. Neben der Fern- versus Nahsicht ergibt sich insbesondere auch eine Innensicht: Die Bewegung durch das Objekt, die zudem auf verschiedene Weise möglich ist, steigert die Komplexität des Wahrnehmungserlebnisses. Raumstaffelung und Perspektive sind weitere spezifische Prinzipien, die das Projekt charakterisieren. Durch die Größenvariation der quadratischen Applikationen wird insbesondere in der Bewegung eine zusätzliche Tiefenwirkung erzeugt.

Project Square Universe, *Shanghai Urban Art Season (SUSAS), Shanghai, China.*
Design of facades and archways of a building on the bank of the Huangpu River.

The underlying architectural-spatial structure, as well as its topographical and urban location, allow multiple modes of perception and therefore reception. In addition to distance view and close-up, here there is also the possibility of an internal view: Movement through the structure, which can be achieved in several ways, raises the complexity of the perceptual experience. Spatial gradation and perspective are further important characteristics of the project. The variation in size of the square elements creates an additional spatial effect that becomes particularly evident in motion.

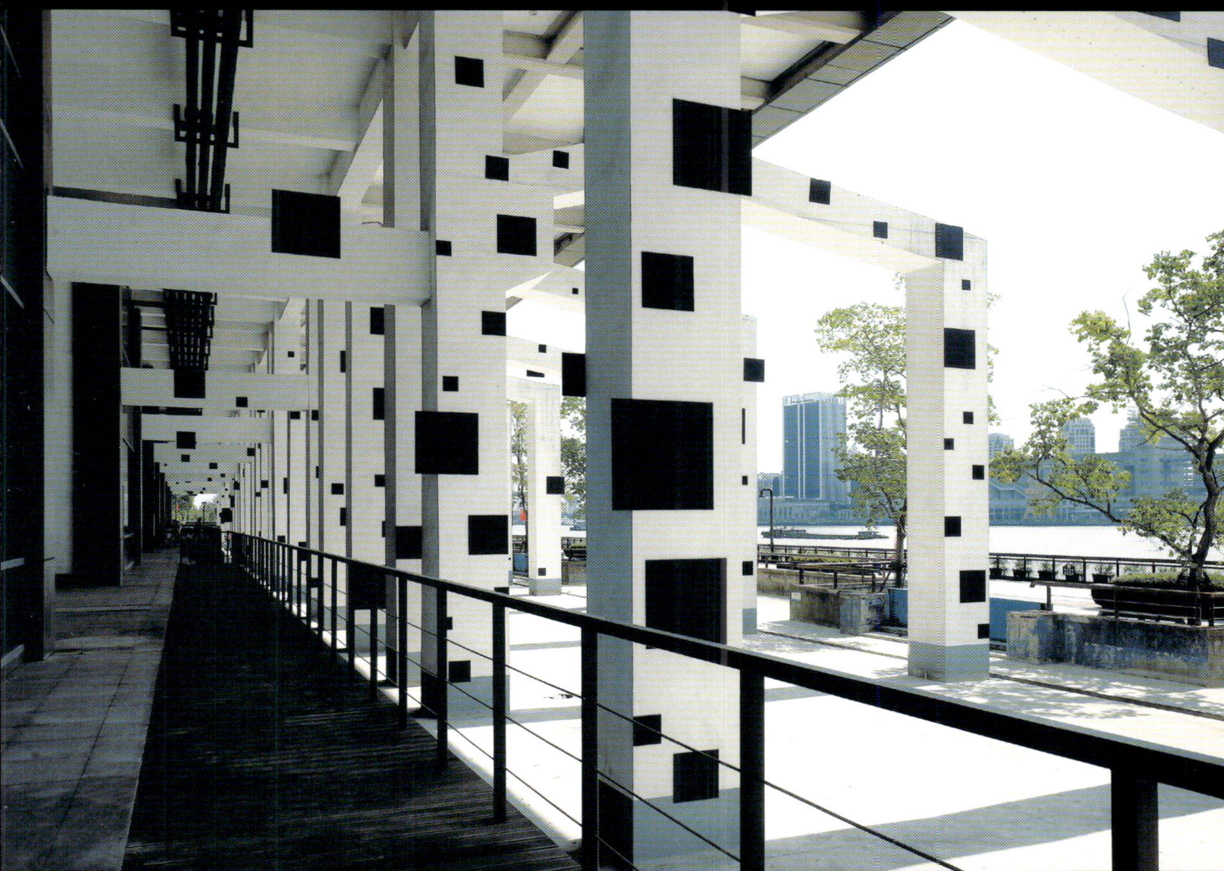

2019 – Ausstellungen in der Programmgalerie *drj art projects*, Berlin

Leberstraße 60, D-10829 Berlin, Deutschland. 08.09. bis 16.11.2019 und 28.11.2019 bis 18.01.2020.
Raumarbeit *Anarchy of Forms* in den Ausstellungen *Anarchy of Forms* sowie *PROOF of CONCEPT.*

Programme gallery drj art projects, *Berlin, Germany.*
Spatial work Anarchy of Forms *within the exhibitions* Anarchy of Forms *and* PROOF of CONCEPT.

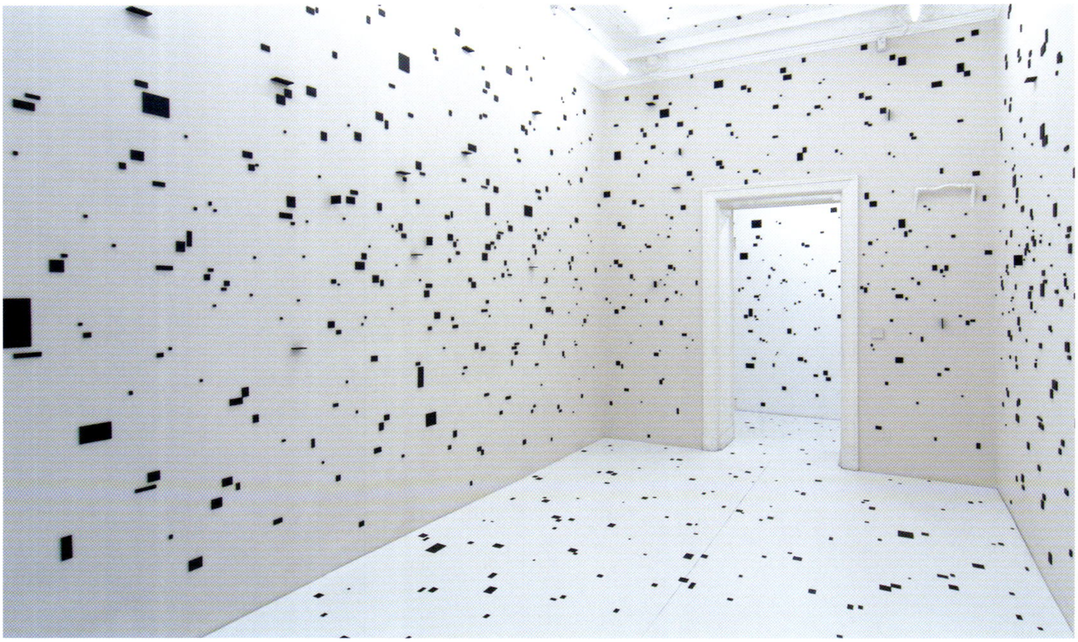

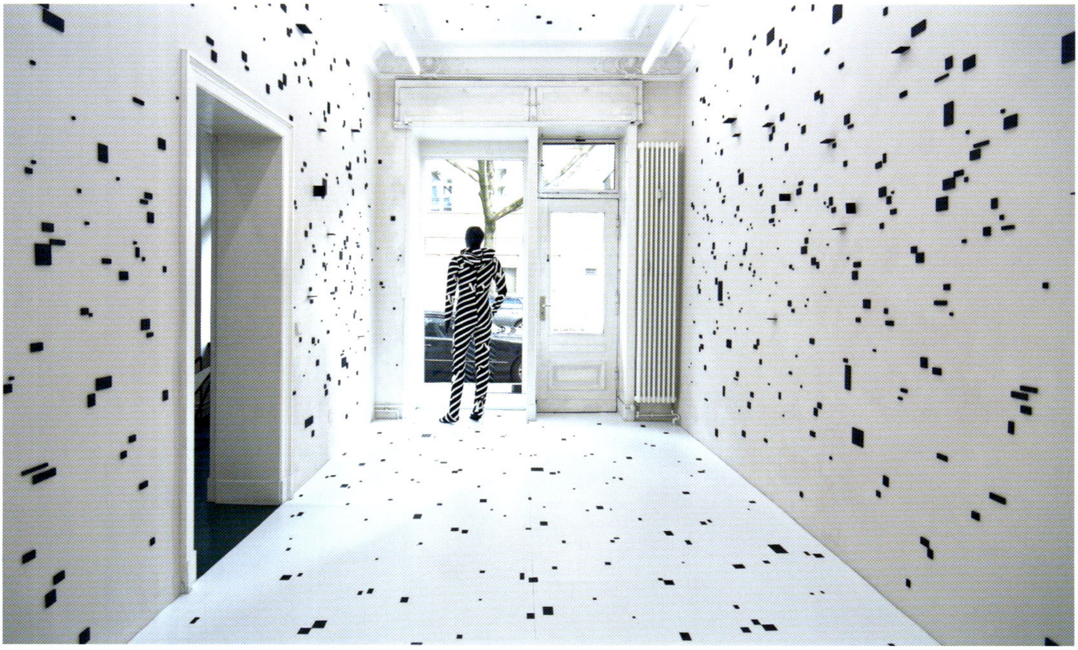

2019 - Ausstellung im *Museum Haus Konstruktiv*, Zürich

Selnaustrasse 2, CH-8001 Zürich, Schweiz. 07.02. bis 05.05.2019. Installative Raumgestaltung im Treppenhaus, anlässlich der Ausstellung *Konkrete Gegenwart. Jetzt ist immer auch ein bisschen gestern und morgen.*

Museum Haus Konstruktiv, *Zurich, Switzerland. Installation in the stairwell on the occasion of the exhibition* Concrete Contemporary. Now is always also a little of yesterday and tomorrow.

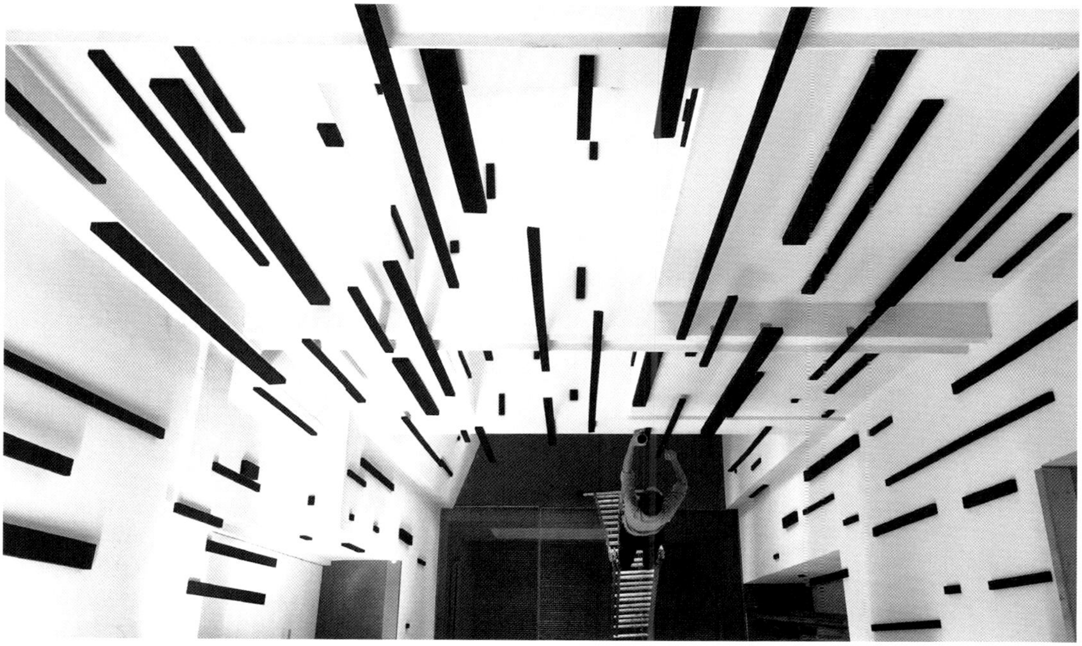

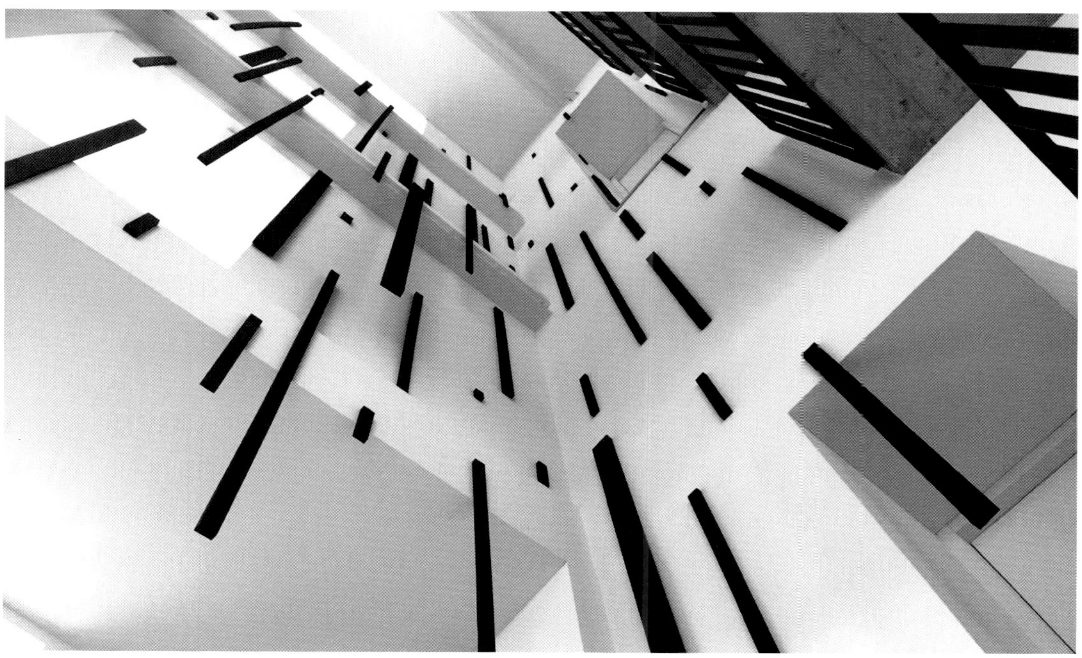

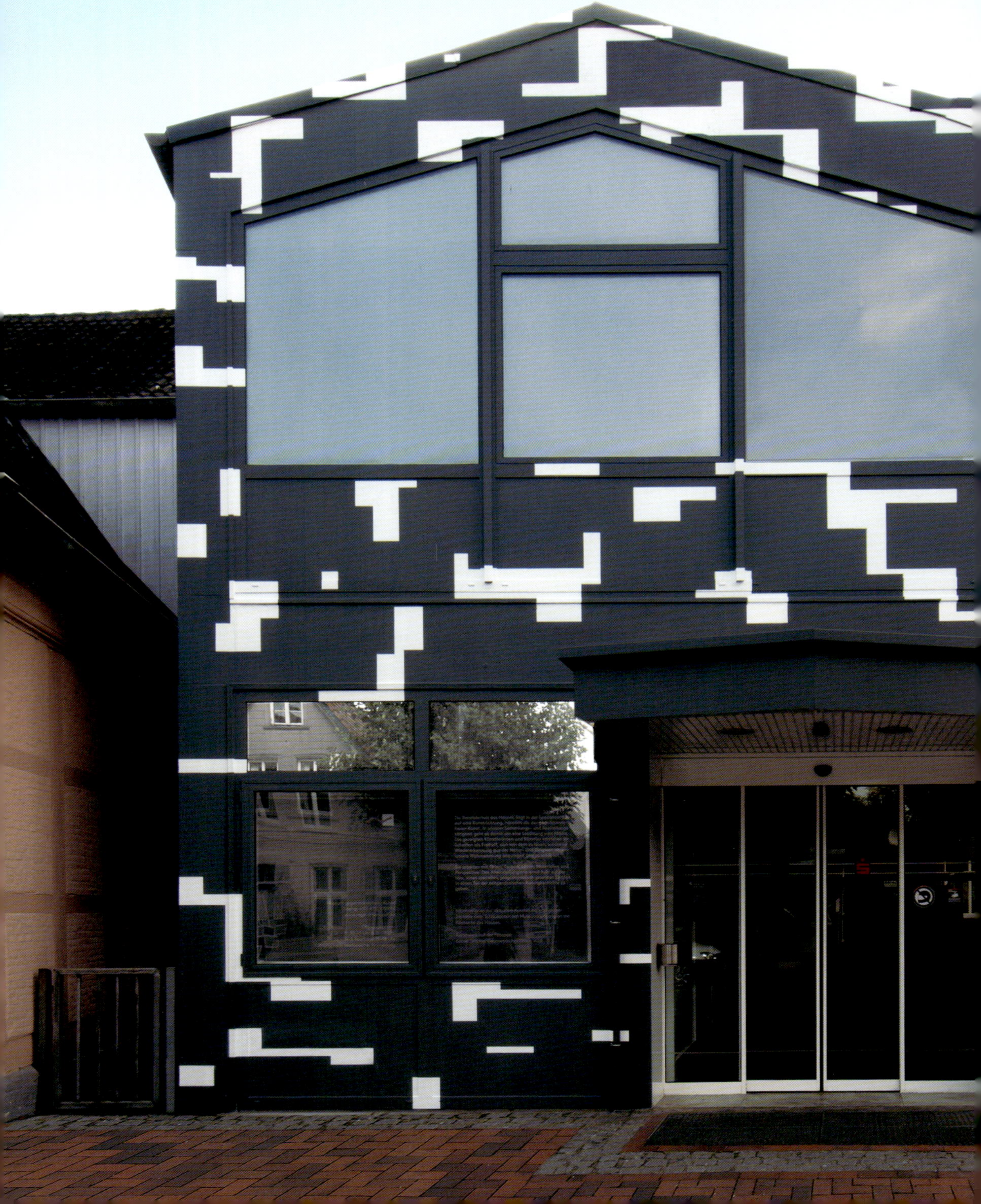

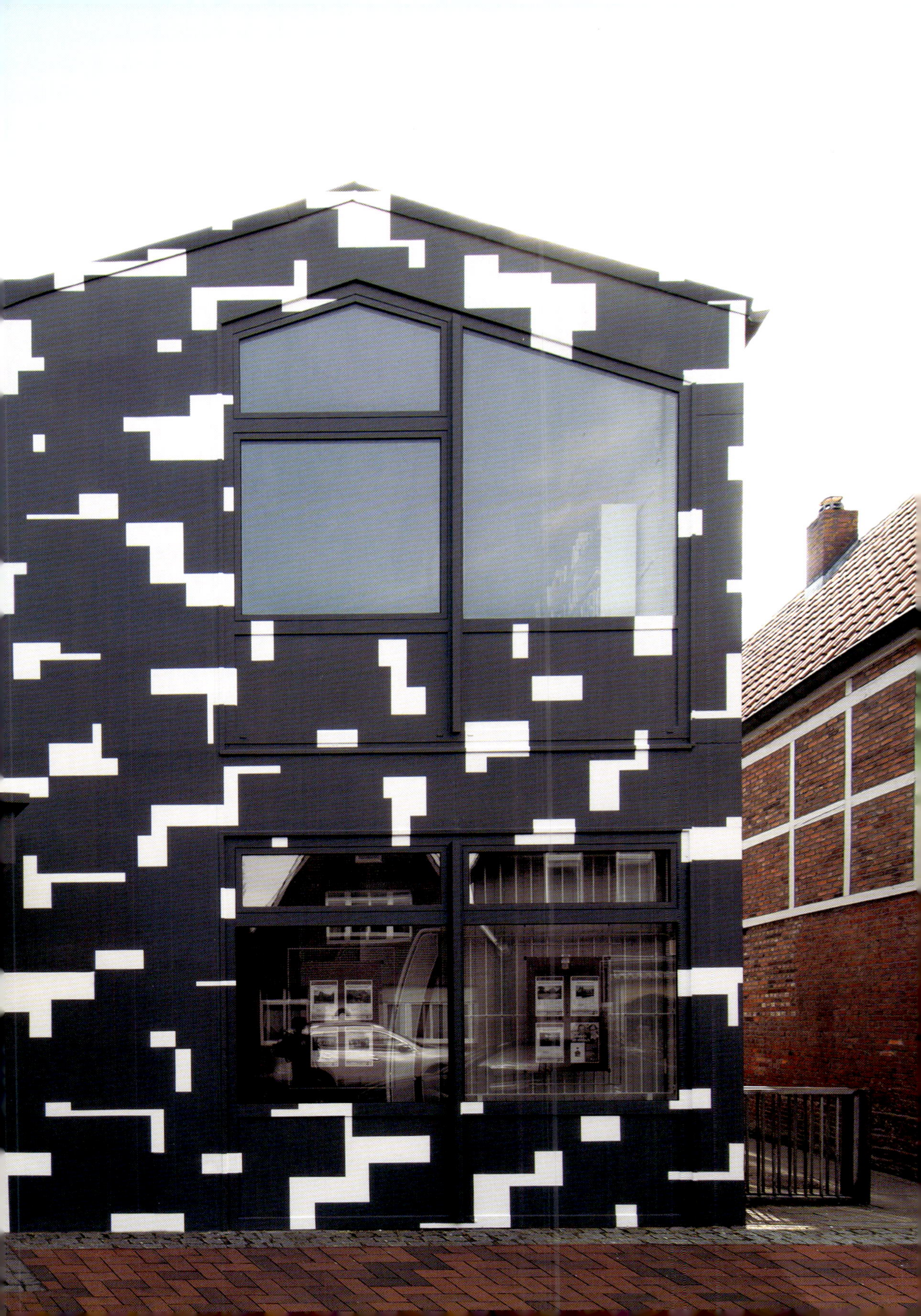

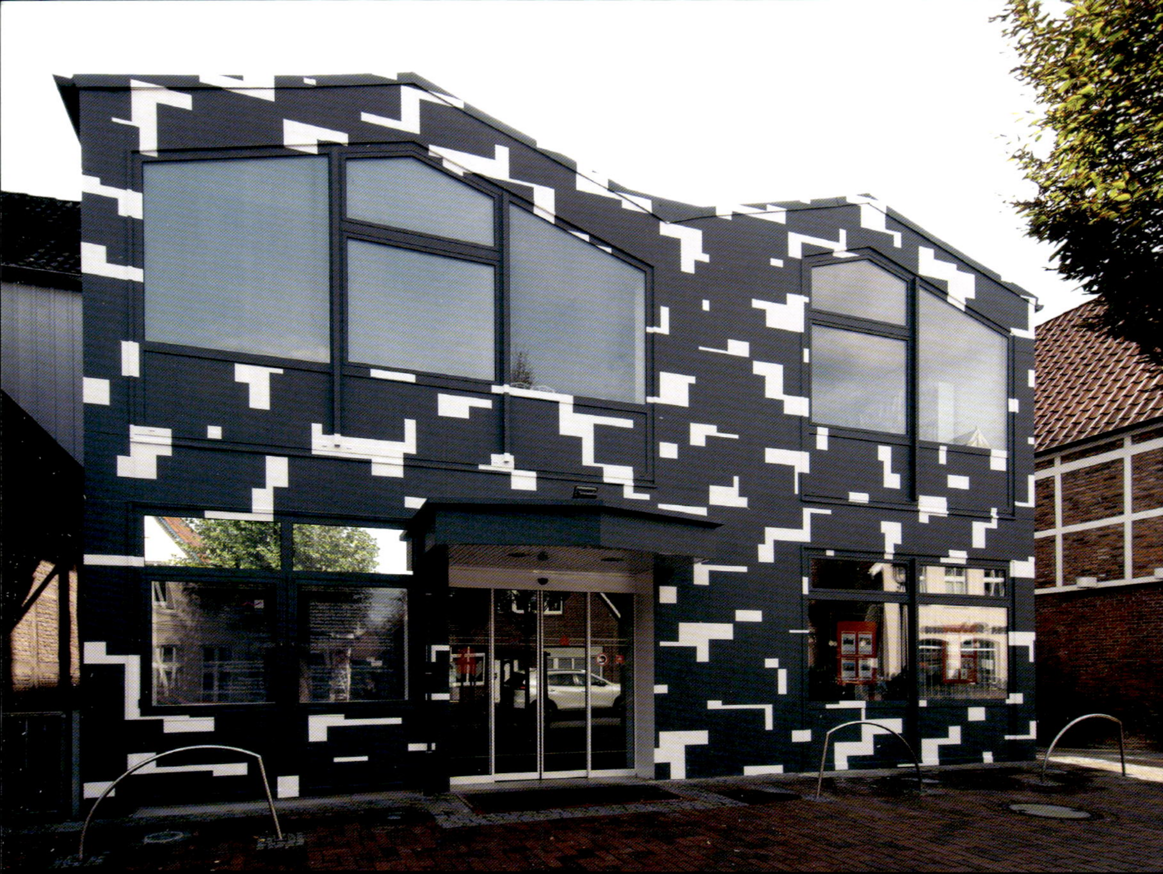

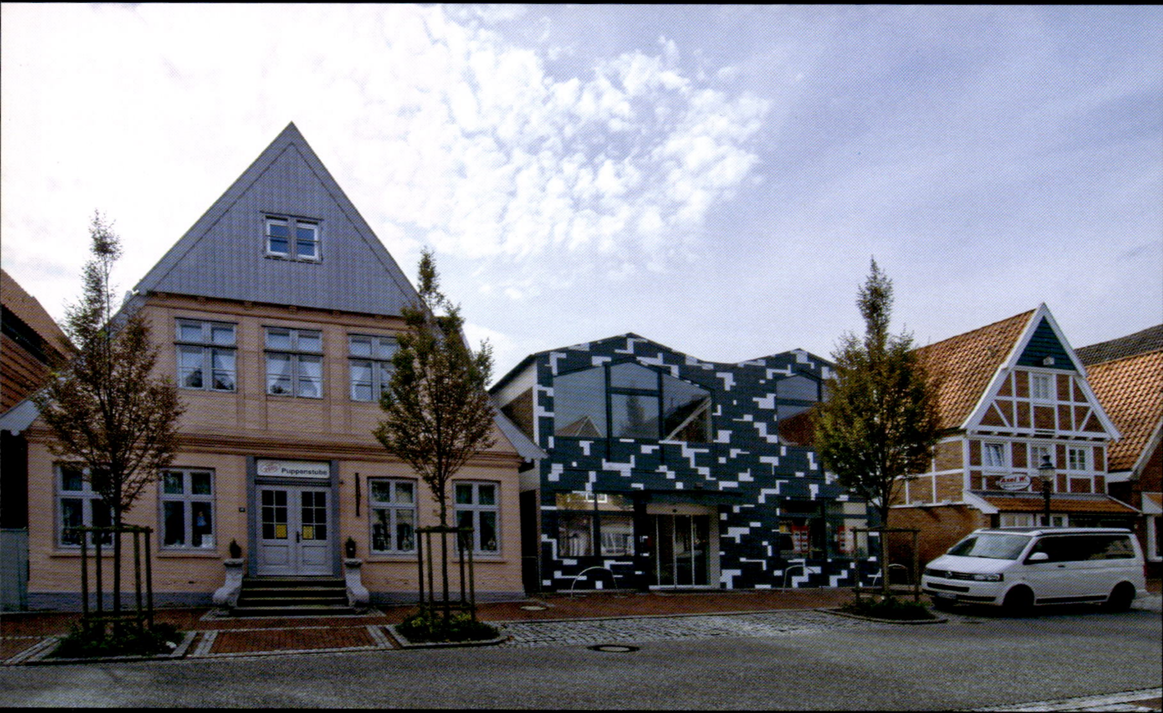
Puppenstube

Marktstraße 10, D-21762 Otterndorf, Deutschland.
Fassadengestaltung für das Museumsgebäude.

Zentral für dieses Projekt ist die Dialektik von Heraushebung und Einpassung in Bezug auf den städtebaulichen Kontext. Das künstlerische Prinzip der Etablierung eines Ordnungssystems und dessen Störung bezieht sich hier nicht nur auf die gestaltete Fassadenfläche selbst, sondern auch auf das Verhältnis des neu gestalteten Gebäudes zu seiner städtebaulichen Umgebung. Die Figur-Grund-Charakteristik der benachbarten Fachwerkstrukturen wird aufgenommen. Daraus resultiert einerseits eine visuell anregende Konkurrenz von Ordnungssystemen, andererseits wird mit dem Gesamtensemble insgesamt ein kohärentes System geschaffen.

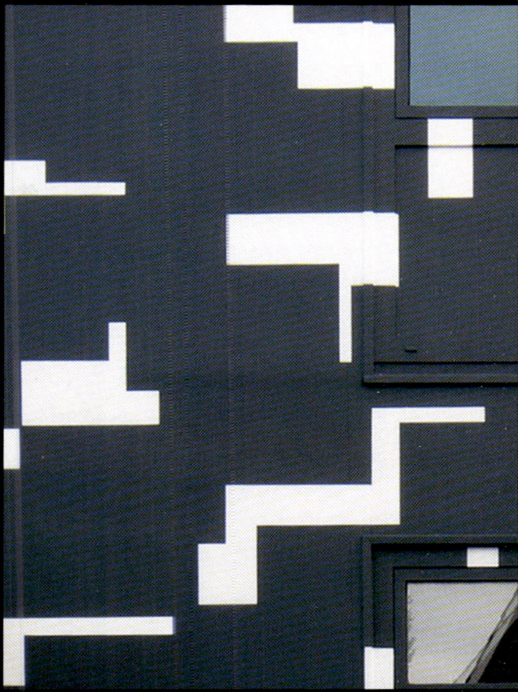

Museum of Non-Objective Art Otterndorf, *Germany.*
Façade design for the museum building.

Central to this project is the dialectic between standing out and blending into the urban context. The artistic principle of establishing and disrupting a system of order here refers not only to the designed façade itself but also to the relationship of the newly designed building to its built environment. The figure-ground characteristics of the neighboring buildings are adopted here, resulting in a visually stimulating competition of systems of order. At the same time, the ensemble as a whole constitutes a coherent overall system.

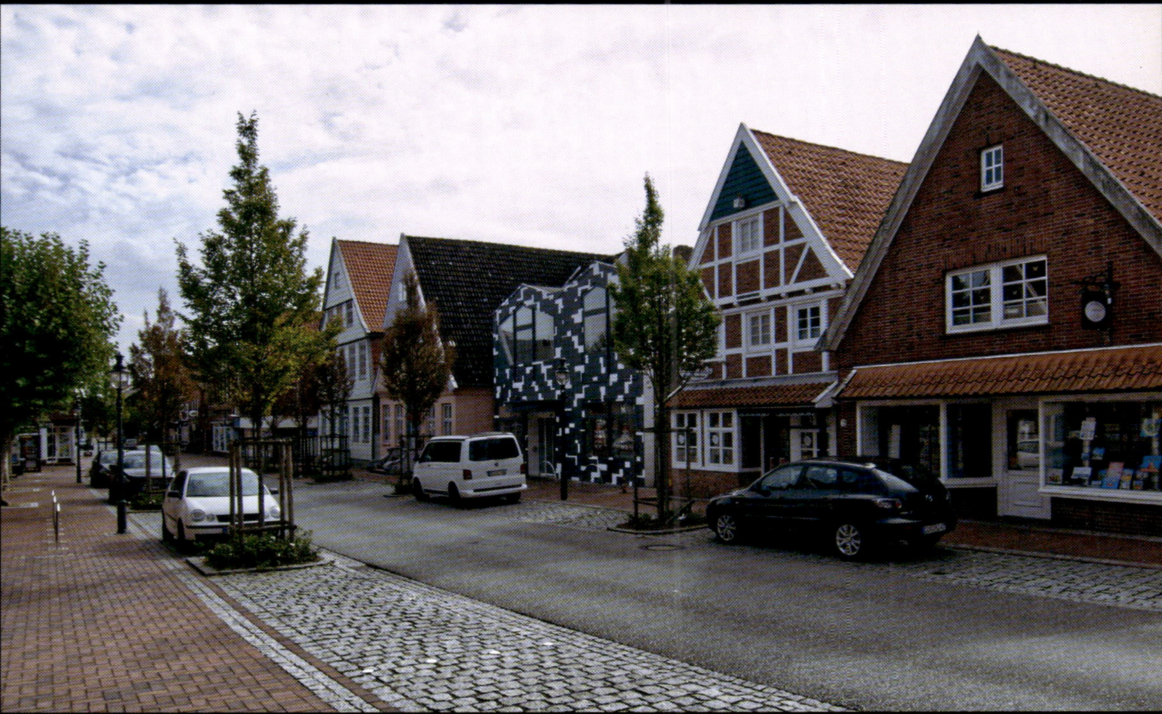

2018 – Bahnstation Jinlun, Taiwan

Gemeinde Taimali, Landkreis Taitung, 963, Taiwan.
Gestaltung von zwei sich gegenüberliegenden Wandflächen in der Wartehalle des Bahnhofs.

Jinlun Railway Station, Taimali Township, Taitung County, Taiwan.
Design of two walls facing each other in the station's waiting hall.

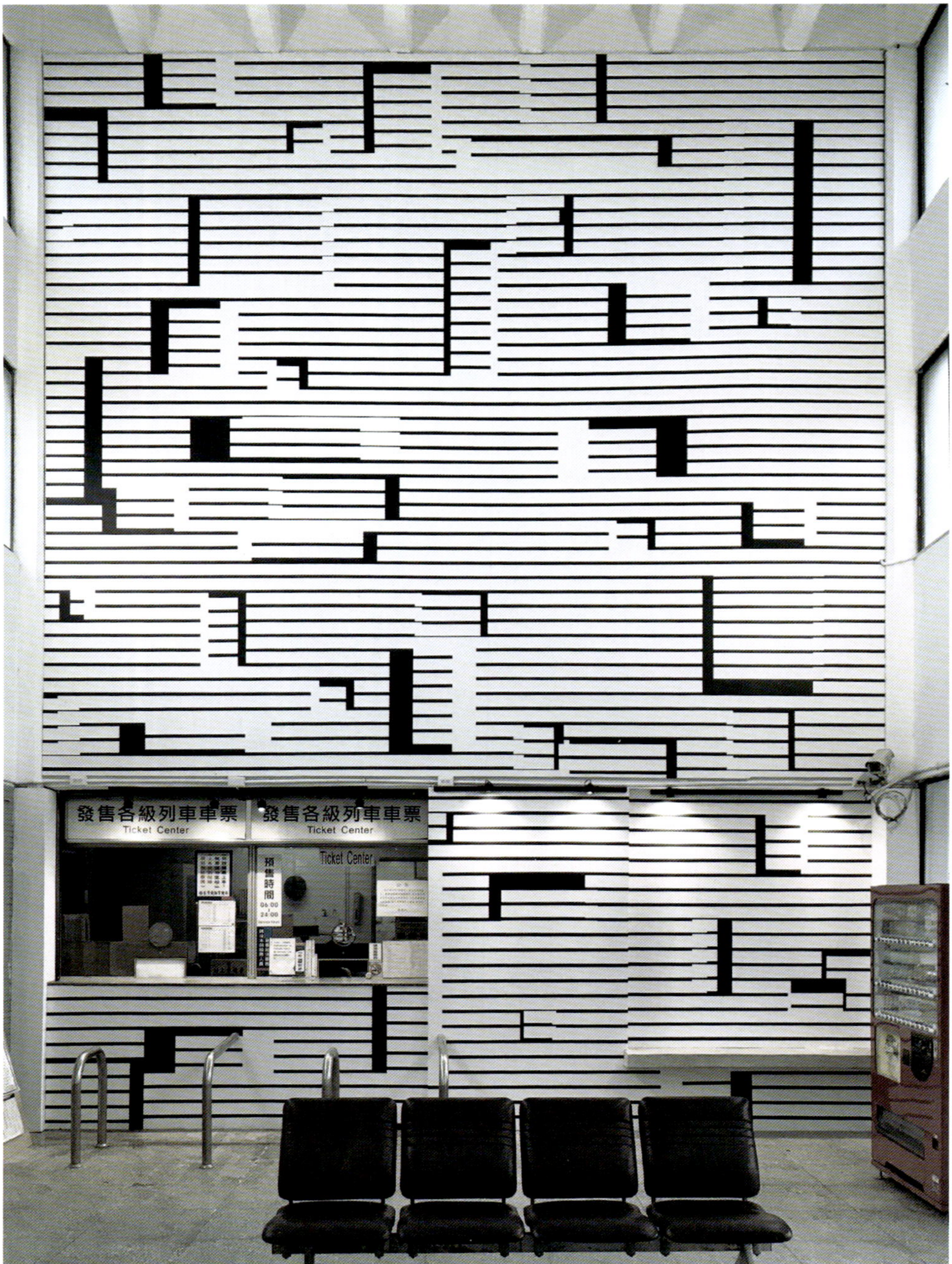

2018 – Bürokomplex *Austria Campus*, Wien

Jakov-Lind-Straße 2, A-1020 Wien, Österreich.
Wand- und Deckengestaltung an einer Durchgangssituation.

Office complex Austria Campus, *Vienna, Austria.*
Wall and ceiling design for a passageway.

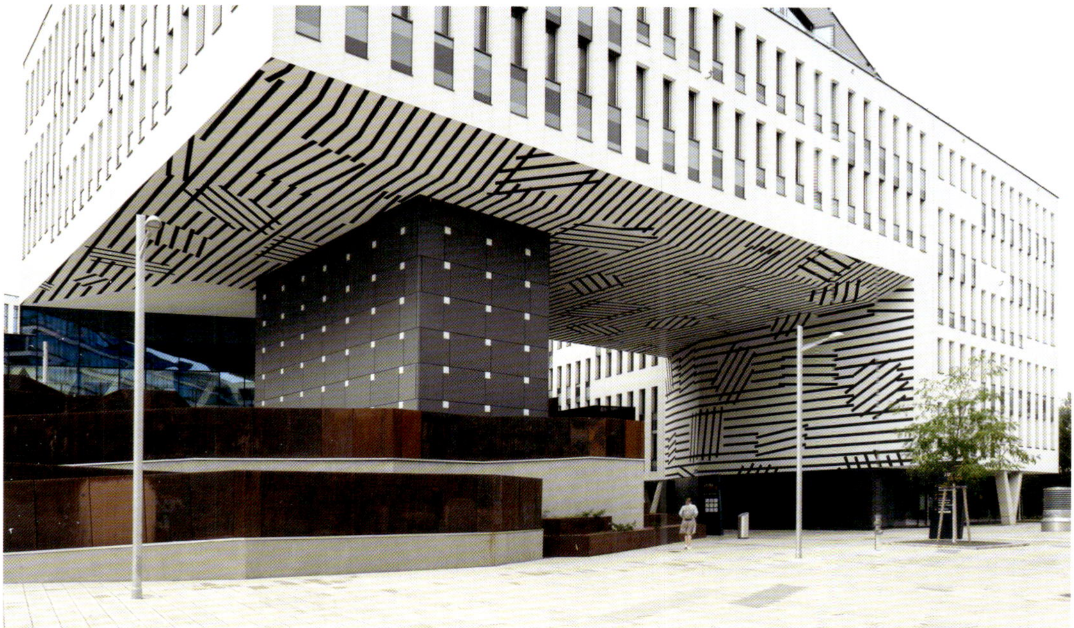

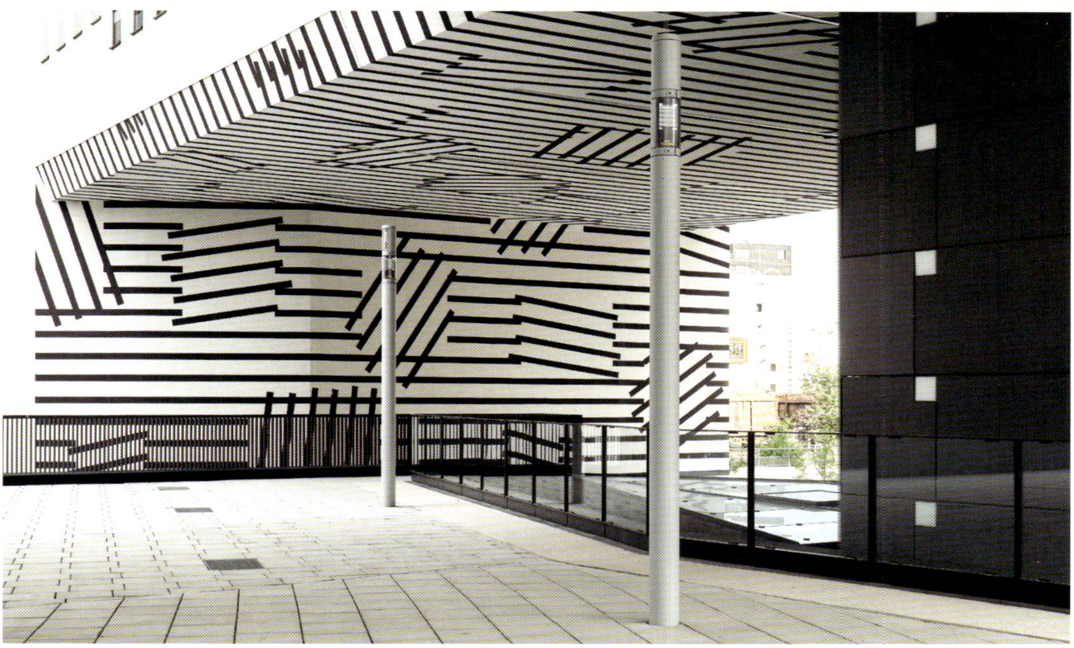

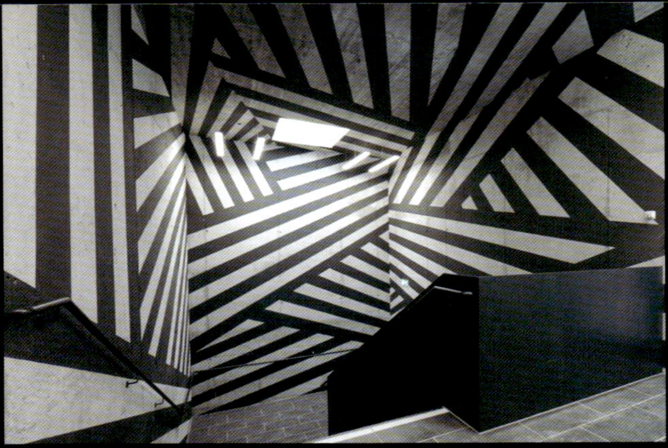
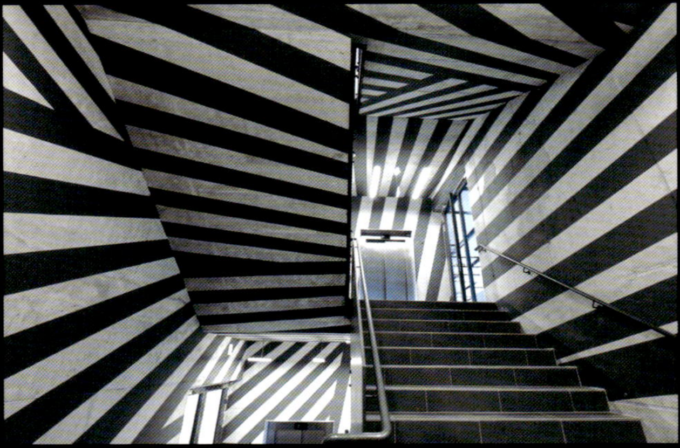
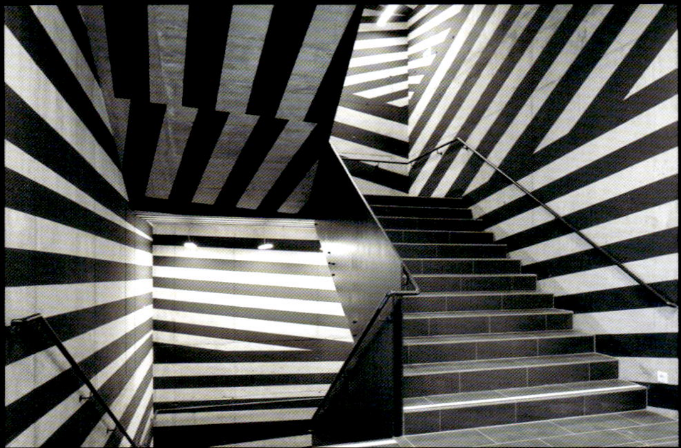
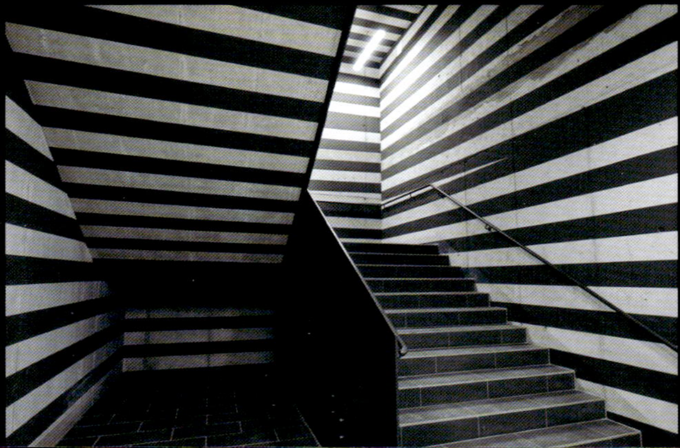
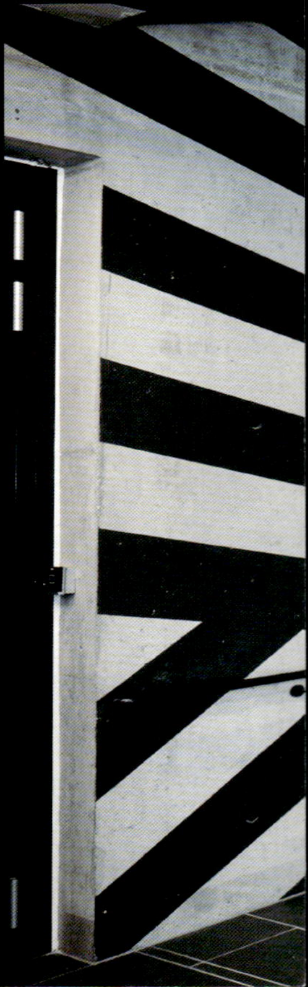

Industriezeile 6, A-2100 Leobendorf, Österreich. Gestaltung eines viergeschossigen Treppenhauses.

Die eingesetzten gestalterischen Mittel korrespondieren mit den räumlich-geometrischen Eigenschaften des gestalteten Ortes selbst: die Dimension der Treppenstufen und deren Erscheinung als alternierende Licht-Schatten-Flächen sowie die diagonale Neigung und gegenläufige Verschränkung der Treppenläufe im Raum. In der Nahsicht werden bildhafte heterogene Sichtbetonbereiche durch homogene schwarze Balkenflächen gewissermaßen gerahmt. Das Werk ist nur sukzessiv erfassbar. Durch Bewegung tun sich dem Betrachter fortwährend neue Wahrnehmungsausschnitte auf. Die Komplexität steigt dabei kontinuierlich von unten nach oben – gleichsam einer Dramaturgie folgend (vgl. Beschreibung auf S. 13). Im Gegensatz dazu ist bei den Projekten in den Treppenhäusern in Winterthur, 2012 (vgl. S. 64), oder in Bonn, 2013 (vgl. S. 57), die Gestaltung strukturell homogen.

Office building of the company CROMA. *Design of a four-storey stairwell.*

The design principles used here correspond with the spatial-geometric characteristics of the place itself: the dimensions of the steps and their appearance as alternating surfaces of light and shadow as well as the diagonal slant and the alternating opposing direction of the flights of stairs in space. Viewed at close range, graphically heterogenous areas of exposed concrete are framed, in a way, by homogenous black painted black bars. The work can only really be experienced by moving through it gradually. The viewer's own motion opens up a succession of new perceptual views. The complexity increases continually from bottom to top, forming a kind of dramaturgy (cf. description on p. 17). In contrast, the design of the stairwells in Winterthur, 2012 (cf. p. 64) and Bonn, 2013 (cf. p. 57) is structurally homogenous.

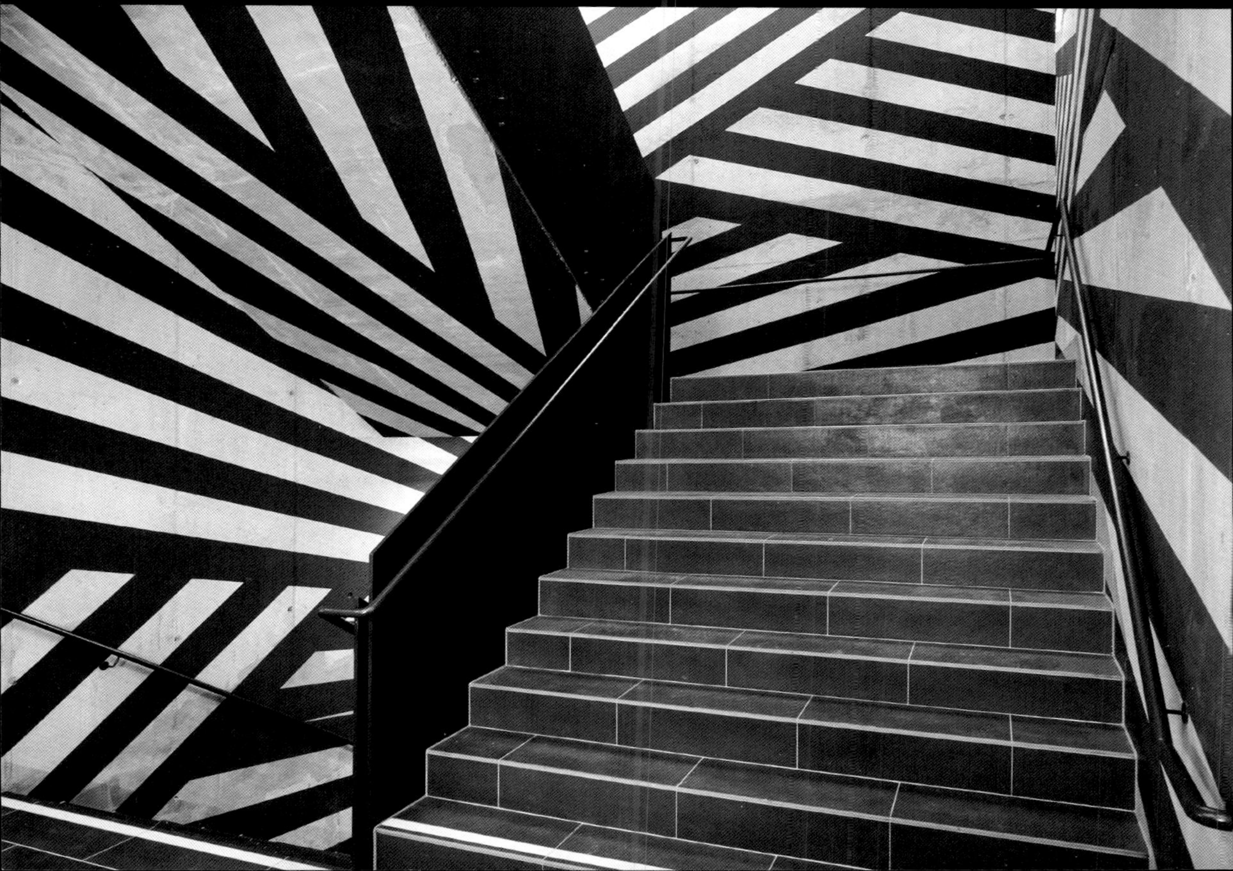

2016 – Ausstellung in den Projekträumen von *drj – dr. julius | ap*, Berlin

Leberstraße 60, D-10829 Berlin, Deutschland. 24.11.2016 bis 28.02.2017.
Installation im äußeren Eingangsbereich der Projekträume, anlässlich der Ausstellung *on architecture*.

Project spaces of drj – dr. julius | ap, *Berlin, Germany.*
Installation on the entrance area on the occasion of the exhibition on architecture.

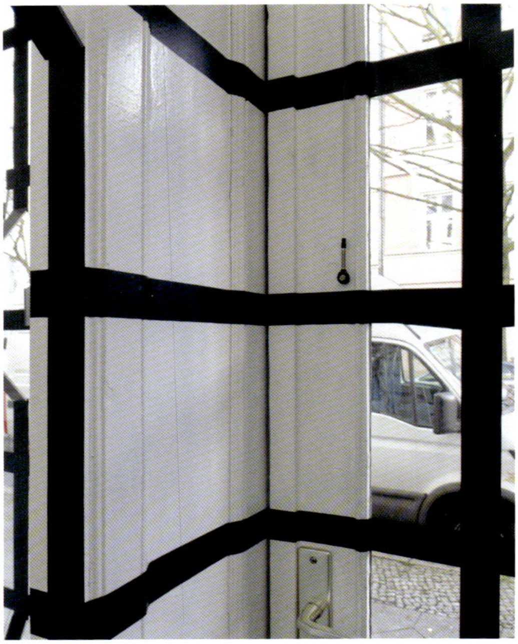

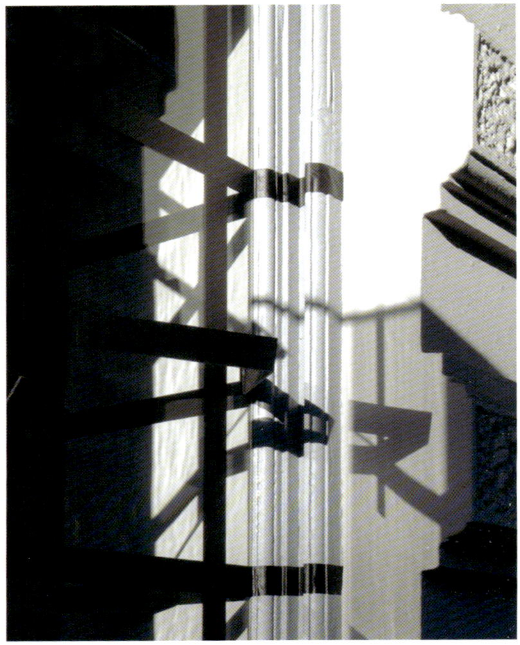

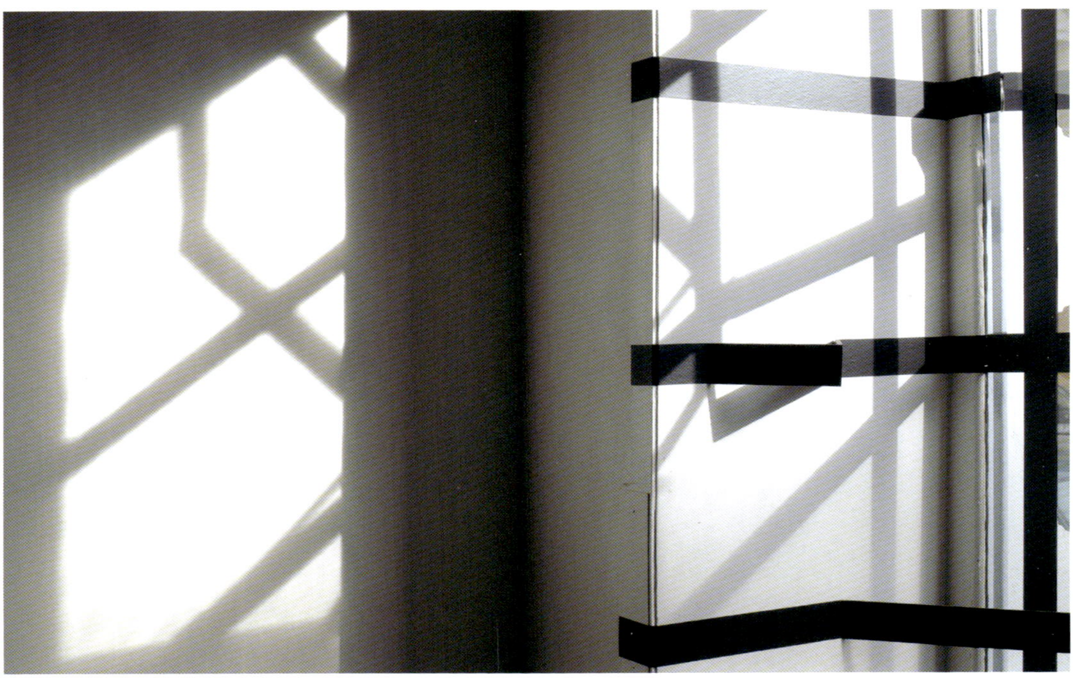

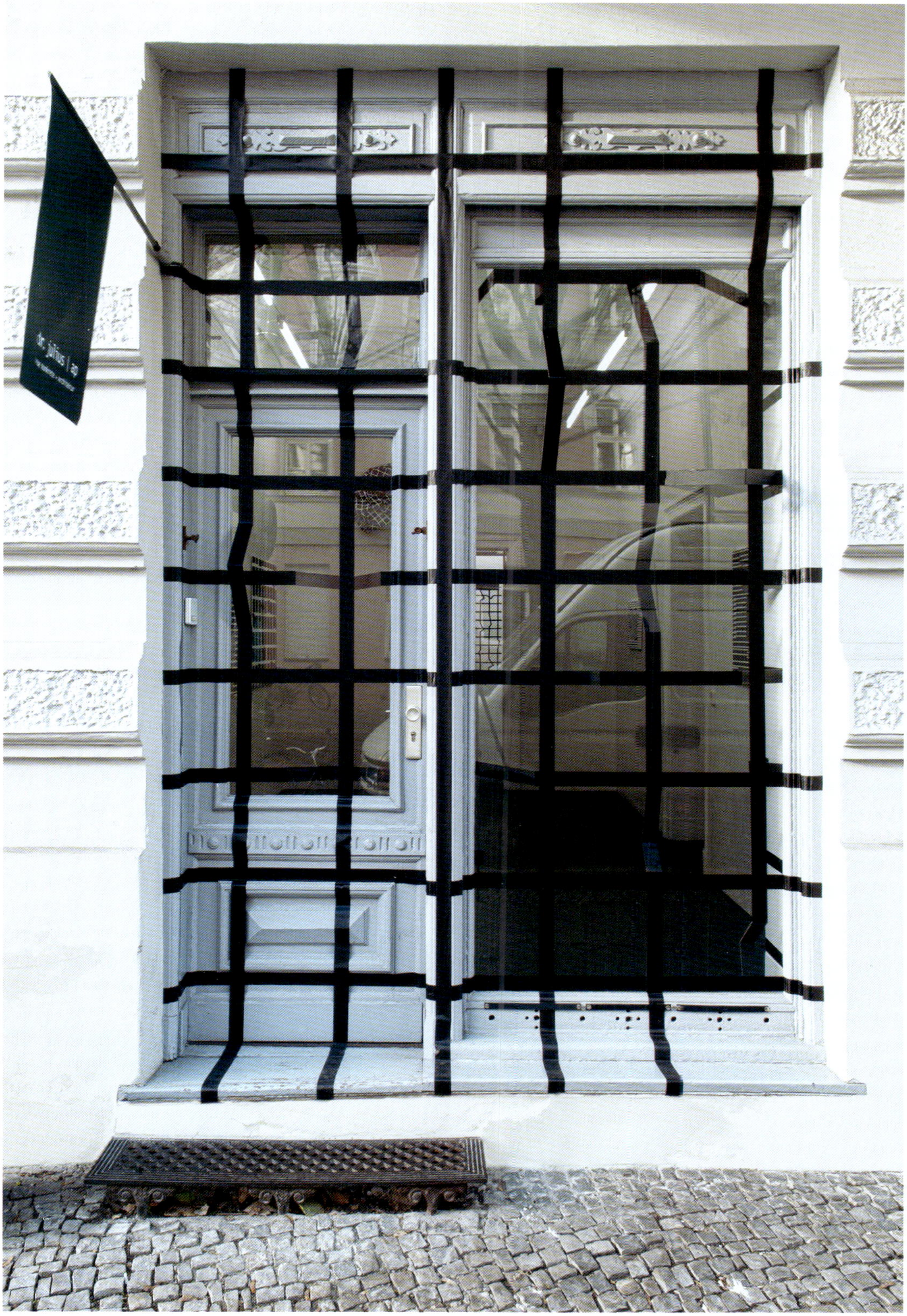

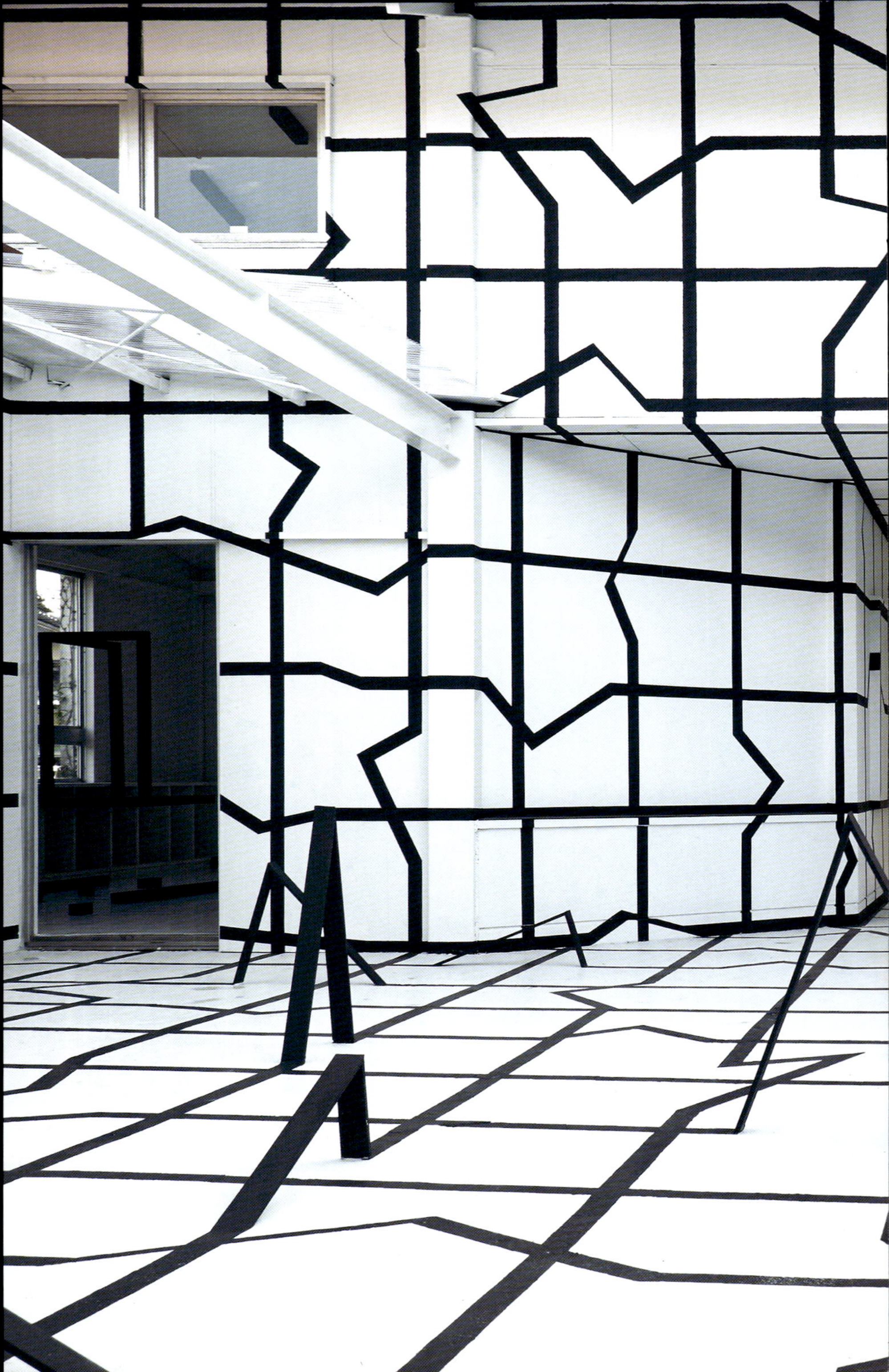

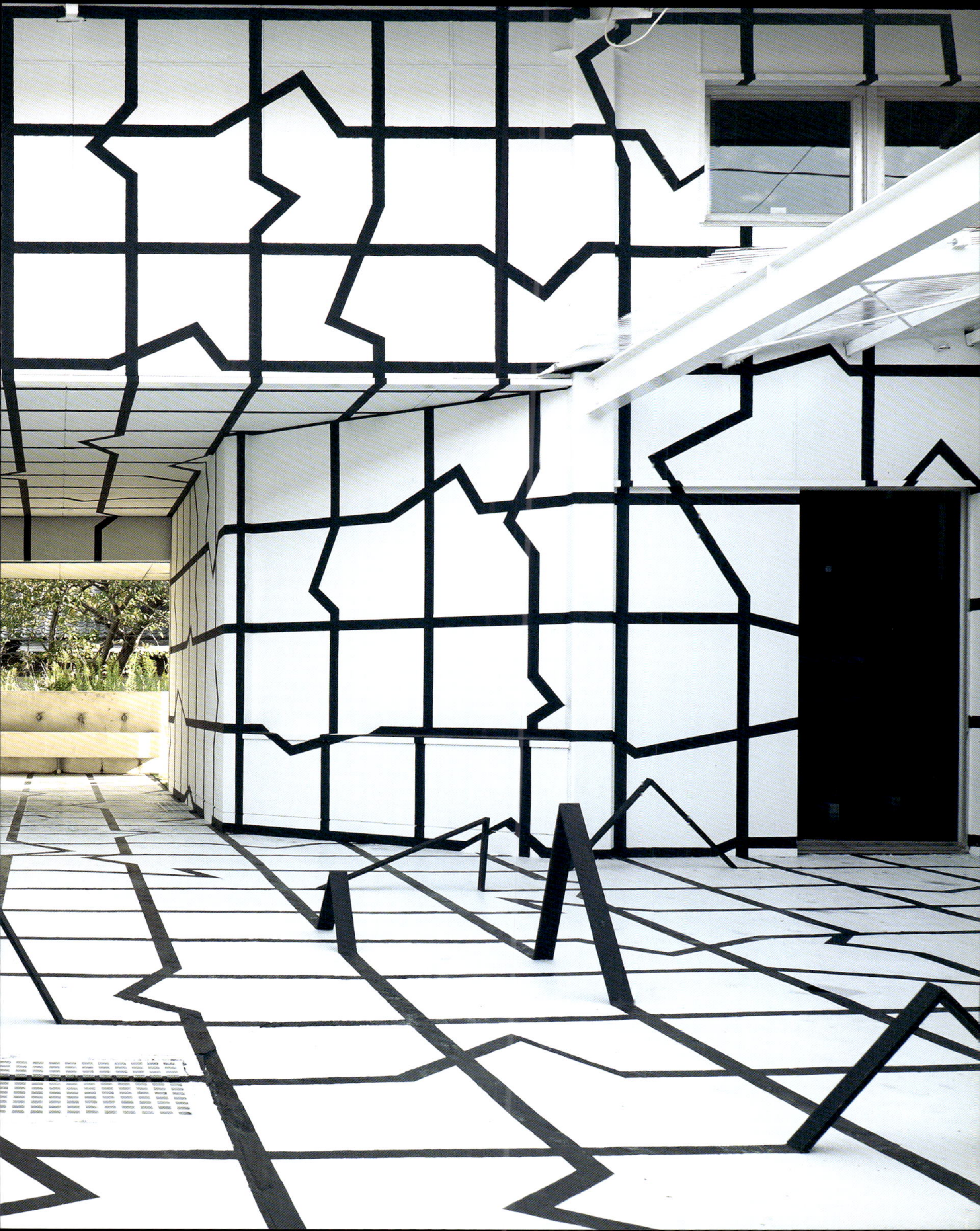

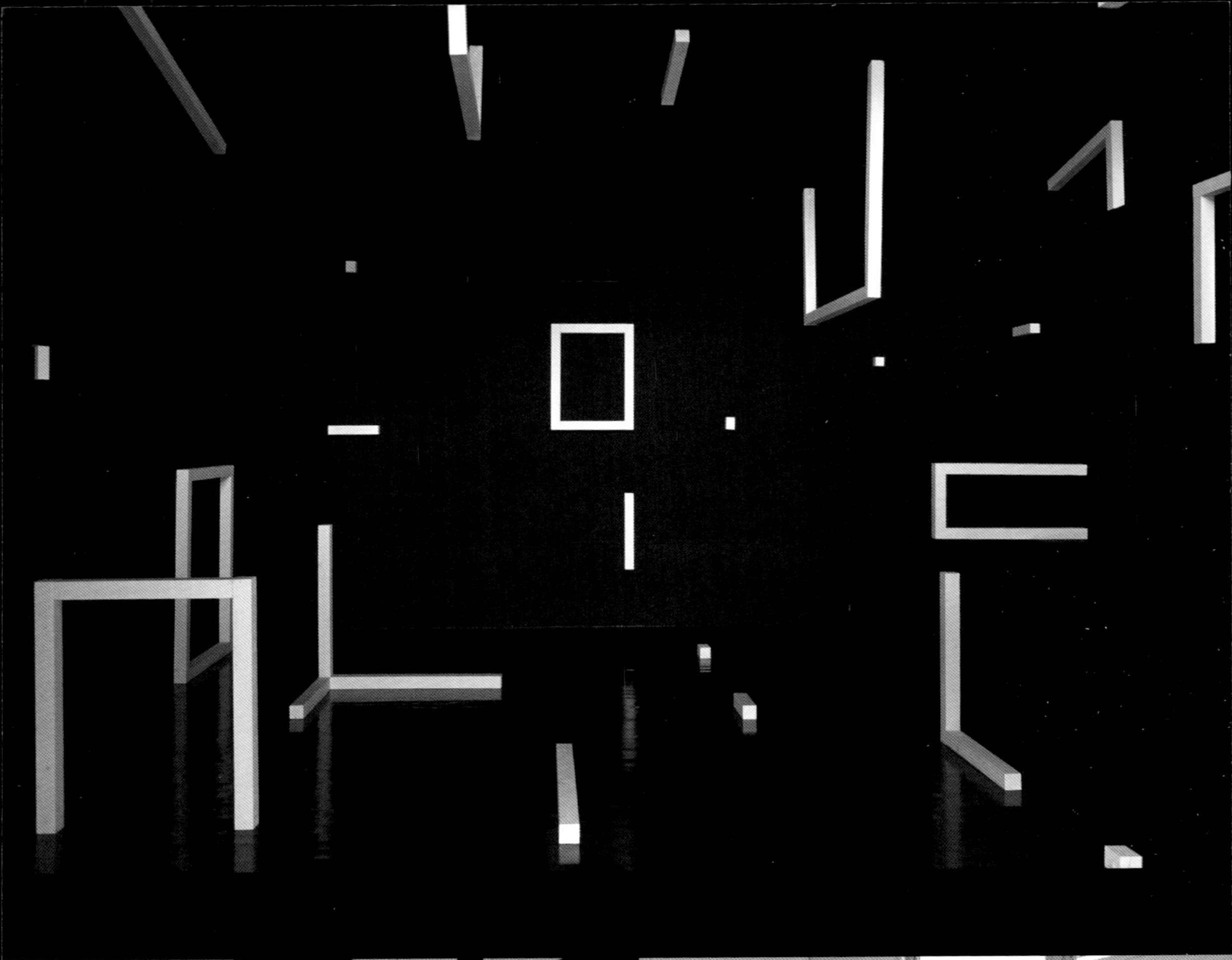

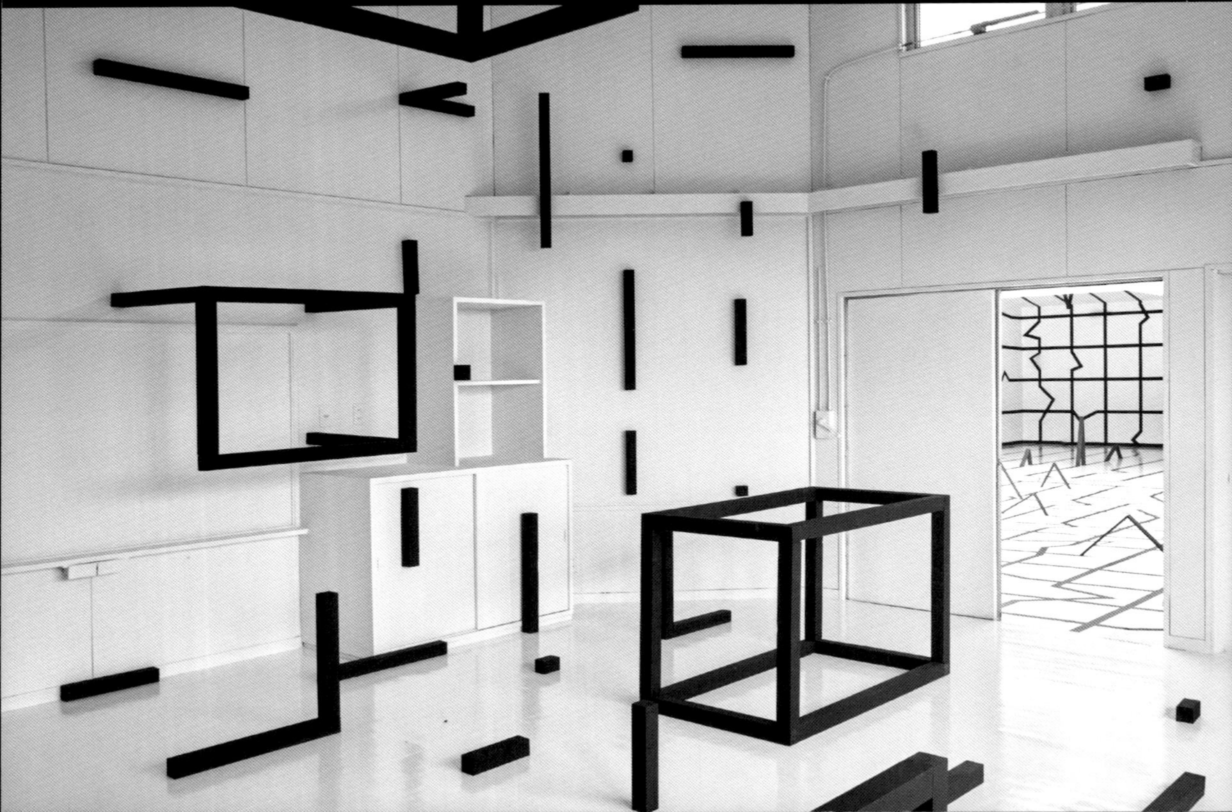

1422-2 Takumacho Awashima, Mitoyo, Präfektur Kagawa 769-1108, Japan. Wand- und Bodengestaltung im Gesamtgebäude sowie Einrichtung von zwei Ausstellungsräumen mit installativen Raumarbeiten.

Setouchi-Triennale: Project Contours of Thinking, *Awashima, Japan.*
Wall and floor design in the entire building as well as creation of two exhibition spaces with installations.

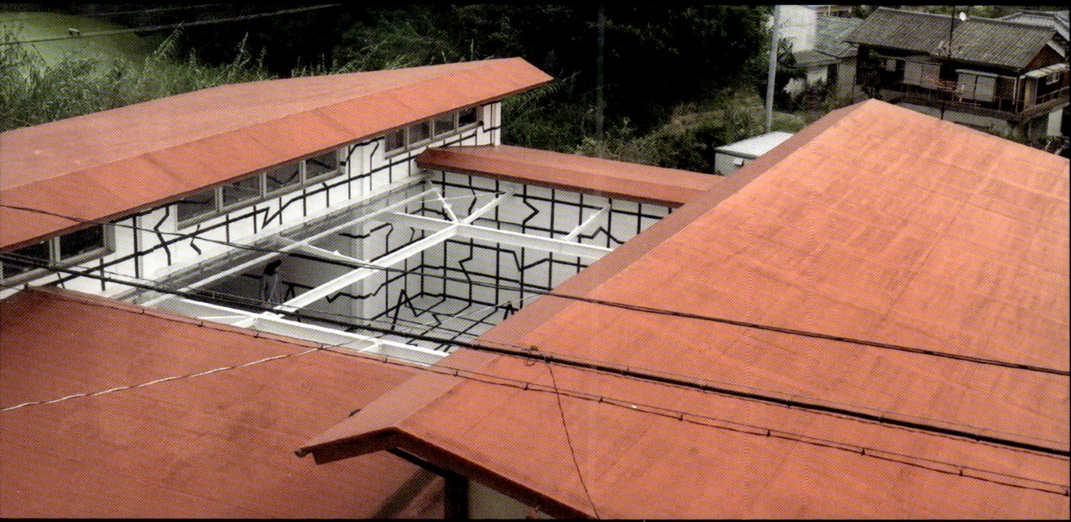

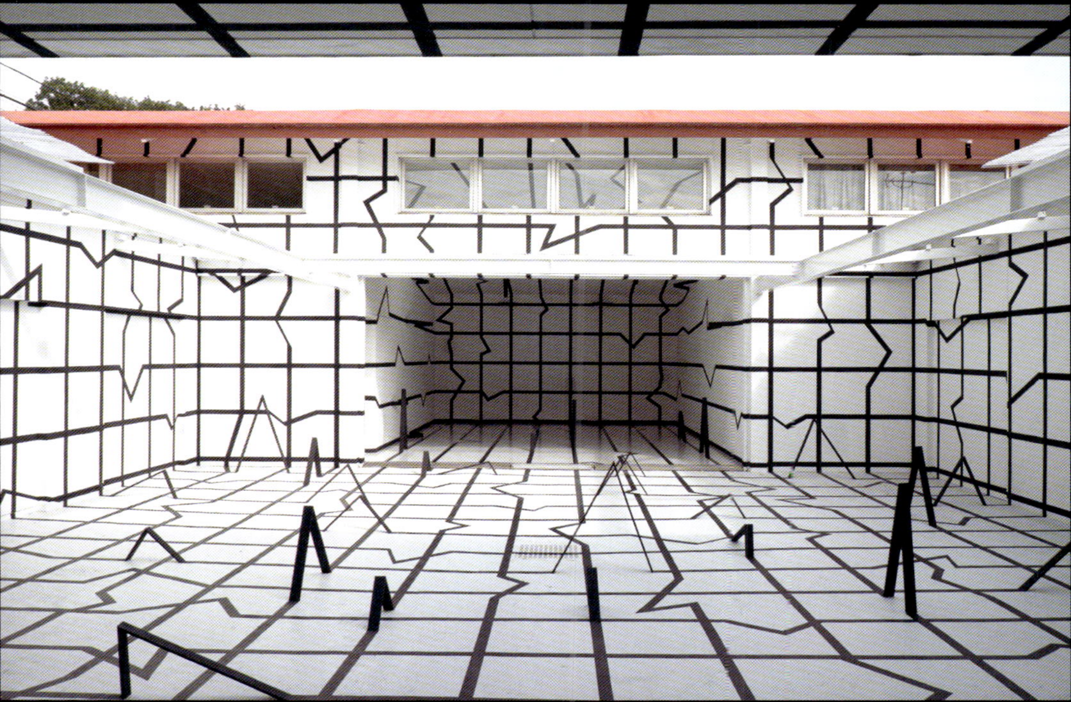

2016 – Setouchi-Triennale: Bahnstation Tsuneyama

Uno-Linie.
Utogi, Tamano,
Präfektur Okayama
706-0133, Japan.
Wand- und Bodengestaltung.

Setouchi-Triennale:
Tsuneyama railway station,
Uno Line, Tamano, Japan.
Wall and floor design.

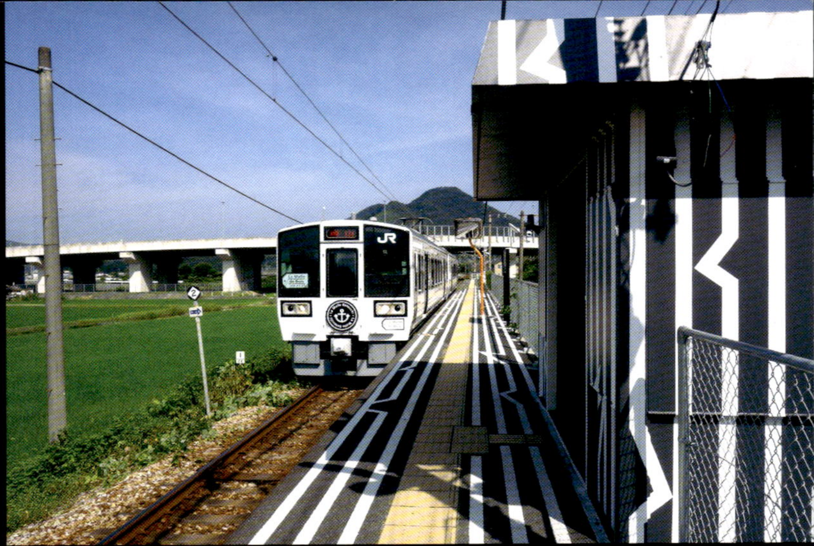

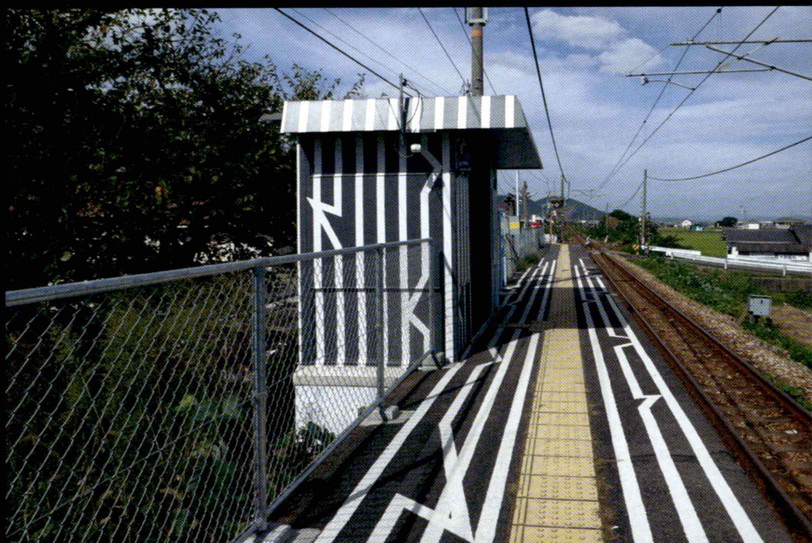

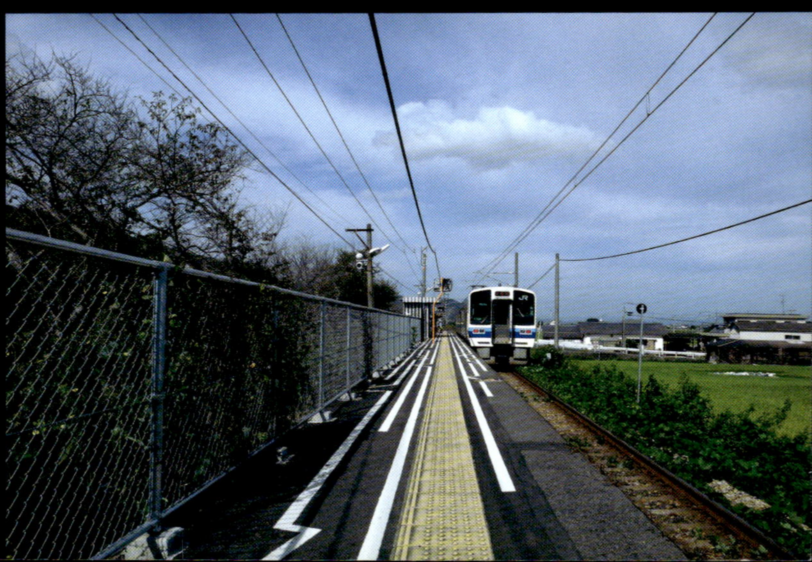

2016 – Setouchi-Triennale: Bahnstation Hachihama

Uno-Linie.
Osaki Hachihamacho, Tamano,
Präfektur Okayama
706-0224, Japan.
Wand- und Bodengestaltung.

Setouchi-Triennale:
Hachihama railway station,
Uno Line, Tamano, Japan.
Wall and floor design.

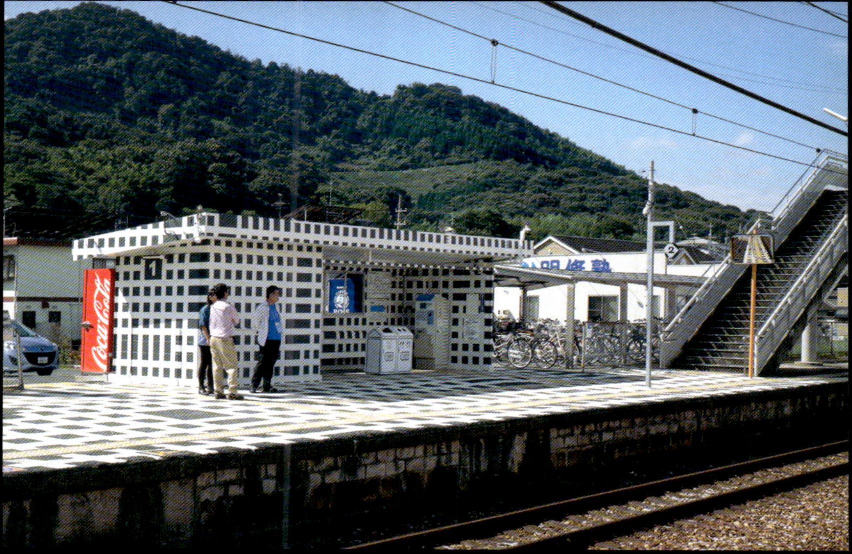

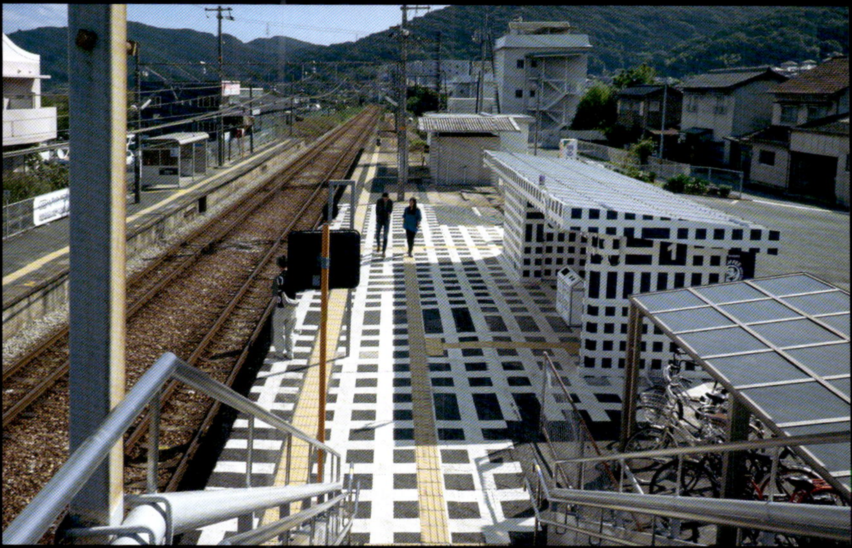

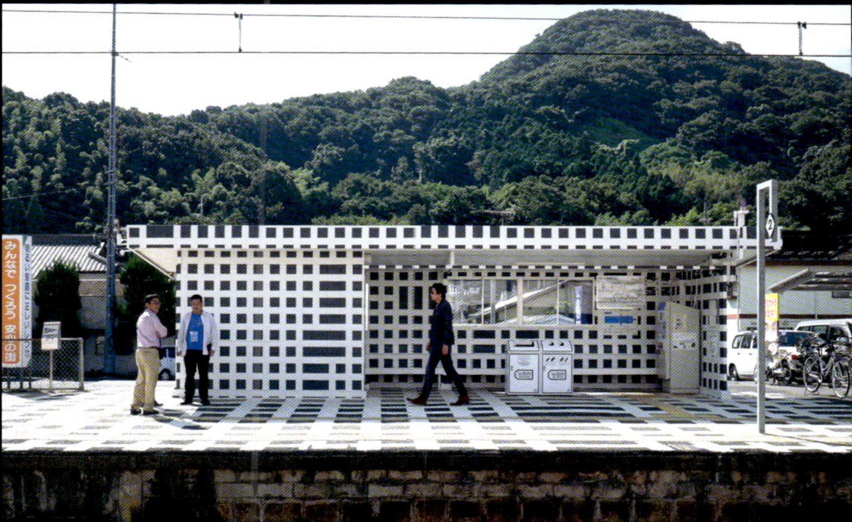

2016 – Setouchi-Triennale: Bahnstation Bizen-Tai

Uno-Linie. 4-chome-1 Tai, Tamano, Okayama 706-0001, Japan. Wandgestaltung.

Setouchi-Triennale: Bizen-Tai railway station, Uno Line, Tamano, Japan. Wall design.

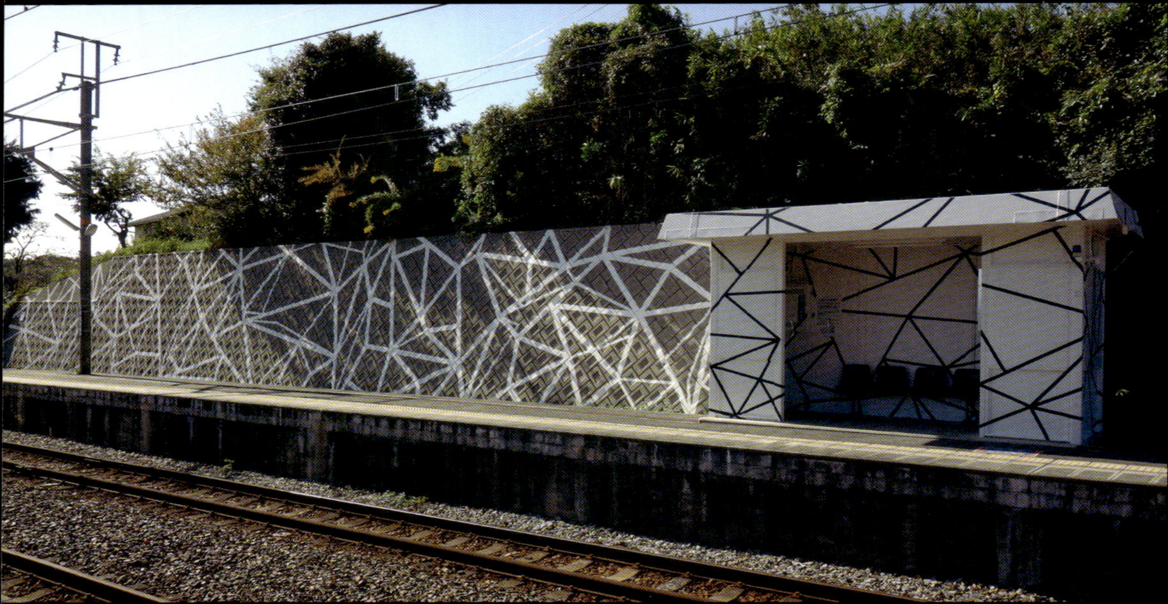

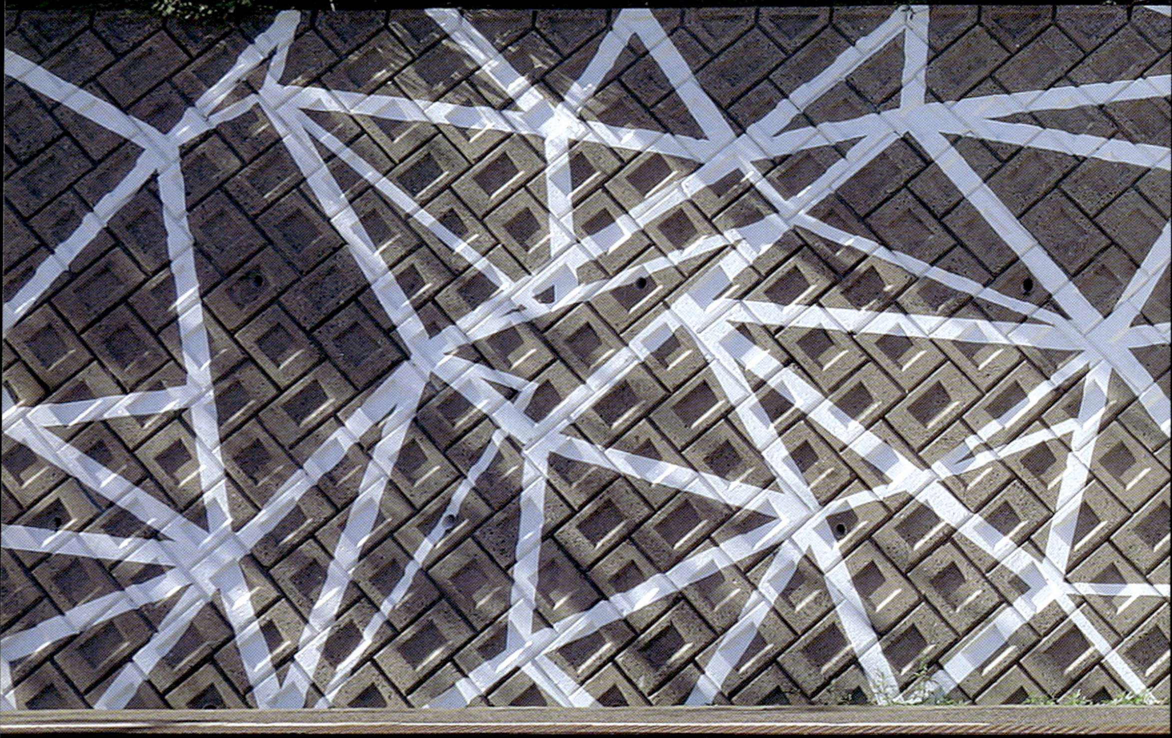

Uno-Linie. 1-chome-1 Chikko, Tamano, Präfektur Okayama 706-0002, Japan. Fassadengestaltung Bahnhofsgebäude.

Setouchi-Triennale: Uno railway station, Uno Line, Tamano, Japan. Station building facade design.

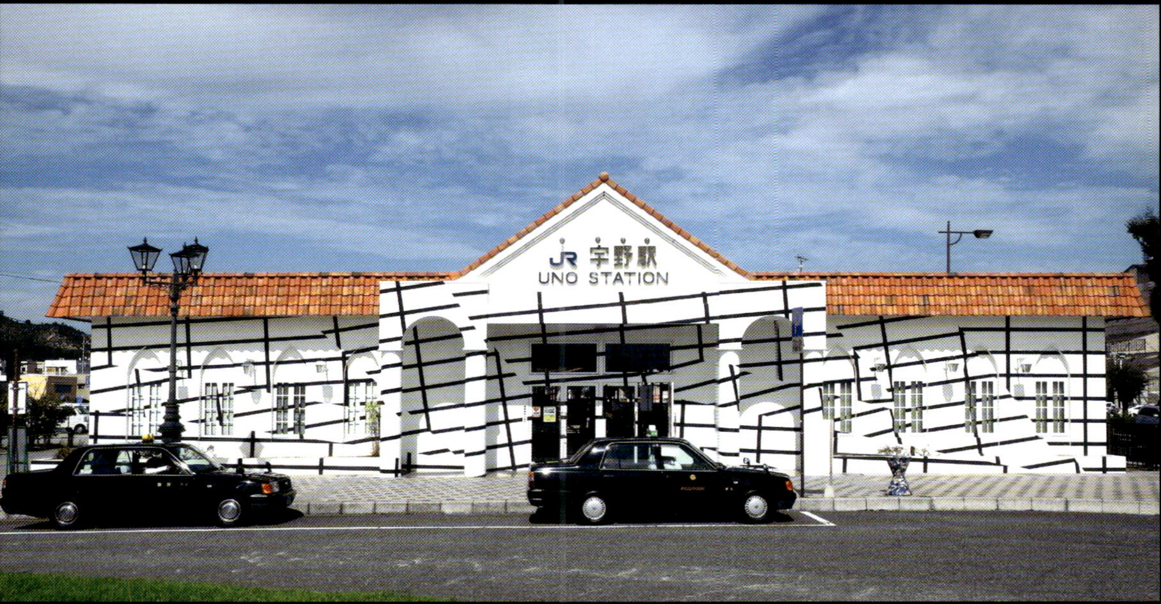

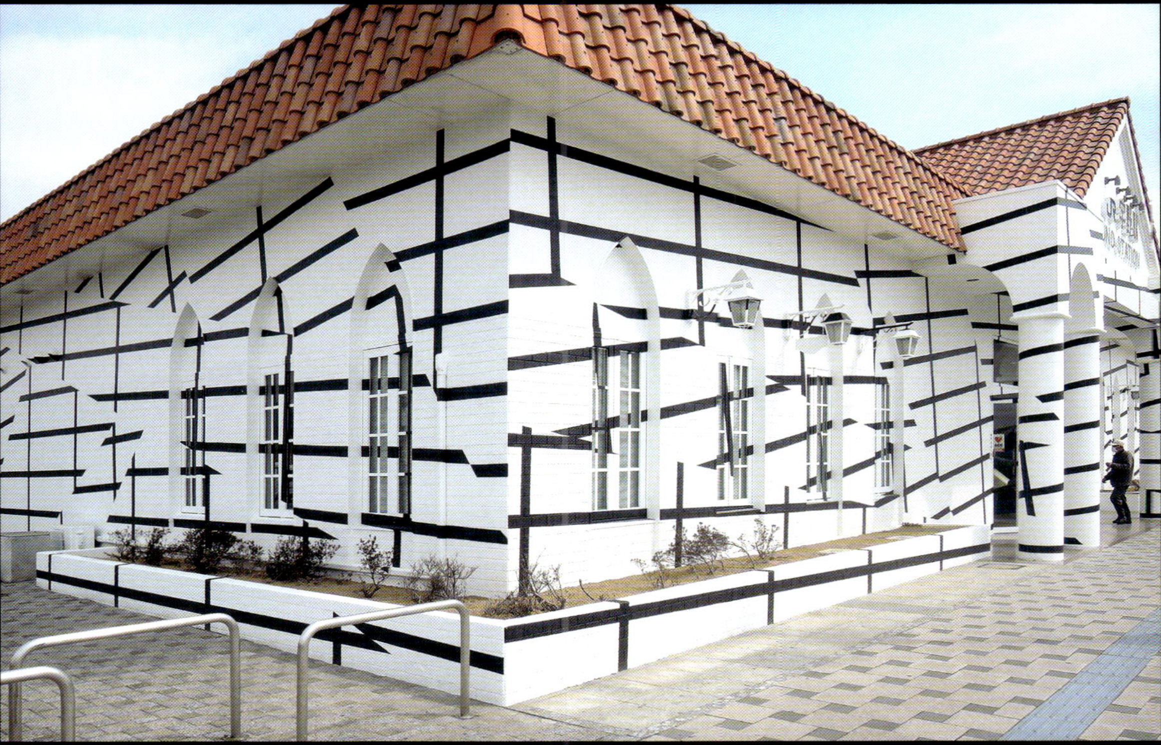

2016 – Ausstellung in der Italienischen Botschaft, Wien

Rennweg 27, A-1030 Wien, Österreich. 31.03. bis 30.06.2016.
Bodengestaltung und Möbelskulpturen anlässlich der Ausstellung *Geometries*, kuratiert von Marcello Farabegoli.

Italian Embassy, Vienna, Austria. Floor design and furniture sculpture within the exhibition Geometries.

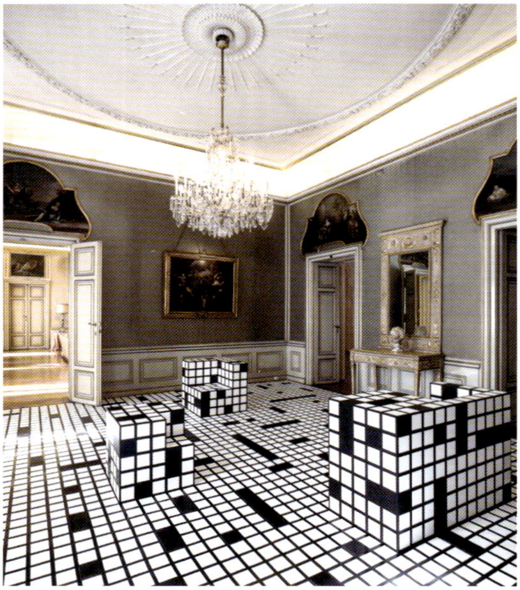

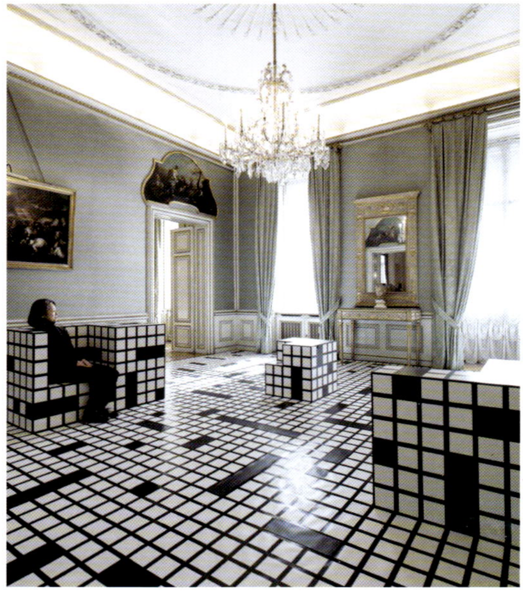

2016 – Ausstellung im Museum für zeitgenössische Kunst *Marta Herford*

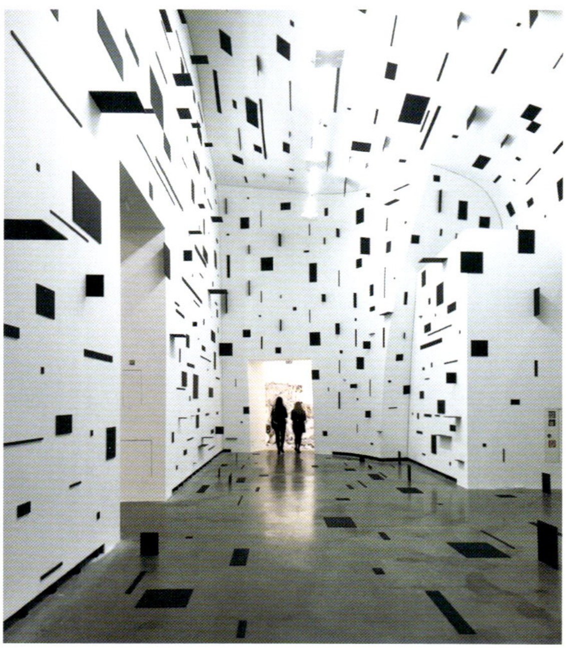

Goebenstraße 2-10, D-32052 Herford, Deutschland. 29.10.2016 bis 05.02.2017. Installative Raumarbeit, anlässlich der Ausstellung *Der fremde Raum. Angriffe, Verwandlungen, Explosionen.*

Museum of Contemporary Art Marta Herford, *Germany. Spatial installation on the occasion of the exhibition* Bizarre Spaces. Attacks, Transformations, Explosions.

2016 – Ausstellung im *Ludwig Forum für Internationale Kunst*, Aachen

Jülicher Straße 97-109, D-52070 Aachen, Deutschland. 13.03. bis 05.06.2016.
Wandarbeit, anlässlich der Ausstellung *DYSTOTAL*.

Ludwig Forum for International Art, *Aachen, Germany. Wall work on the occasion of the exhibition* DYSTOTAL.

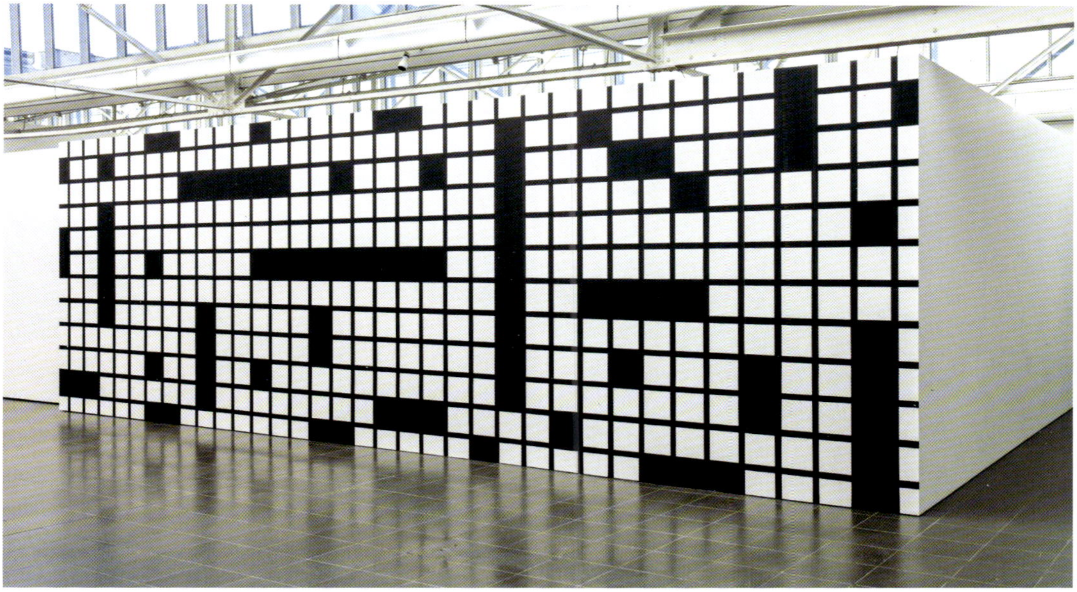

2016 – Ausstellung in der Galerie *Eduardo Secci*, Florenz

Piazza Carlo Goldoni 2, I-50123 Florenz, Italien. 26.02. bis 14.05.2016.
Installative Raumgestaltung, anlässlich der Ausstellung *Tensioni Strutturali #1*.

Gallery Eduardo Secci, *Florence, Italy. Spatial installation within the exhibition* Tensioni Strutturali #1.

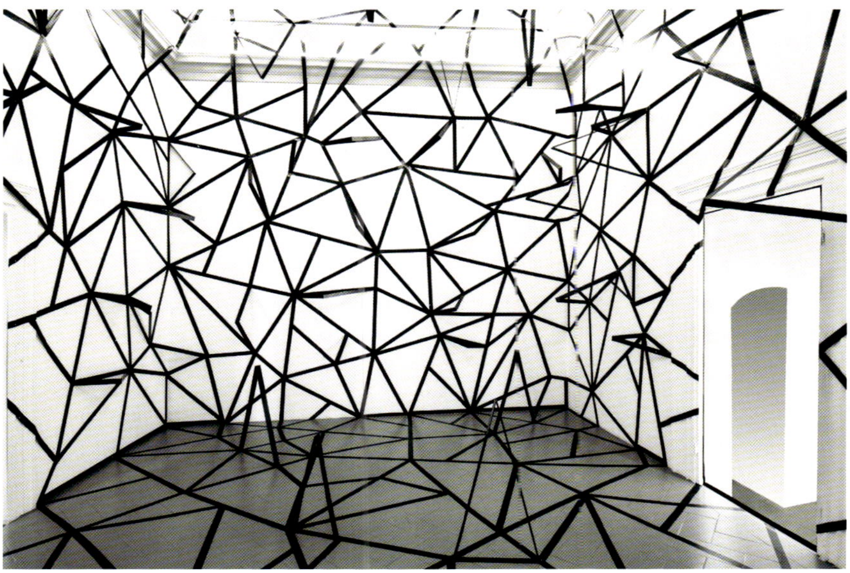

2016 - Ausstellung in der Galerie *Krobath*, Wien

Eschenbachgasse 9, A-1010 Wien, Österreich. 09.03. bis 20.04.2016.
Wand-, Deckengestaltung und Möbelobjekte.

Exhibition at Gallery Krobath, *Vienna.*
Wall-ceiling design and furniture objects.

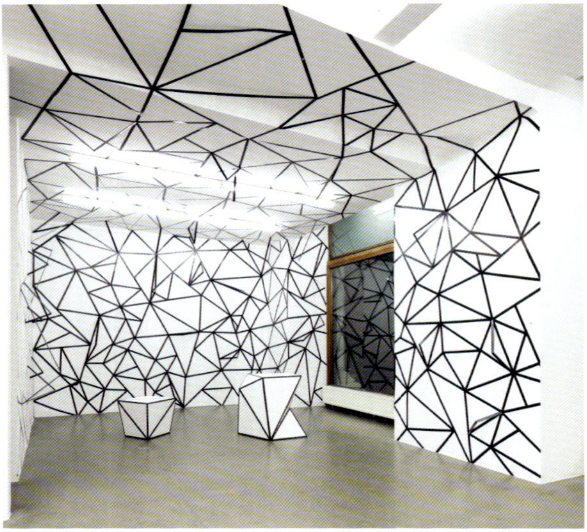

2016 - Container vor dem Hotel *Das Triest*, Wien

Wiedner Hauptstraße 12, A-1040 Wien, Österreich.
Installative Fassadengestaltung des Baustellencontainers während der Umbauzeit des Hotels.

Container in front of the Hotel Das Triest, *Vienna, Austria.*
Façade installation of construction site container during renovation of the hotel.

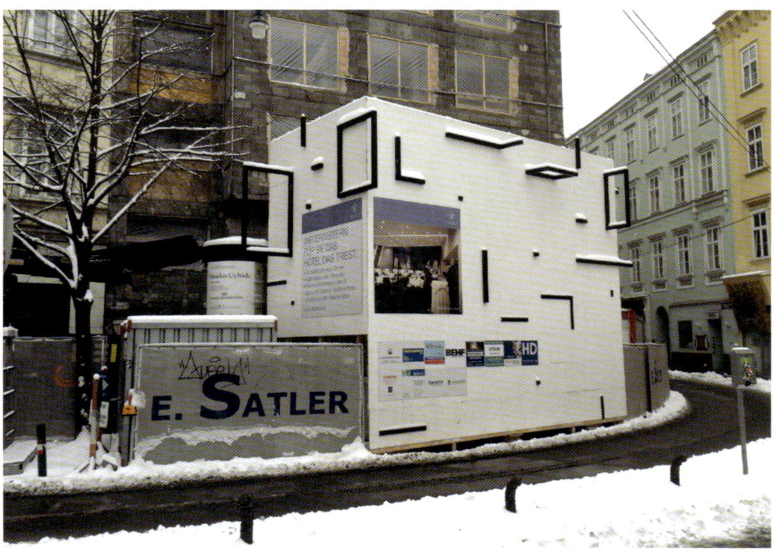

2015 – Kulturort und Gästehaus *Thalhof*, Reichenau an der Rax

Thalhofstraße 23, A-2651 Reichenau an der Rax, Österreich. Fassadengestaltung an einem ehemaligen Kurhausgebäude.

Cultural venue and guesthouse Thalhof, *Reichenau an der Rax, Austria. Facade design on a former spa building.*

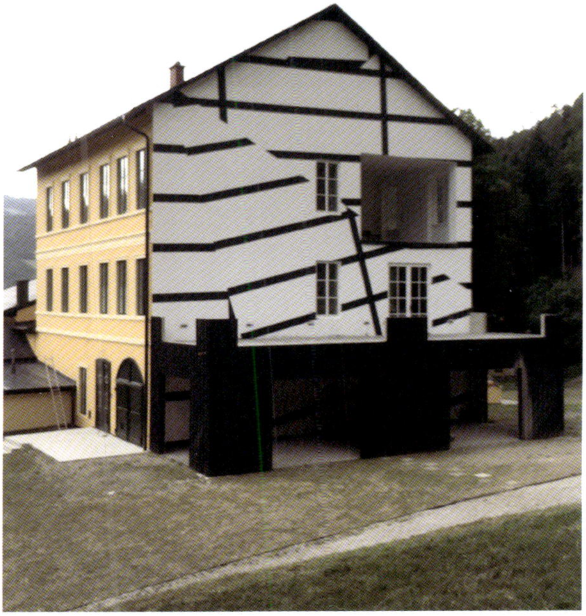

2015 – Ausstellung in den Projekträumen von *dr. julius | ap*, Berlin

Leberstraße 60, D-10829 Berlin, Deutschland. 18.09. bis 31.10.2015. Installative Wandgestaltung in Überlagerung mit einer Raumarbeit von Anna-Maria Bogner, anlässlich der Ausstellung *THE CONTINUITY OF ATTENTION.*

Project spaces of dr. julius | ap, *Berlin, Germany. Wall installation overlapping with a spatial work by Anna-Maria Bogner on the occasion of the exhibition* THE CONTINUITY OF ATTENTION.

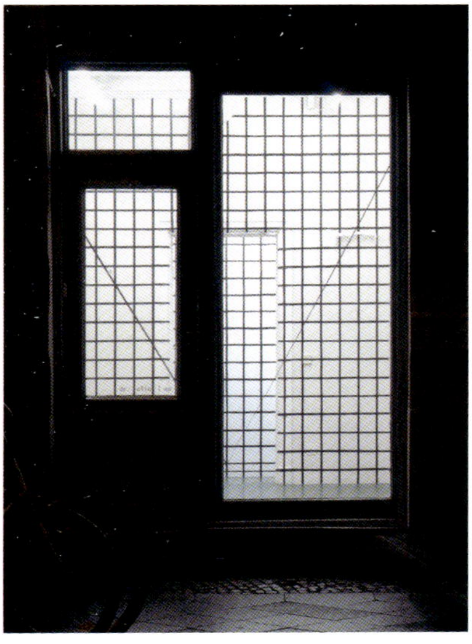

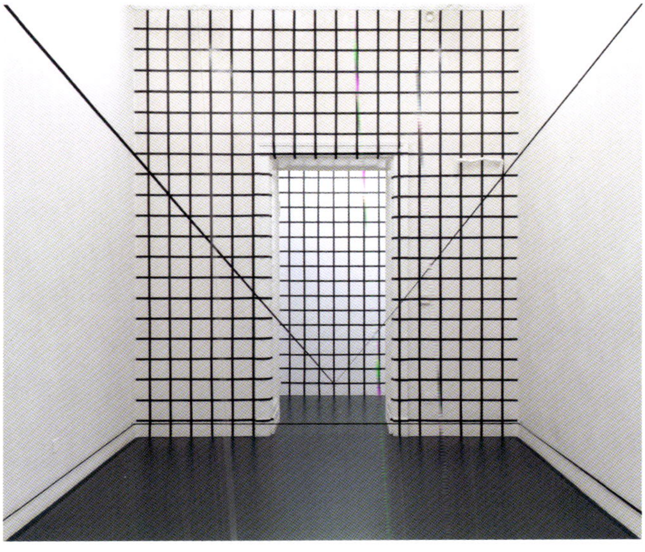

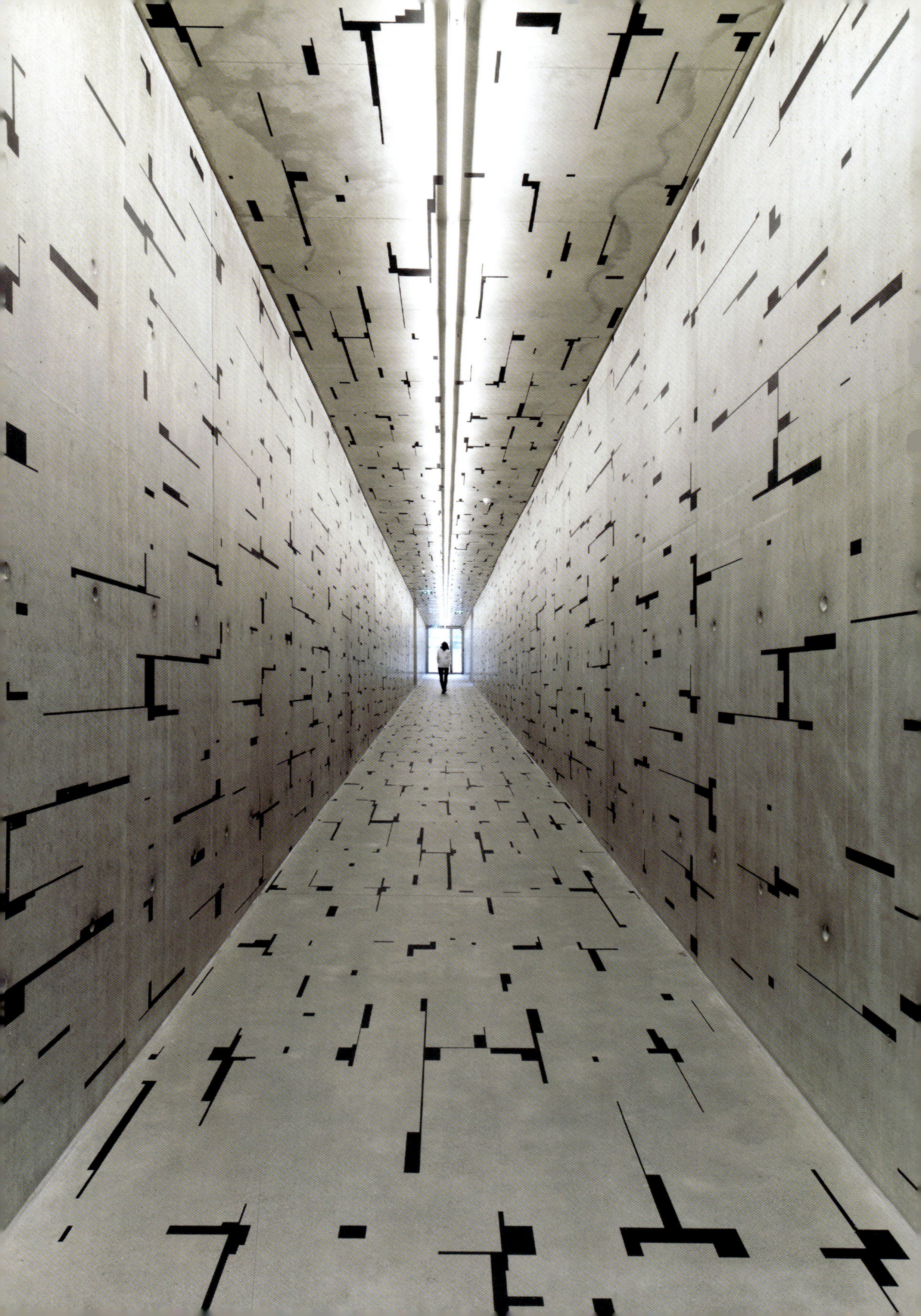

Neuhaus 41, A-9155 Neuhaus, Österreich.
Raumarbeit in einem Verbindungsgang des Erweiterungsbaus des Museums.

Die Gleichbehandlung von Wand-, Boden- und Deckenflächen macht diese Gestaltung zu einer Raumarbeit im eigentlichen Sinne. Das räumliche Erleben beim Durchschreiten des Verbindungsganges wird durch die Neigung der Bodenebene unterstützt. Die horizontal ausgerichtete Textur der Wände betont die Bewegungsrichtung und ermöglicht dem Benutzer zudem, den überwundenen Höhenunterschied auch visuell direkt wahrzunehmen. Die Textur erzeugt einen perspektivischen Sog und besitzt damit einen gewissen Aufforderungscharakter. Die Feingliedrigkeit und geringe Dichte der aufgebrachten schwarzen Elemente lässt die Sichtbetonstruktur insgesamt stärker in den Vordergrund treten.

Extension of the Liaunig Museum, *Neuhaus, Austria.*
Spatial installation in a corridor connecting to an extension of the museum.

The equal treatment of wall, floor, and ceiling surfaces makes this design a spatial installation in the true sense. The spatial experience of passing through the corridor is supported by the inclination of the floor. The horizontally aligned texture of the walls highlights the direction of movement and also allows the user to experience the change in elevation visually. The texture creates a perspectival pull and therefore has a certain inviting quality. The delicacy and minimal concentration of the black elements allows the exposed concrete structure to come to the fore.

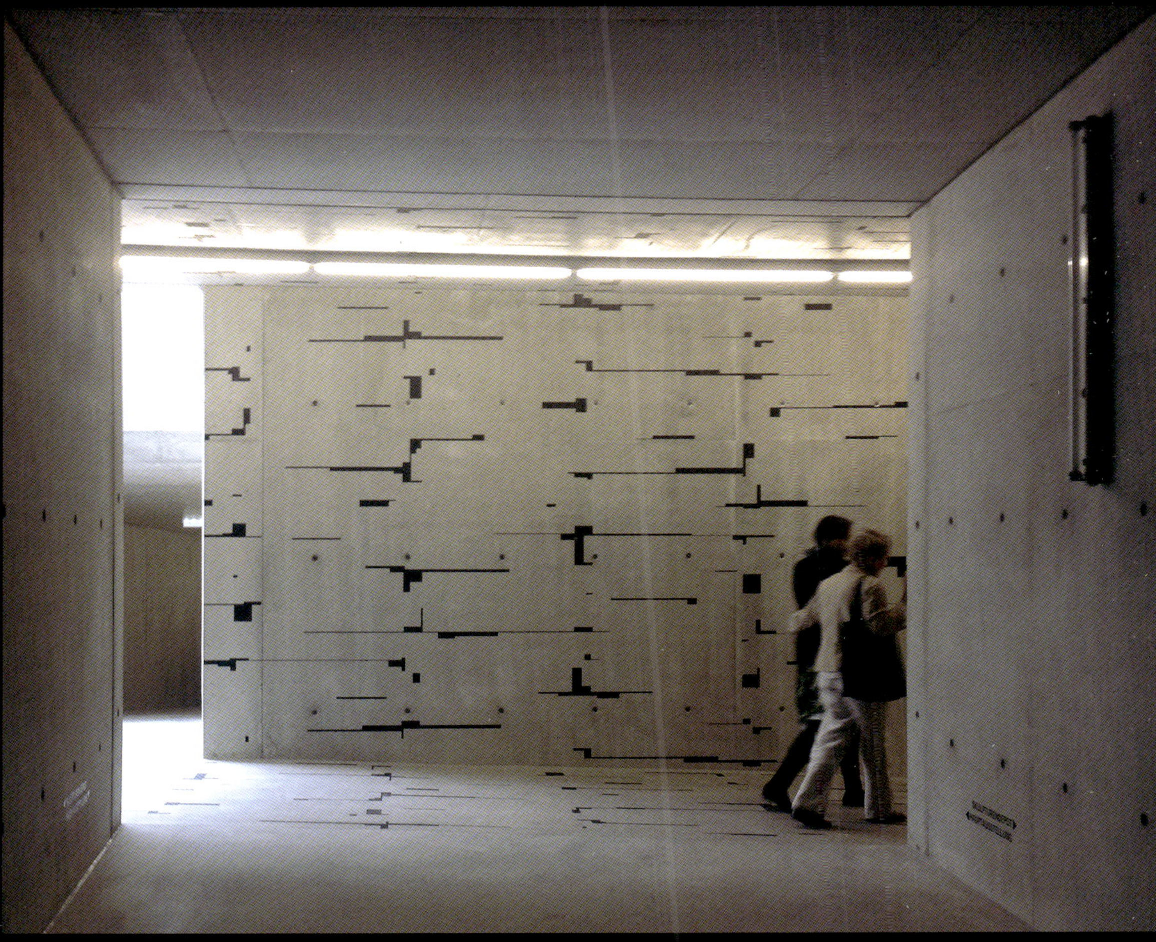

2015 - Hauptsitz der Volksbank Südtirol, Bozen

Schlachthofstraße 55, I-39100 Bolzano/Bozen, Südtirol, Italien.
Wandgestaltung von konstruktiven Elementen des Gebäudes.

Headquarters of Volksbank Südtirol, Bolzano/Bozen, Italy.
Wall design on the building's structural elements.

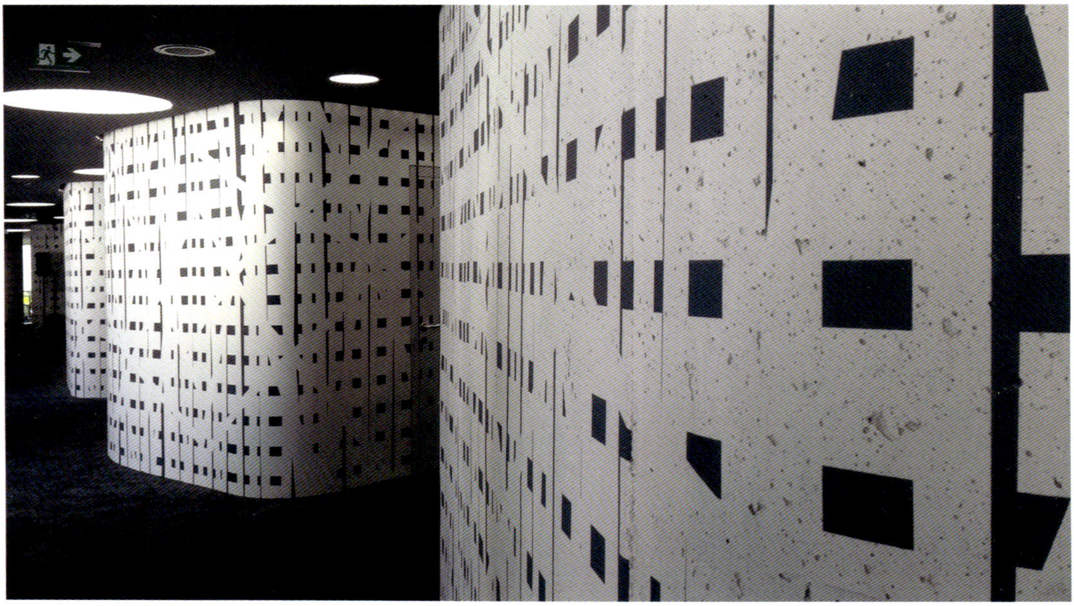

2014 - Ehemalige Frachtbotenhalle des Gare d'Austerlitz, Paris

Boulevard Vincent Auriol 55, F-75013 Paris, Frankreich. 04.10./05.10.2014. Installation an Wand und Boden, anlässlich der jährlich stattfindenden Kunst- und Kulturnacht *Nuit Blanche [Weiße Nacht]*.

Former freight hall of the Gare d'Austerlitz, Paris, France. Installation on wall and floor on the occasion of the annual art and culture night Nuit Blanche [White Night].

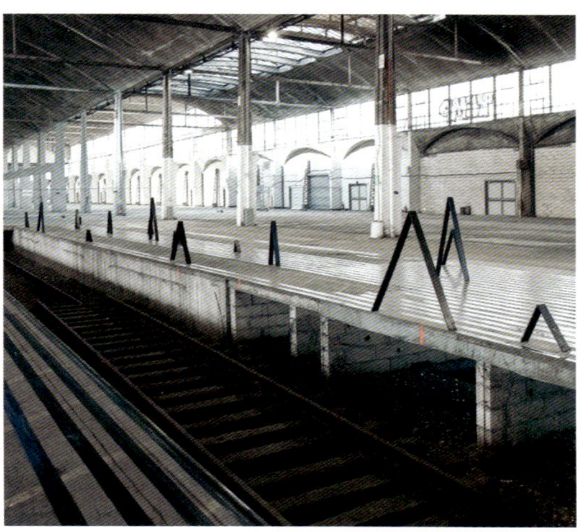

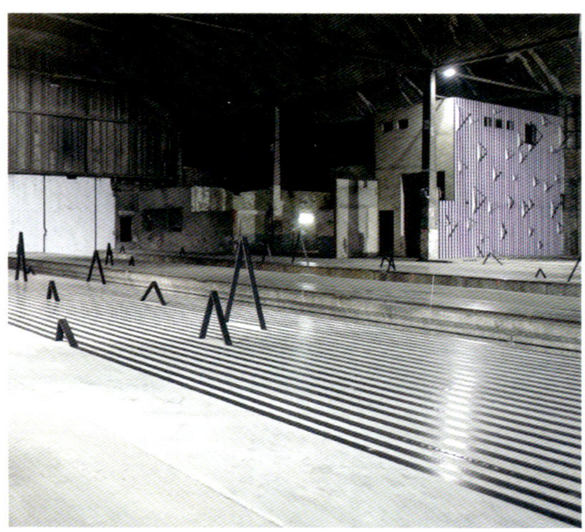

2013 – Mehrfamilienhaus Lutfridstraße, Bonn

Lutfridstraße 5, D-53121 Bonn, Deutschland.
Gestaltung von Untersichten der Treppenläufe im Treppenhaus.

Apartment building Lutfridstraße, Bonn, Germany.
Design of soffits in the stairwell.

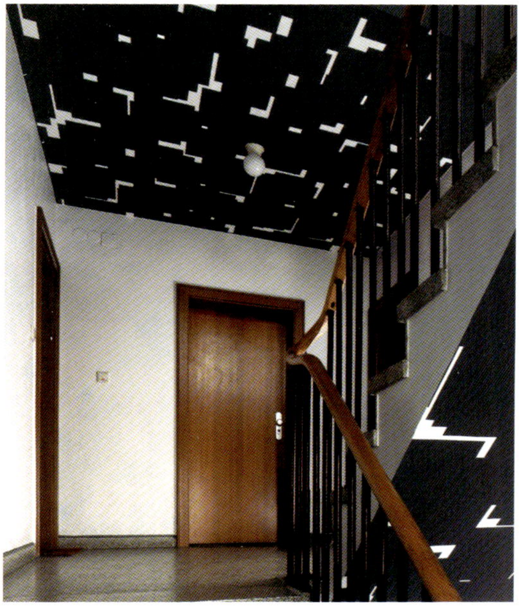

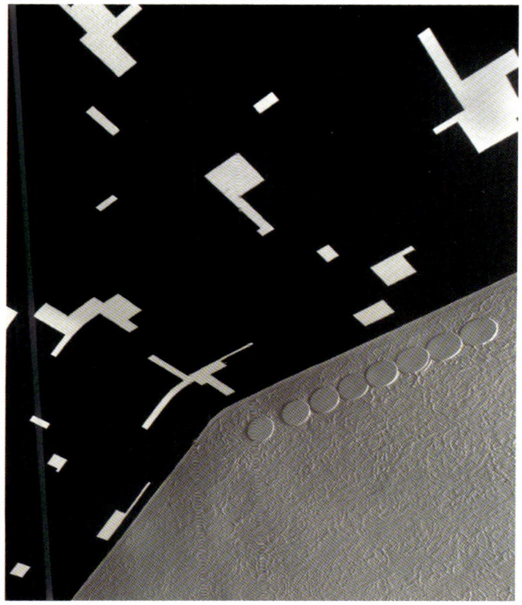

2013 – Kunstfestival *Brno Art Open*, Brno/Brünn

Moravské náměstí, CZ-60200 Brno/Brünn, Tschechien. 12.06. bis 31.08.2013.
Begehbarer Durchgangsraum als Beitrag zu *Sculpture in the streets – On the Edge of the Story.*

Brno Art Open Festival, *Czech Republic.*
Walk-through passage as contribution to Sculpture in the streets – On the Edge of the Story.

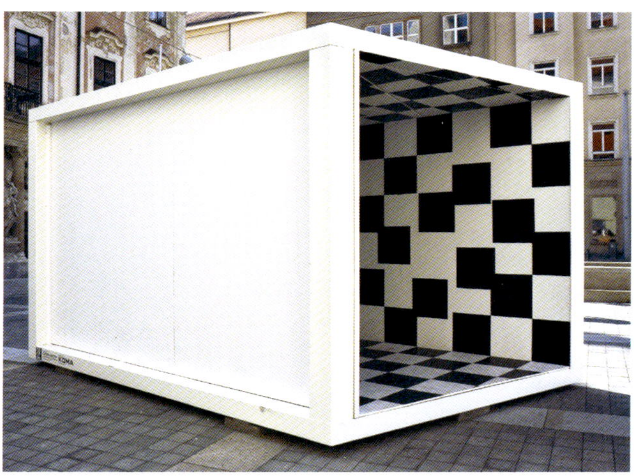

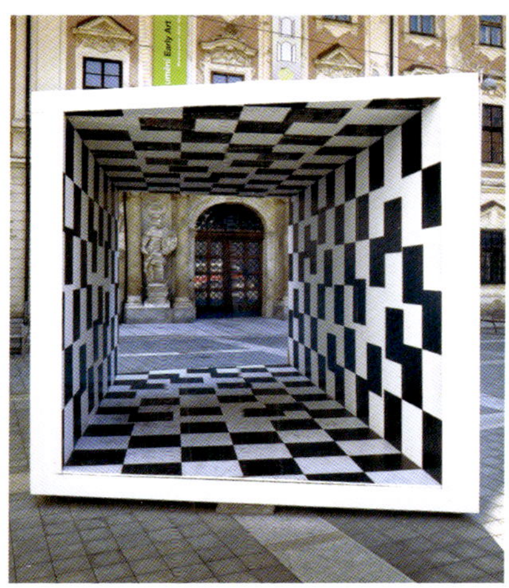

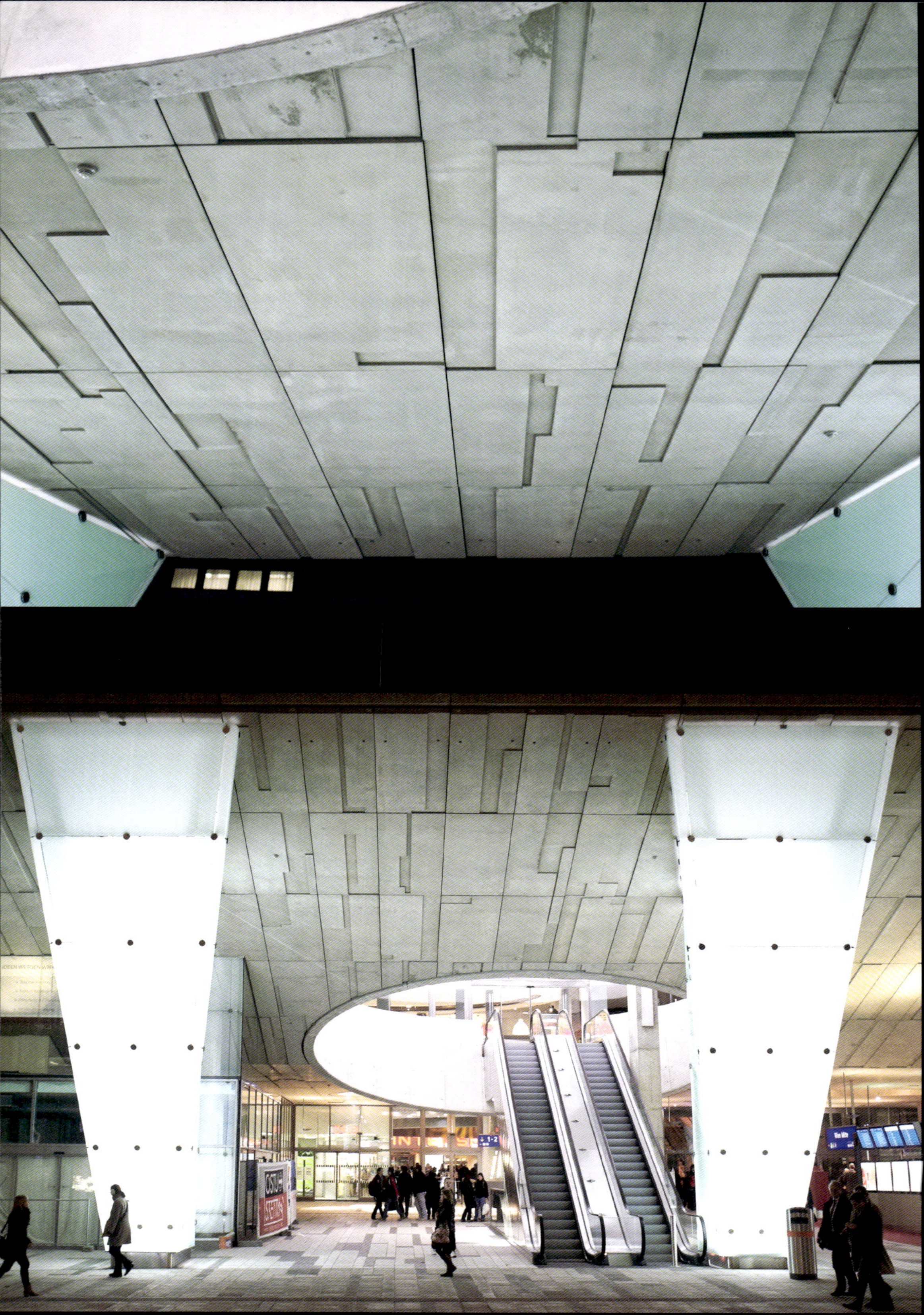

Landstraßer Hauptstraße 1b, A-1030 Wien, Österreich.
Plastische Gestaltung von Deckenuntersichten und Böden durch modulare Reliefplatten aus Beton.

Die gestalterische Arbeit der Künstlerin und die Entwurfsarbeit der Architekten interagieren hier direkt miteinander, wodurch der ursprüngliche künstlerische Entwurf von Esther Stocker eine Transformation erfährt. Die zugrunde liegende Idee führt in der Konsequenz zu einem System von rechteckigen Strukturmodulen, die an der Decke als Reliefs in der Untersicht, am Boden lediglich als begehbare Farbflächendifferenzen ausgeführt sind. Beide Teilsysteme stehen dabei in direkter Korrespondenz.

Station and business complex Wien Mitte, *Vienna, Austria.*
Sculptural design of soffits and floors using modular concrete relief plates.

The artist's design interacts here directly with the architectural design work, whereby Esther Stocker's original plan is transformed. The underlying idea is realized in the form of a system of rectangular structural modules that are applied on the ceiling as reliefs, and on the floor simply as traversable plates with variations of color. Both systems thereby directly correspond with each other.

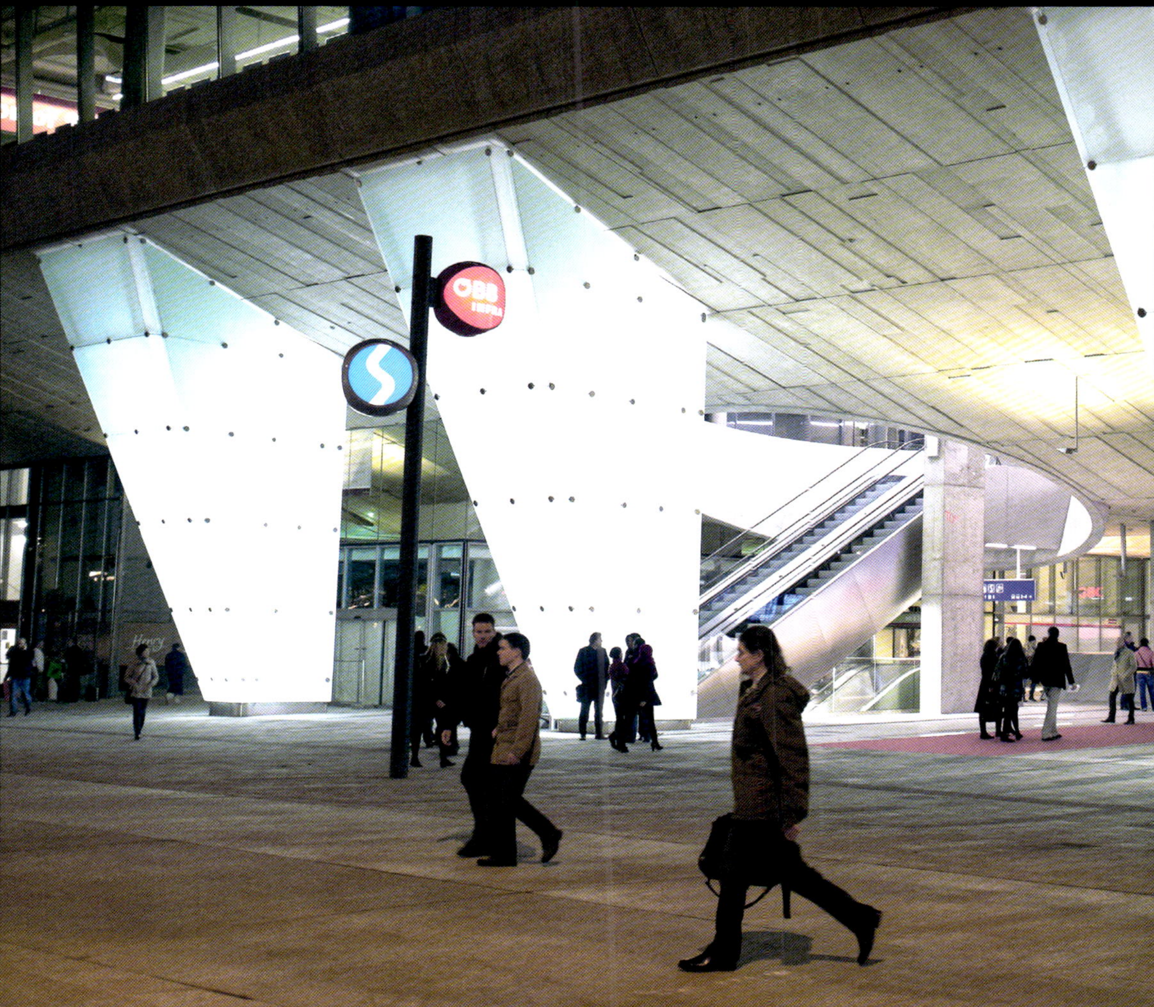

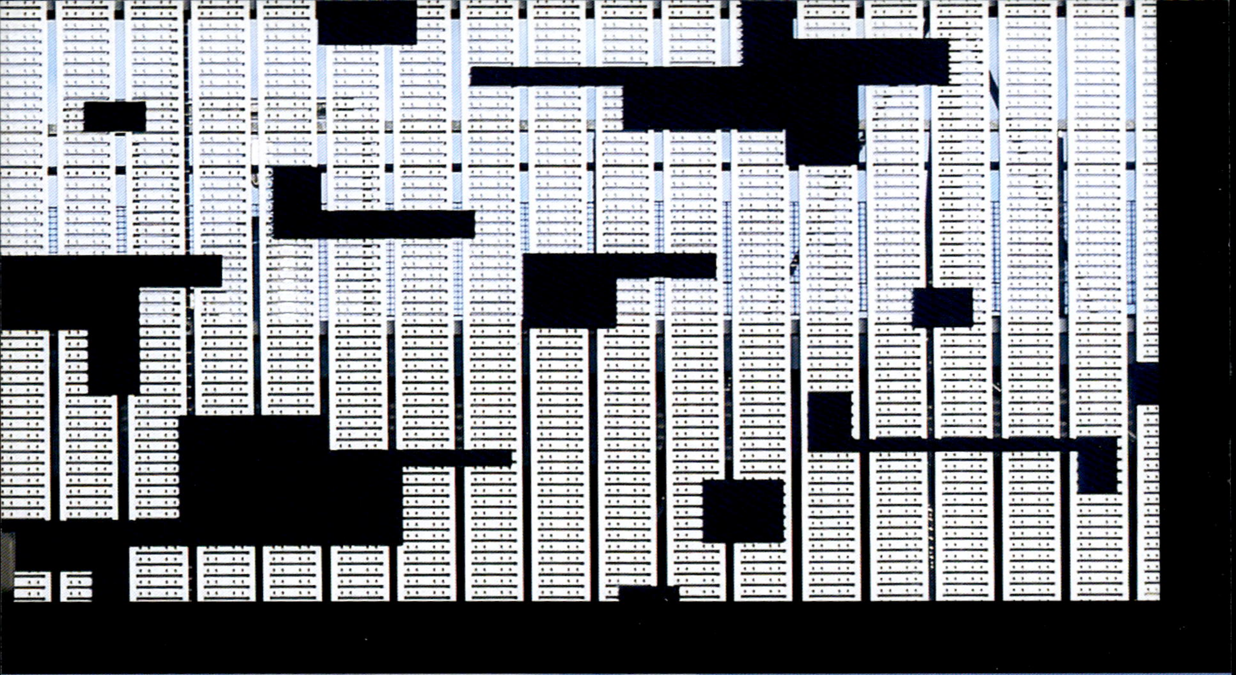

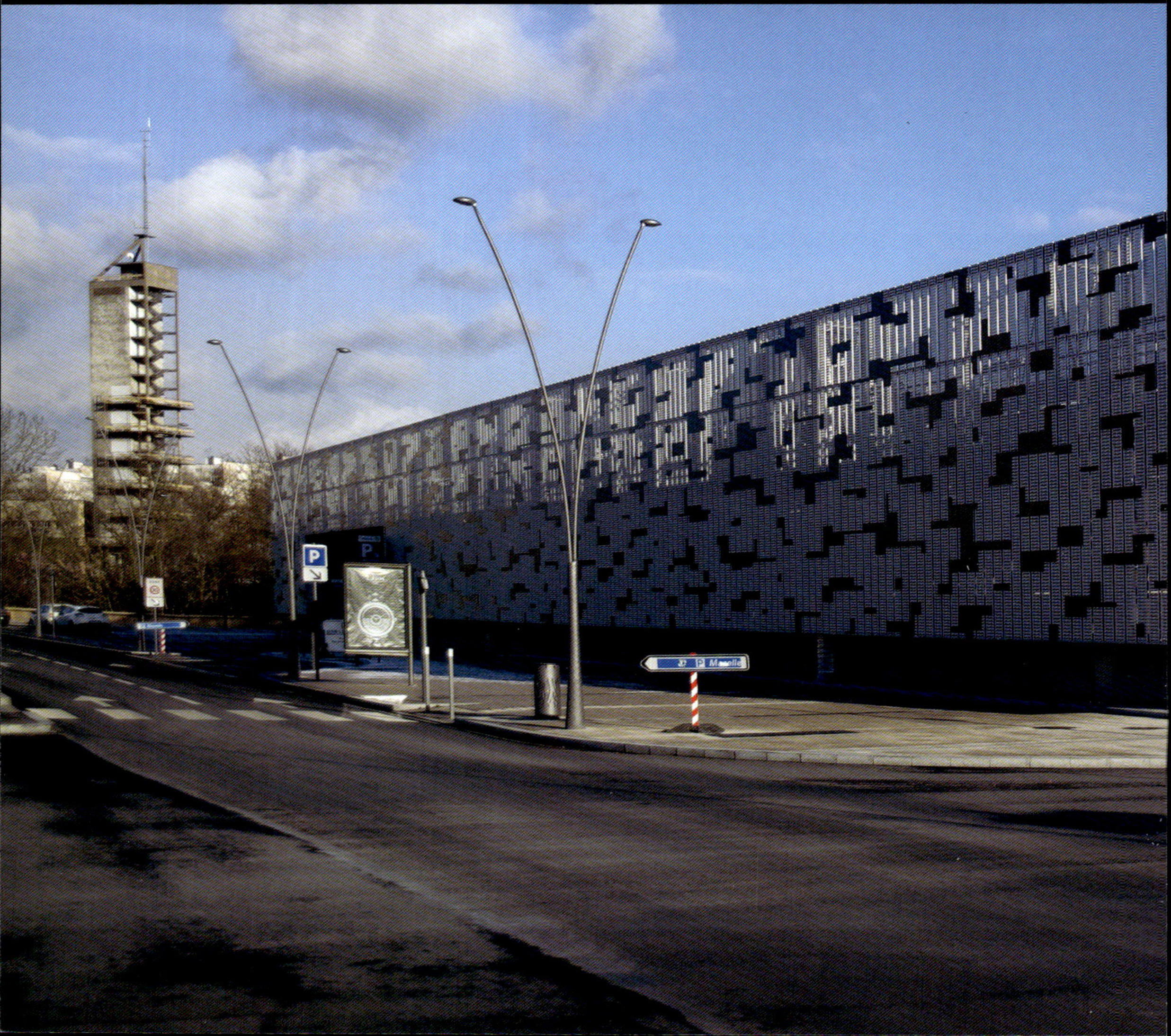

Place Mazelle/Passage de Plantières, F-57000 Metz, Frankreich. Fassadengestaltung.

Durch flächige schwarze Applikationen auf visuell durchlässigen Metallmodulen entsteht in der Fernsicht der inverse Eindruck einer optischen Durchdringung der Fassade durch ortho-polygonale Strukturelemente (vgl. S.14). Dieser Effekt wird bei geringer Umgebungsbeleuchtung noch verstärkt. Das bauliche Fassadenmodul selbst bleibt im Grundsatz unverändert und wird nur indirekt mit gestalterischen Störungen versehen - anders als bei der im selben Jahr entstandenen und nachfolgend dargestellten Gestaltung des Projektes Parkhaus Süd in Kaufbeuren.

Parking garage on Place Mazelle, Metz, France. Façade design.

From a distance, the application of flat black shapes to visually permeable metal modules creates the inverse impression: of an optical infiltration of the façade by ortho-polygonal structural elements (cf. p.17). This effect is strengthened by the slight illumination of the surrounding area. The structural façade itself remains ultimately unchanged, and is affected only indirectly by design disruptions—in contrast with the design of the south parking garage in Kaufbeuren from the same year, which is described below.

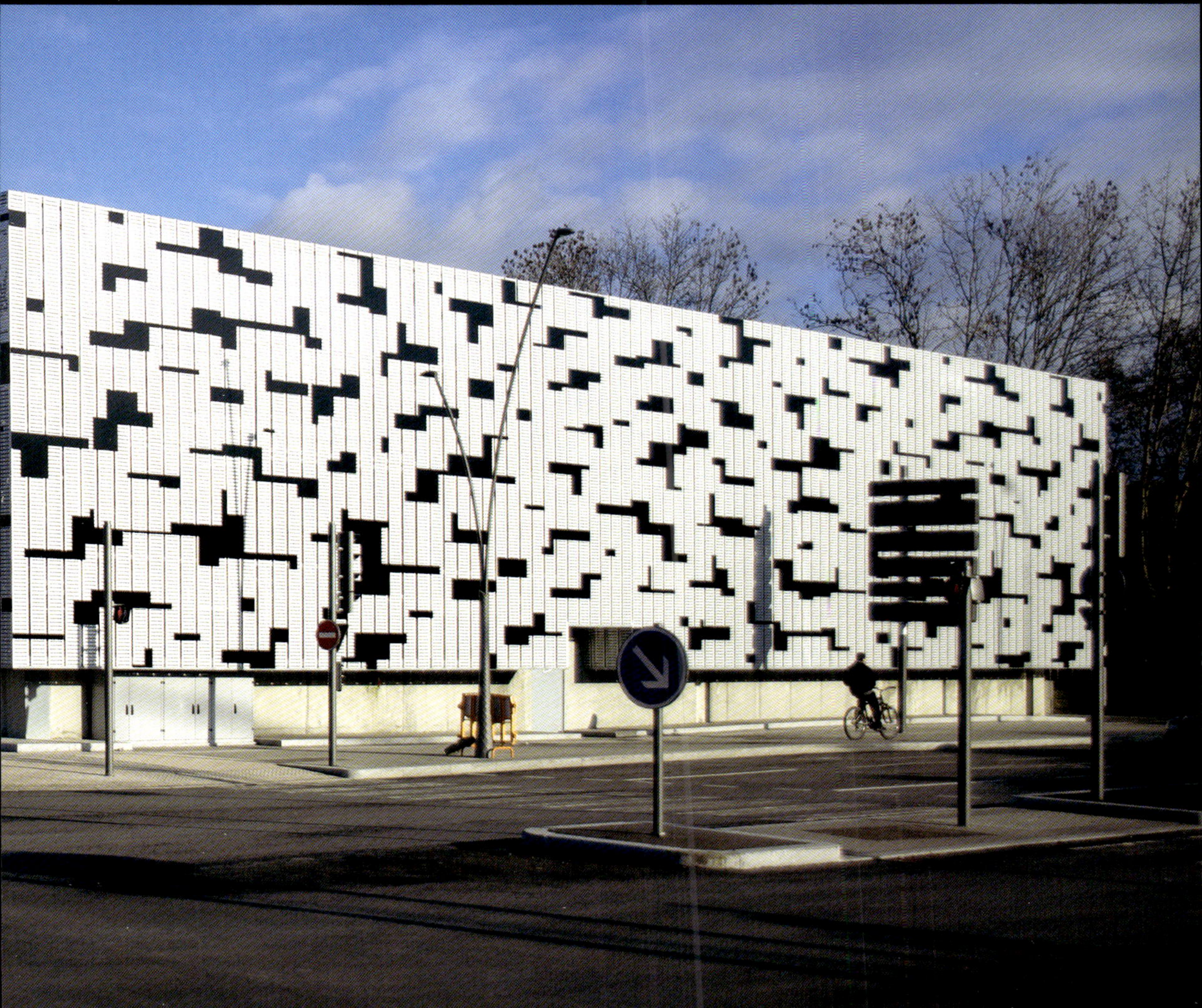

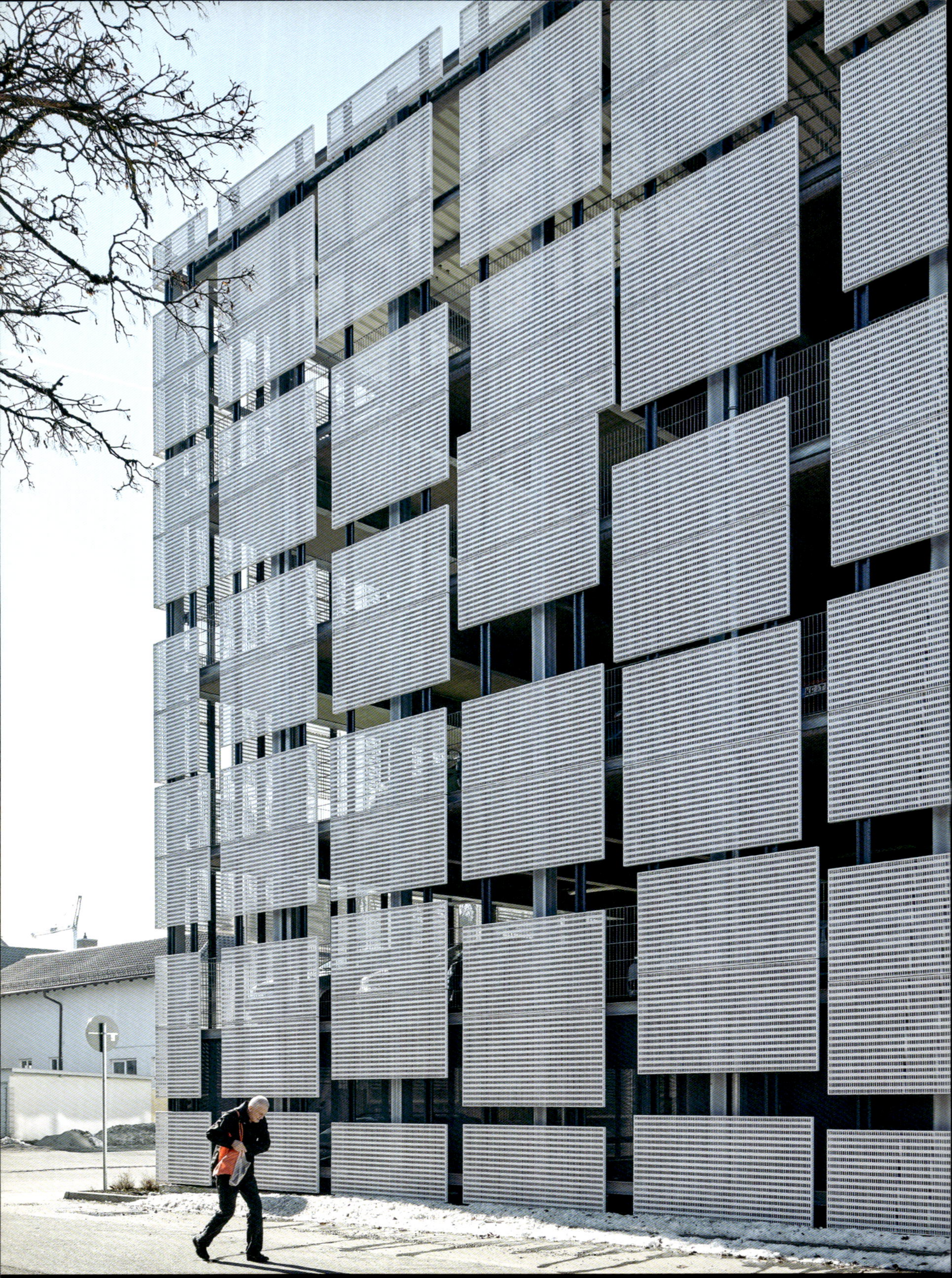

Innere Buchleuthenstraße 15, D-87600 Kaufbeuren, Deutschland. Fassadengestaltung.

Die baulich-konstruktiven Elemente der Fassadenmodule werden hier selbst zum künstlerischen Gestaltungsmaterial und Medium der Umsetzung der intendierten Idee: Die Konfrontation eines Ordnungsprinzips mit darin realisierten Störungen. Dies geschieht durch die Anordnung identischer quadratischer Module in einem orthogonalen System sowie durch geringfügige Parallelverschiebungen einiger dieser Elemente aus der idealen Rasteranordnung heraus, was über das Applikationsprinzip des ebenfalls 2012 realisierten Parkhausprojekt in Metz hinausgeht. Auf der Wahrnehmungsebene resultiert daraus ein spezifischer Tiefeneffekt (vgl. Erläuterungen auf S. 14 f.).

South parking garage, Kaufbeuren, Germany. Façade design.

Here the structural elements of the façade modules themselves become the artistic design material and thereby the medium for implementing the artist's intention, which goes beyond the application principle used in the Metz garage project realized the same year. The confrontation of a system of order with disruptions realized within it occurs here through the arrangement of identical square modules in an orthogonal system as well as through slight parallel shifts of some of these elements out of the order of an ideal grid (cf. remarks on p. 18).

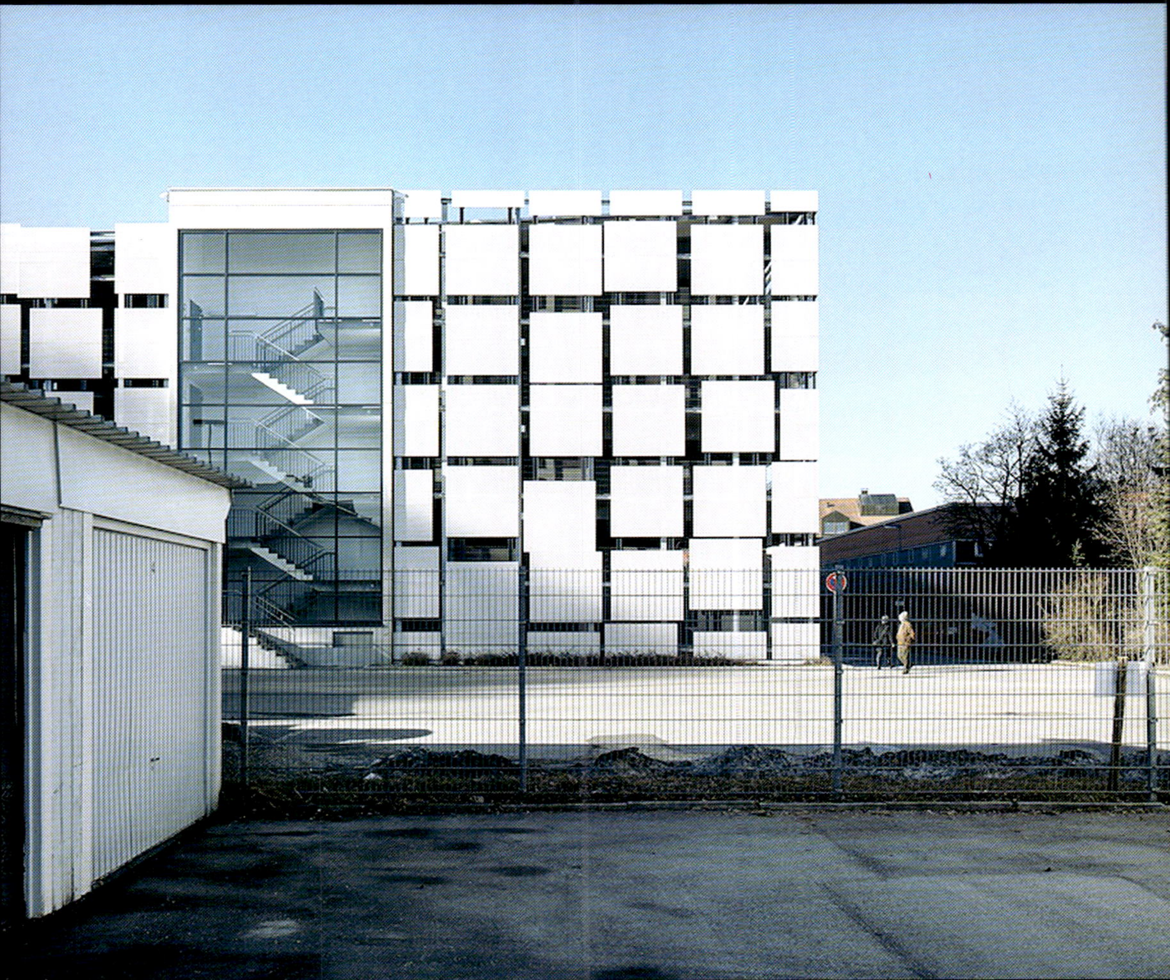

2012 – Volkart-Haus, Winterthur

Turnerstrasse 1, CH-8401 Winterthur, Schweiz. Wand- und Deckengestaltung im Treppenhaus.

Volkart House, Winterthur, Switzerland. Wall and ceiling design in the stairwell.

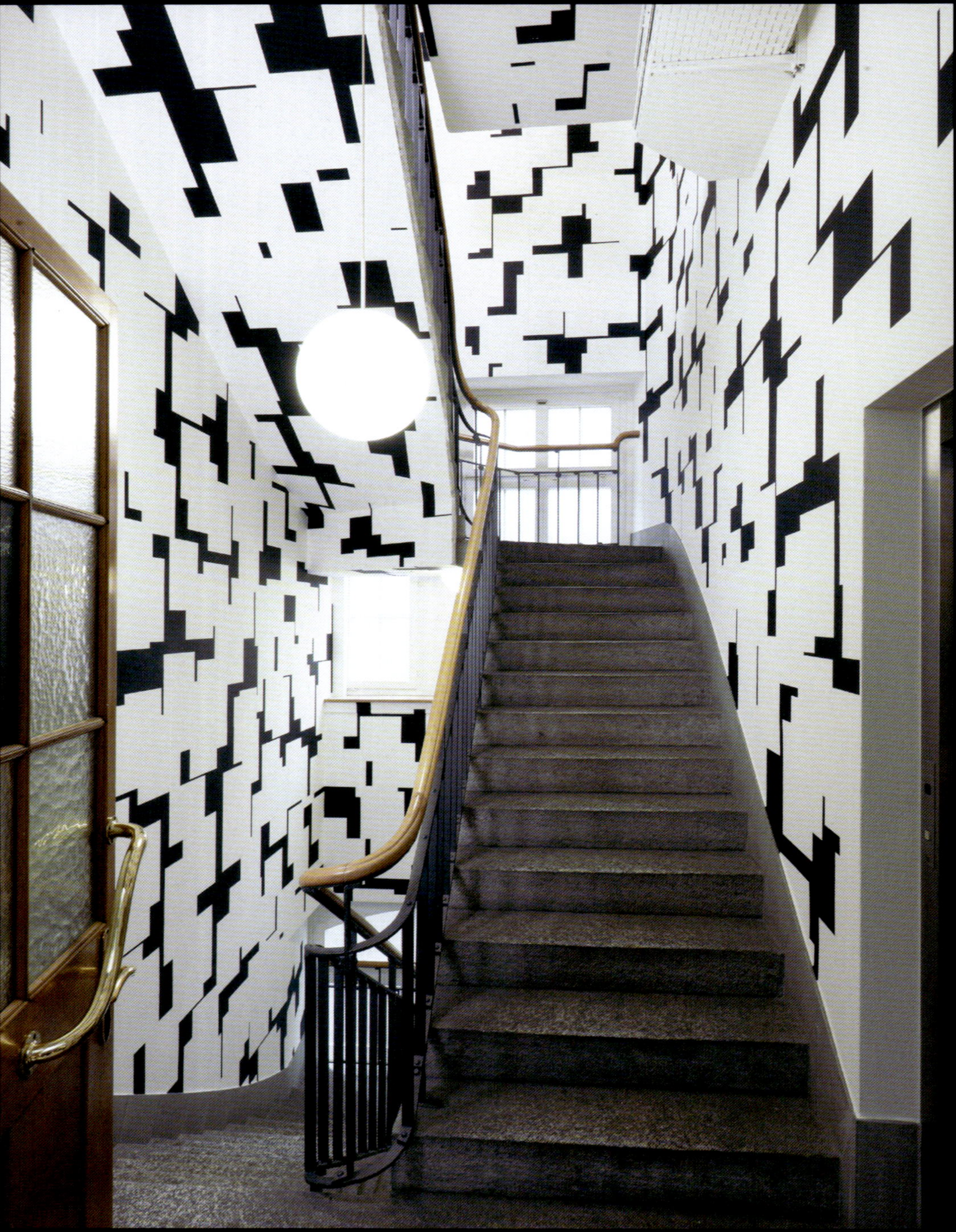

4-5 Hanover Square, Mayfair, London W1S 1BP / W1S 1HE, Großbritannien. Gestaltung von Fassadenelementen und Eingangsbereich.

Residential and commercial building in Hanover Square, London, Great Britain. Façade and entrance design.

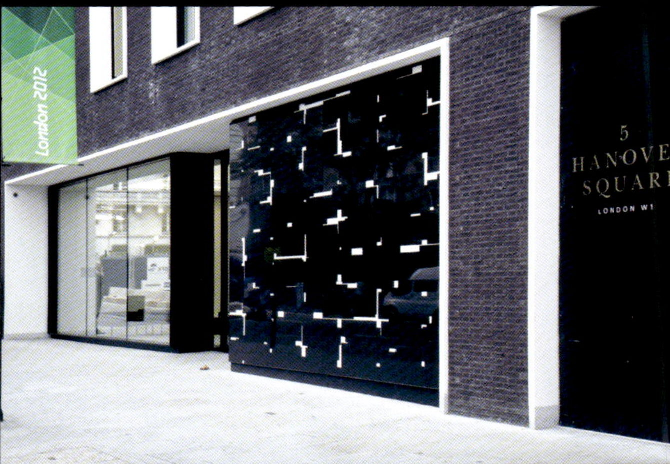

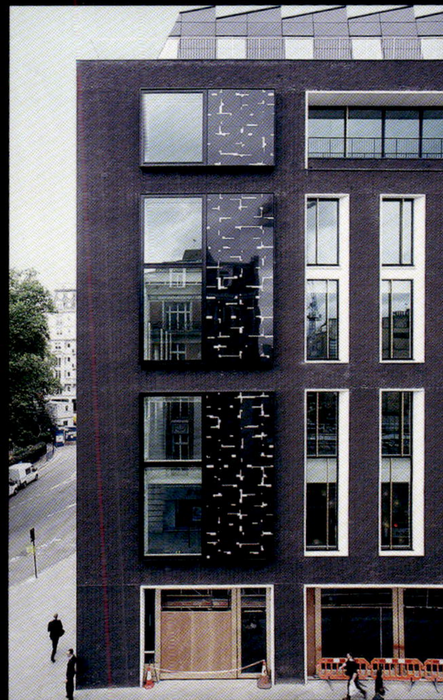

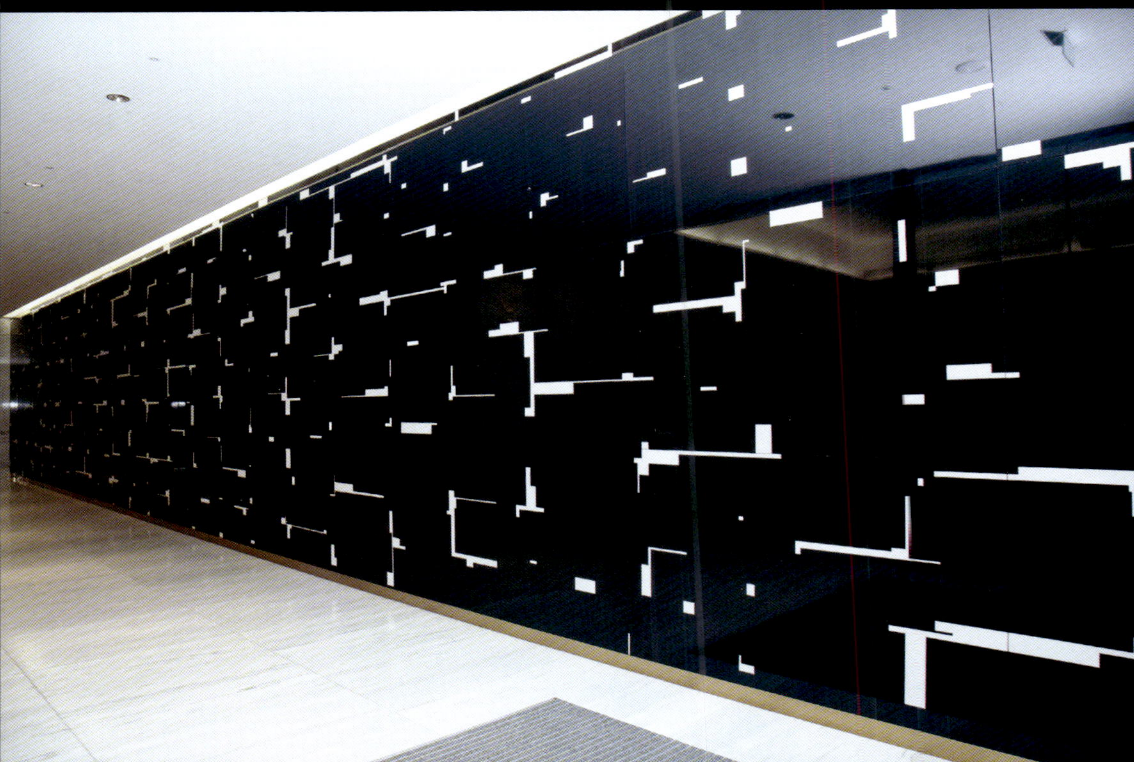

2012 – Ausstellungsarchitektur im *21er Haus – Museum für zeitgenössische Kunst*, Wien

Im Jahr 2018 Umbenennung in *Belvedere21*. Arsenalstraße 1, A-1030 Wien, Österreich. 20.01. bis 20.05.2012. Ausstellungsarchitektur für die Ausstellung *Utopie Gesamtkunstwerk*.

21er Haus – Museum for Contemporary Art, *since 2018* Belvedere21, *Vienna, Austria.*
Exhibition architecture for Utopie Gesamtkunstwerk.

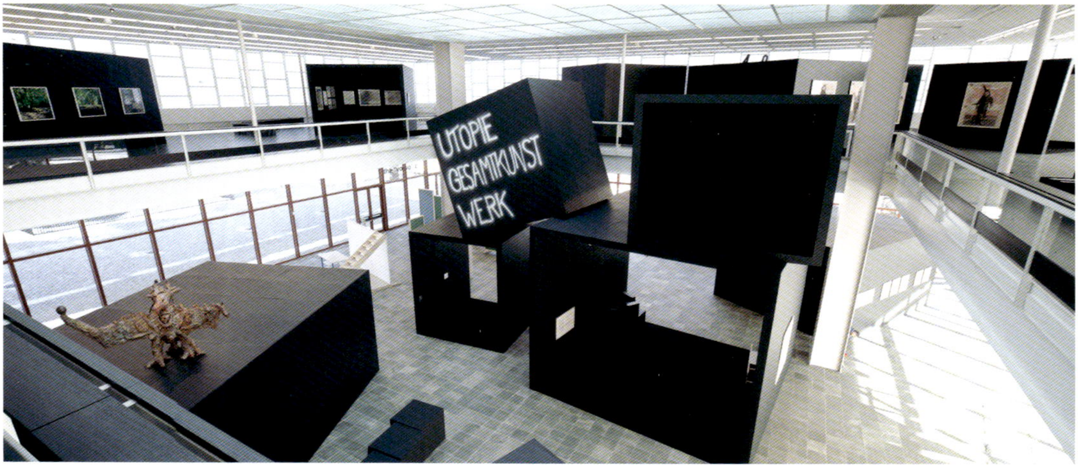

2011 – Olympisches Dorf Innsbruck

General-Eccher-Straße 22-34, A-6020 Innsbruck, Österreich.
Wand- und Deckengestaltungen mehrerer Wohnbauten im Eingangsbereich und Treppenhaus.

Olympic Village Innsbruck, Austria.
Wall and ceiling designs of several residential buildings in the entrance area and stairwell.

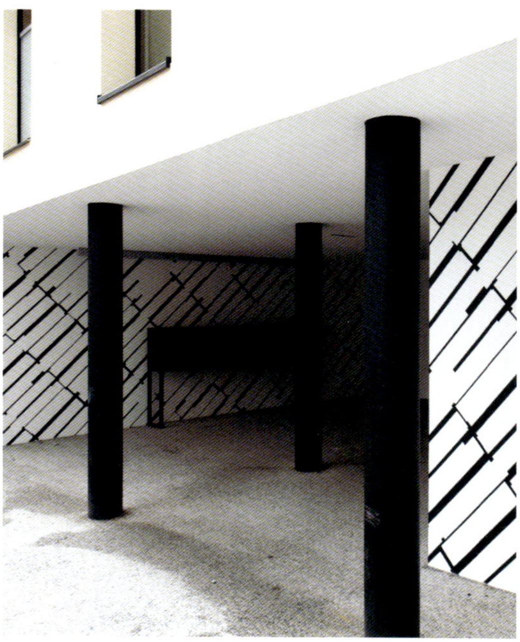

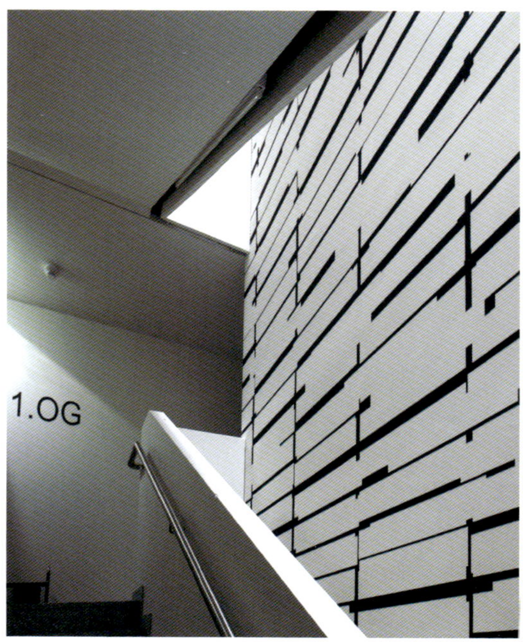

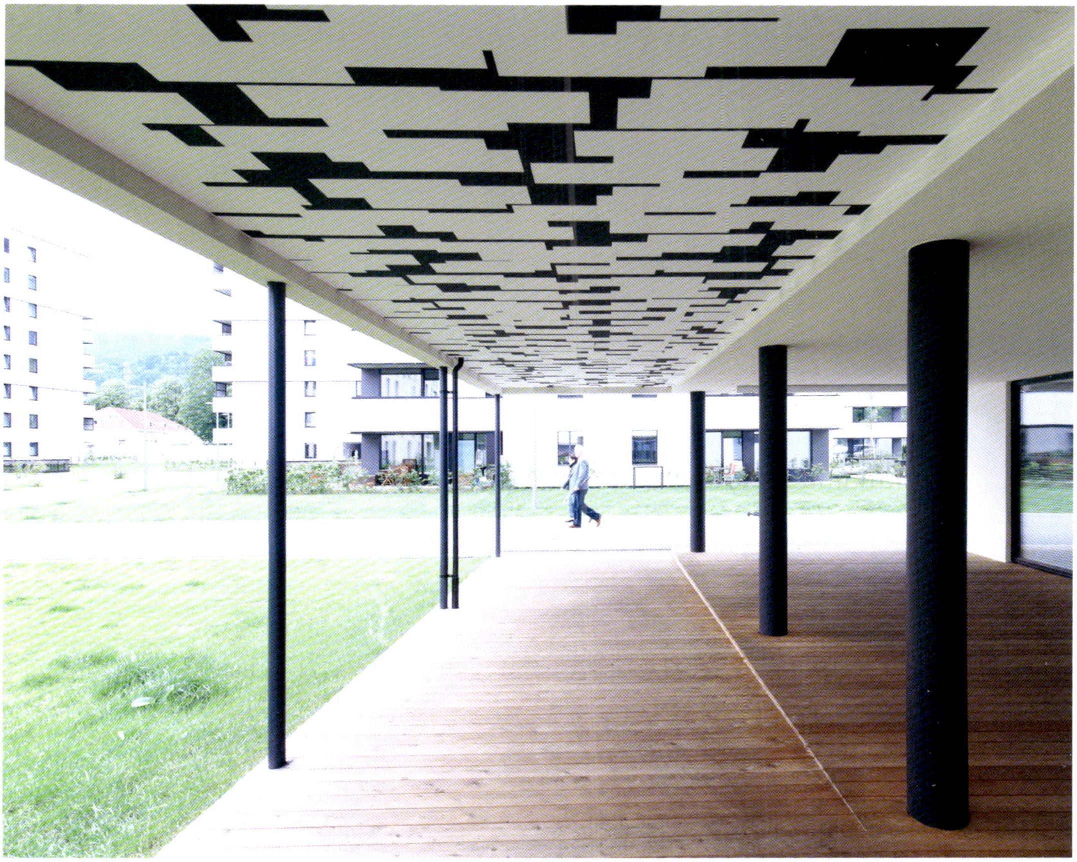

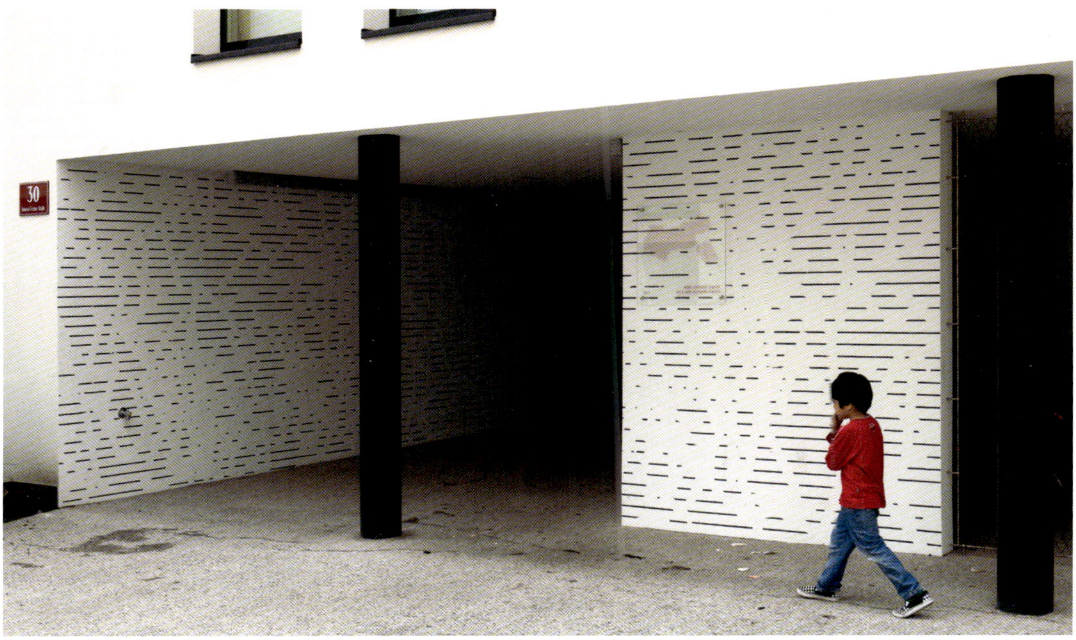
30

2011 - Wohnhausanlage Lorystraße, Wien

Lorystraße 81, A-1110 Wien, Österreich.
Gestaltung einer innenliegenden Fassade.

Residential complex Lorystraße, Vienna, Austria. Design of an interior façade.

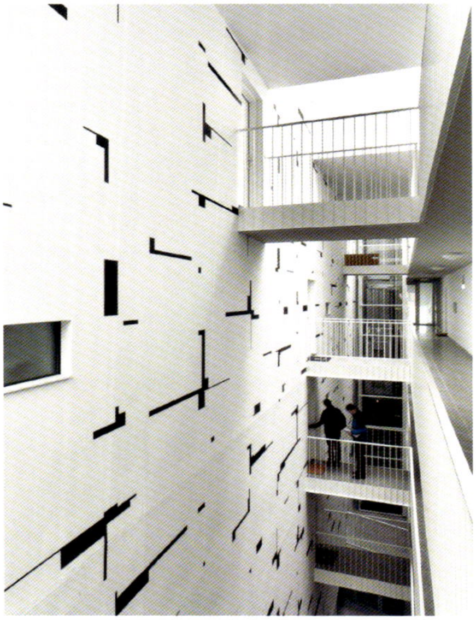

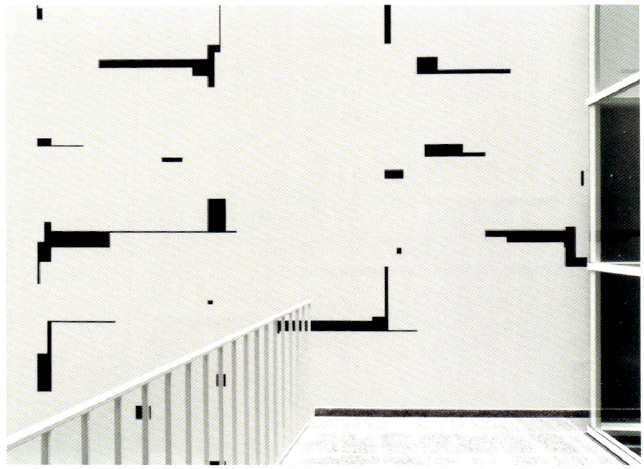

2011 - Ausstellung im Italienischen Kulturinstitut Wien

Palais Sternberg, Ungargasse 43, A-1030 Wien, Österreich. 08.06. bis 30.11.2011.
Bodengestaltung im Rahmen der Ausstellung *Corrispondenze impreviste*.

Italian Cultural Institute, Vienna, Austria. Floor design for the exhibition Corrispondenze impreviste.

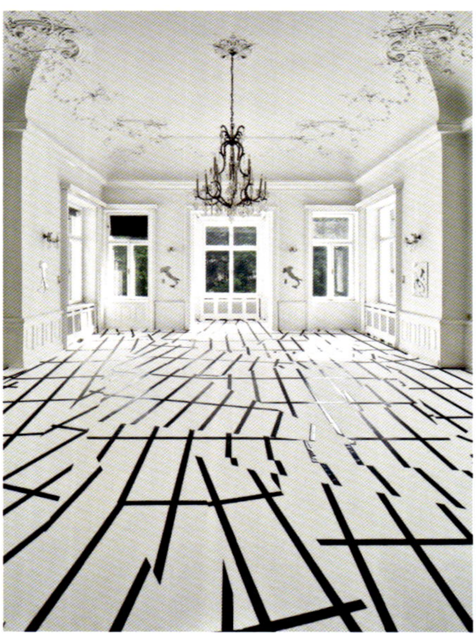

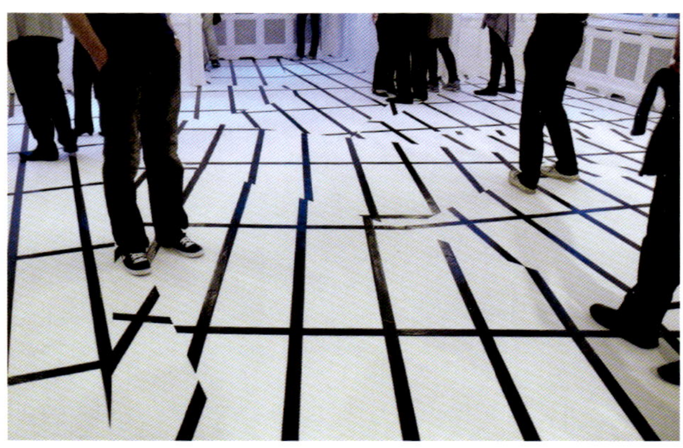

2011 – Ausstellung im *Kunstverein Hannover*

Sophienstraße 2, D-30159 Hannover, Deutschland. 14.05.2011 bis 29.02.2012. Installative Raumgestaltung im Treppenhaus des Gebäudes mit dem Titel *Gestalt* in der Projektreihe *Stufen zur Kunst*.

Kunstverein Hannover *[Hanover Art Association], Germany. Spatial installation in the stairwell of the building, entitled* Gestalt, *within the project series* Stufen zur Kunst.

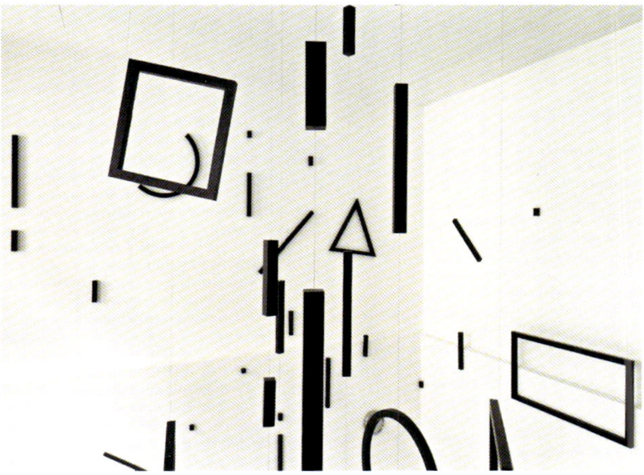

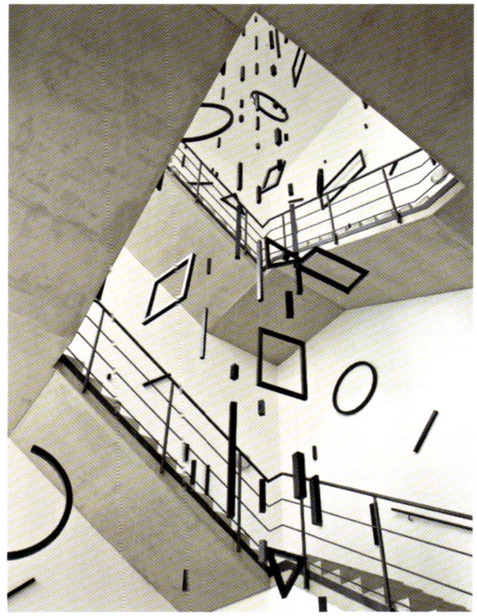

2011 – Repräsentanz der Immobilienfirma *Colliers International*, Wien

Goldschmiedgasse 10, A-1010 Wien, Österreich.
Wand- und Deckengestaltung.

Representative office of the real estate company Colliers International, *Vienna, Austria. Wall and ceiling design.*

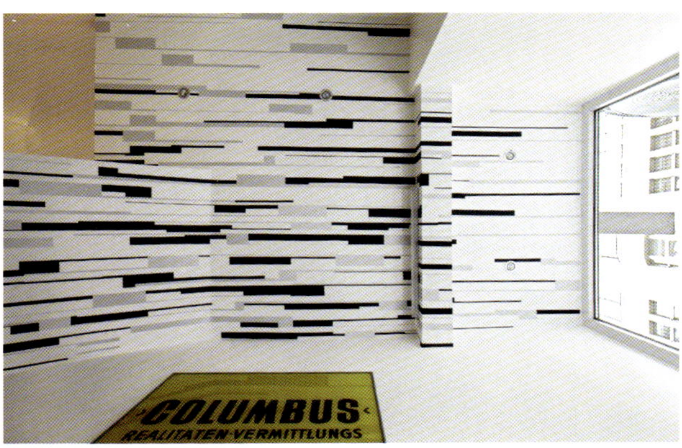

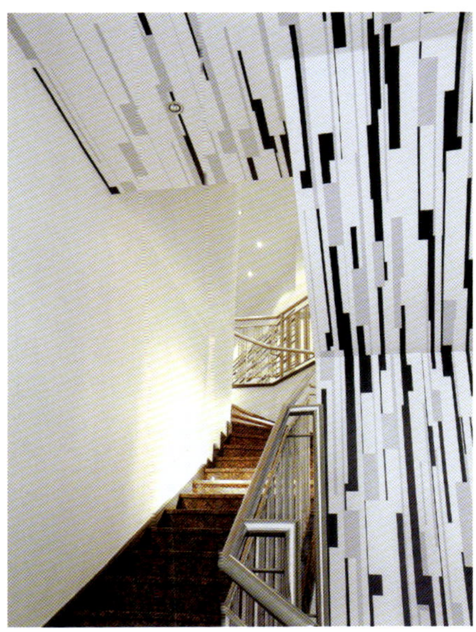

2011 – Hotel *Pupp*, Bressanone/Brixen

Stahlstrukturen im Erschließungsbereich. Hotel Pupp, Altenmarktgasse 36, I-39042 Bressanone/Brixen, Italien.

Hotel Pupp, *Bressanone/Brixen, Italy. Steel structures in the access area.*

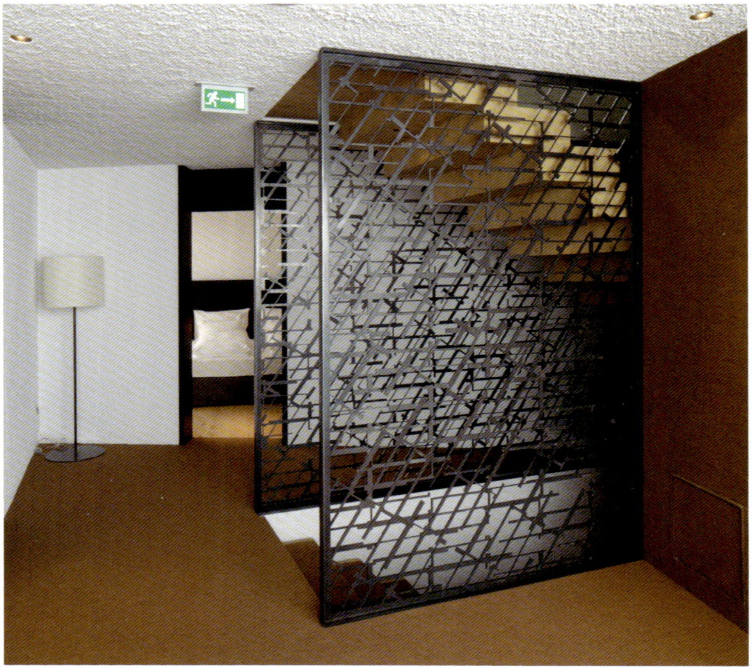

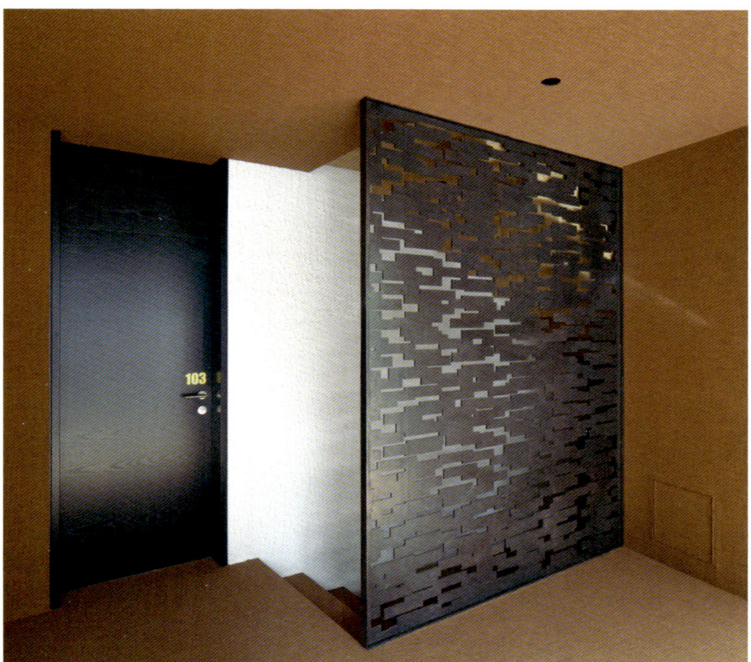

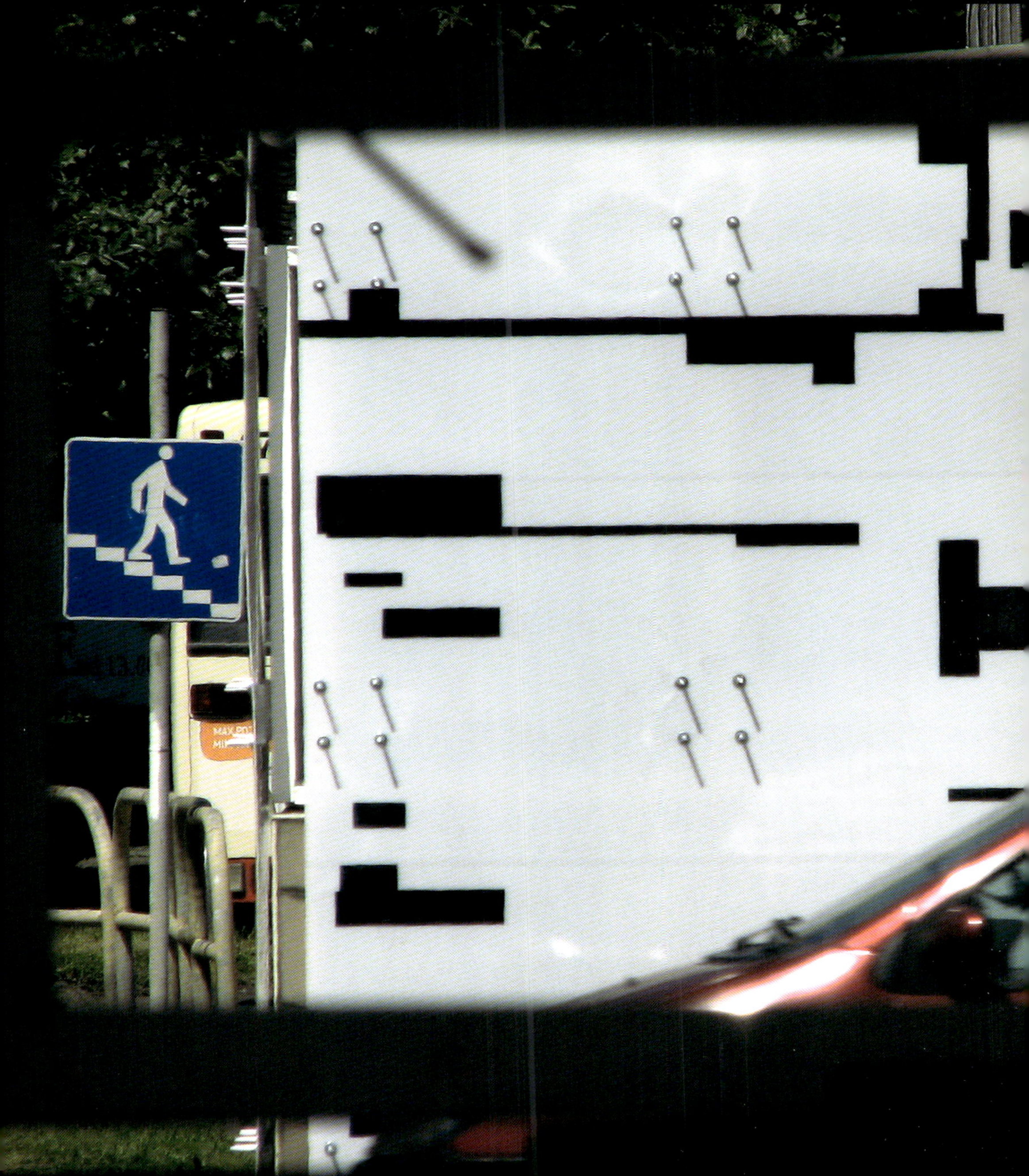

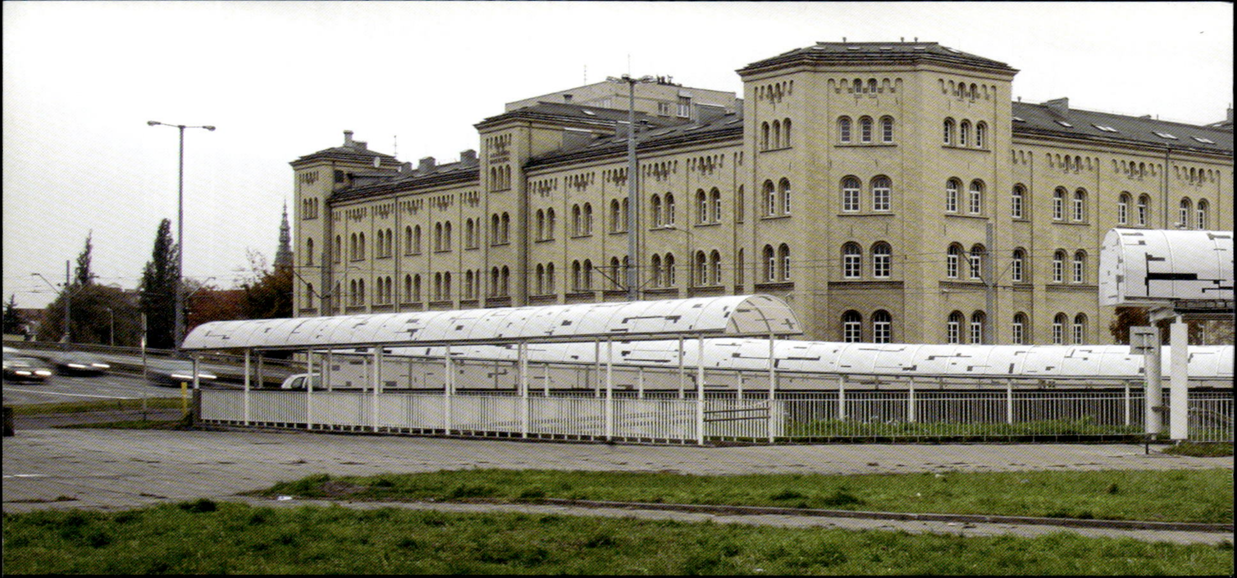
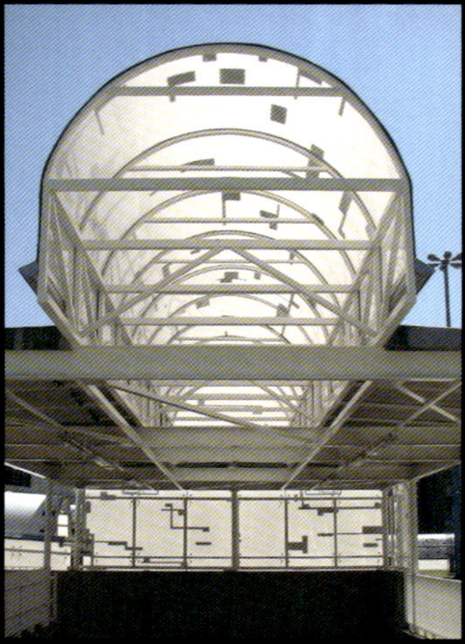
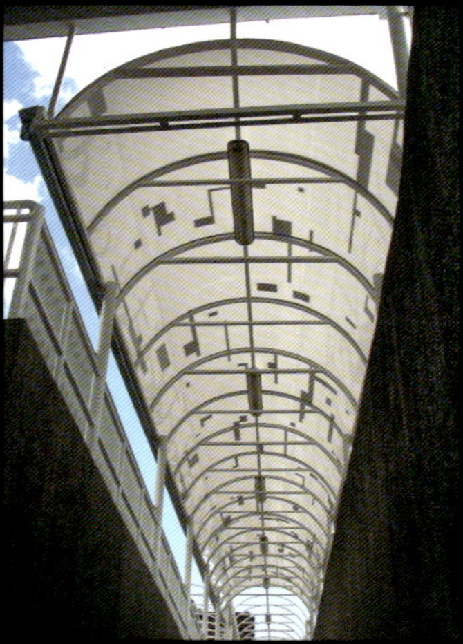
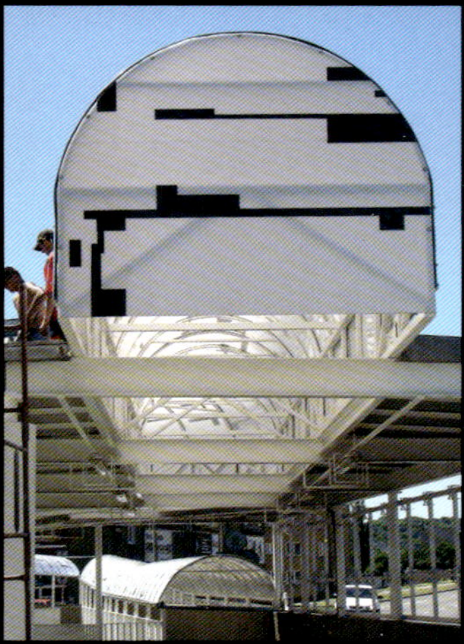
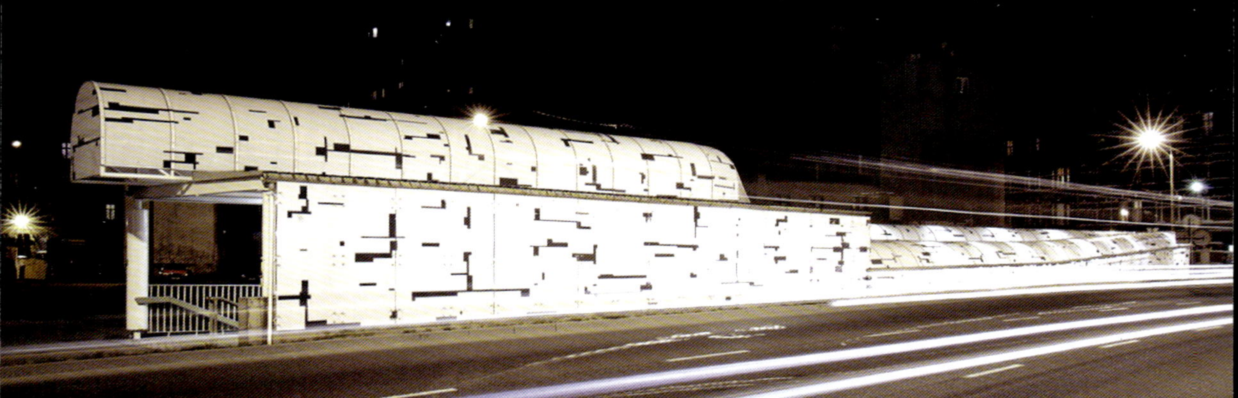

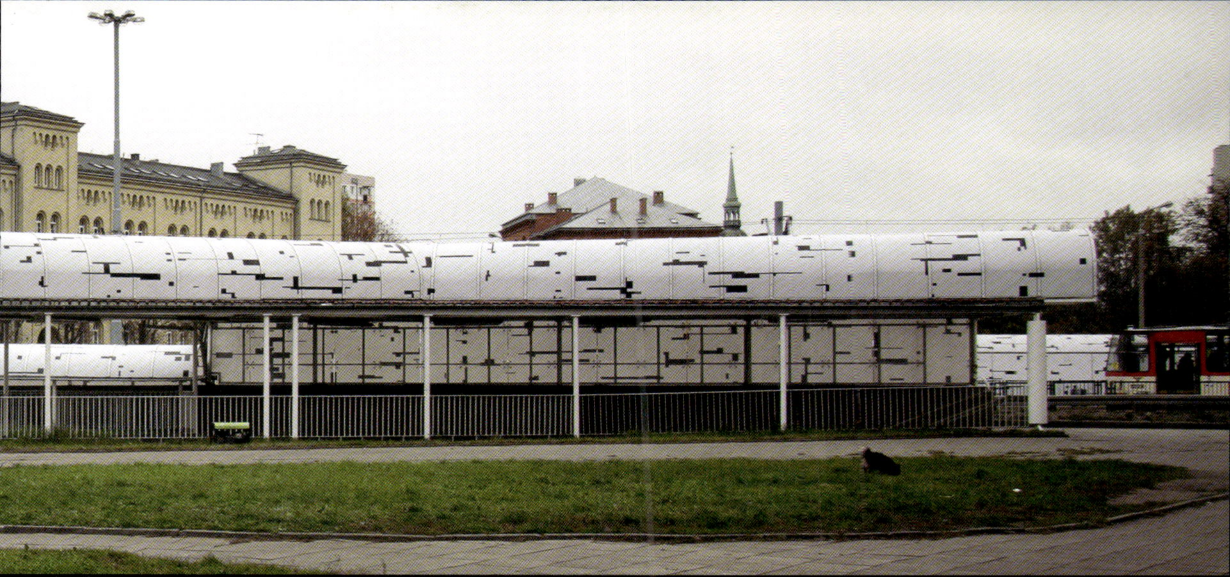

Projekt *Undercover*, Station Akademia Muzyczna, Podwale Przedmiejskie, PL-80-745 Gdansk, Polen.
Gestaltung von Wand- und Dachelementen der Zugänge einer Straßenunterführung.

Die formale Gestaltung der geschaffenen Überdachungen erinnert an aus der Erde ragende Röhrenenden und kennzeichnet für die Zielgruppe der zu Fuß Gehenden damit gleichermaßen topographisch wie symbolisch die Ein- und Ausgänge der Unterführung. Grundfarbe und spezifische Textur steigern die Wahrnehmbarkeit der künstlerischen Figur vor dem Hintergrund der städtebaulichen Kulisse. Durch transluzente Materialität und Beleuchtung bleibt die Gesamtkonfiguration auch in der Nacht als visuelle Klammer im Stadtraum erkennbar. Auf der stadtplanerischen Ebene erfüllt die Unterführung mit der Verbindung sehr unterschiedlicher Stadtquartiere zudem eine wichtige soziale Klammerfunktion.

Project Undercover, *Gdansk, Poland. Design of wall and roof elements of a pedestrian subway.*

The formal design of the canopies is reminiscent of pipes protruding from the ground, which identifies the entrances and exits of the subway both topographically and symbolically for pedestrians, the target audience. The dominant color and specific texture make the artistic figure easier to perceive against the urban background. The translucent material and illumination make the configuration visible even at night as a visual parenthesis in the city scenery. At the level of urban planning, the subway also fulfills an important role as a social parenthesis, connecting very different districts of the city.

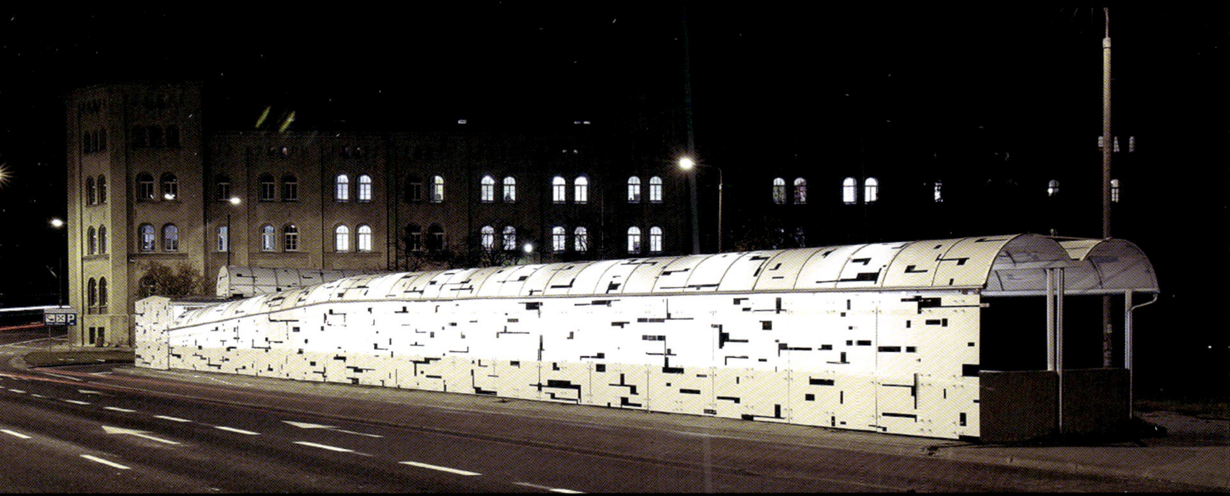

2010 - Haus Guidi, Laudes/Laatsch

I-39024 Laudes/Laatsch, Italien. Wandgestaltung in einem Privathaus.

Laudes/Laatsch, Italy. Wall design in a private house.

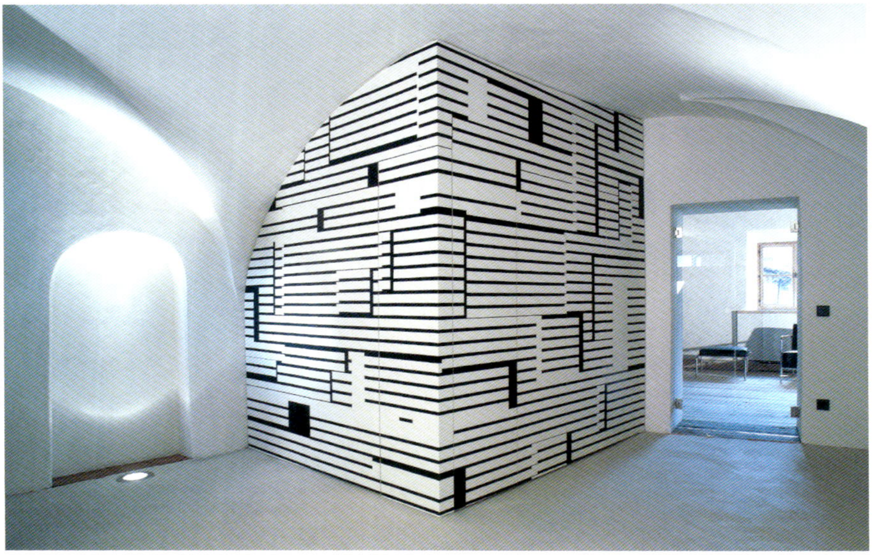

2009 - Ausstellung bei *UPLOAD ART PROJECT*, Trento/Trient

Via del Suffragio 24, I-38122 Trento/Trient, Italien. 08.10. bis 08.11.2009.
Installation *Disobbedienza all'autorità della retta*, anlässlich der Ausstellung *Good night. Sleep tight.*

UPLOAD ART PROJECT, Trento/Trient, Italy.
Installation Disobbedienza all'autorità della retta *on the occasion of the exhibition* Good night. Sleep tight.

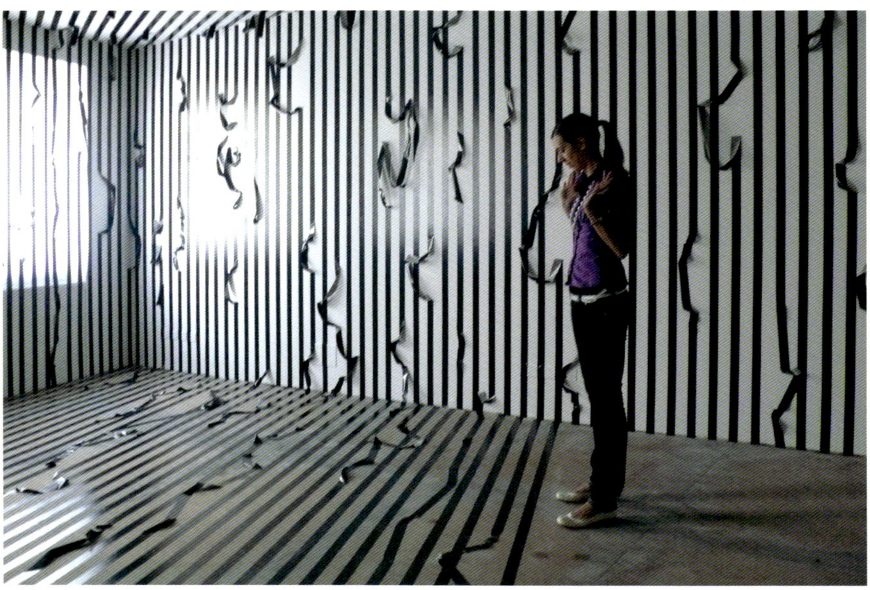

2009 – Wohnhaus *Wohnen am Zitterpappelhain*, Wien

Vorgartenstraße 219, A-1020 Wien, Österreich. Wand- und Deckengestaltung im Eingangsbereich.

Residential building Wohnen am Zitterpappelhain, *Vienna, Austria. Wall and ceiling design in the entry area.*

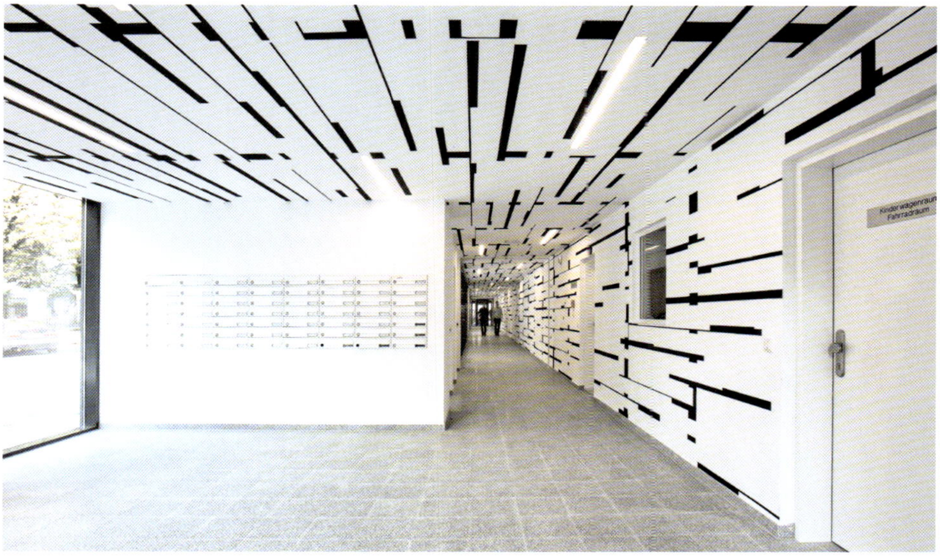

2009 – Eingangsbereich Nebengebäude *Kunsthaus Graz*

Mariahilfer Straße 4, A-8020 Graz, Österreich. Gestaltung der Gewölbeuntersichten.

Entry area of Kunsthaus Graz *annex building, Graz, Austria. Vault design.*

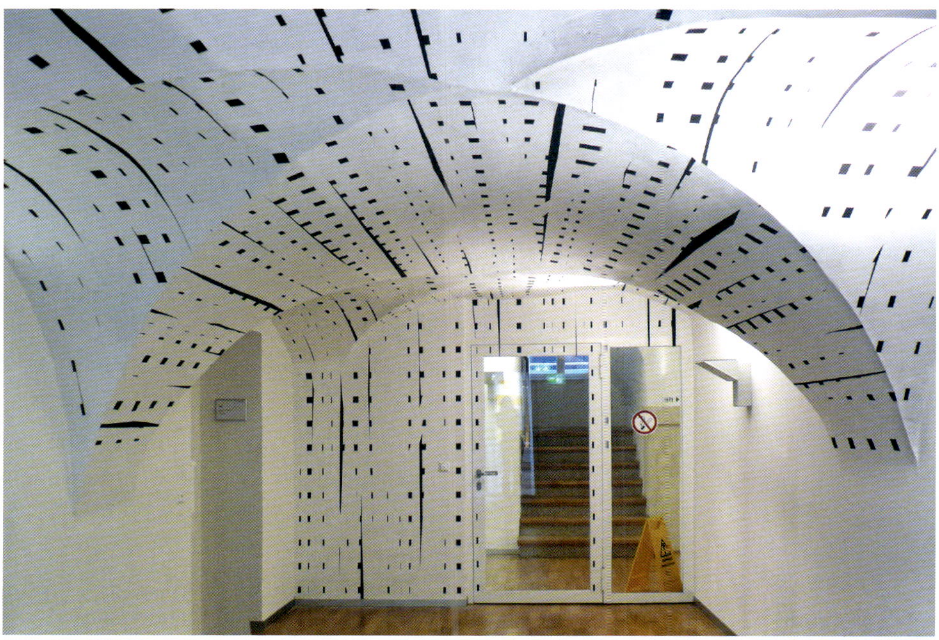

2009 - Hauptsitz der Hypo Tirol Bank AG, Innsbruck

Meraner Str. 8, A-6020 Innsbruck, Österreich.
Gesamtgestaltung der Cafeteria.

Headquarters of Hypo Tirol Bank AG, Innsbruck, Austria.
Overall cafeteria design.

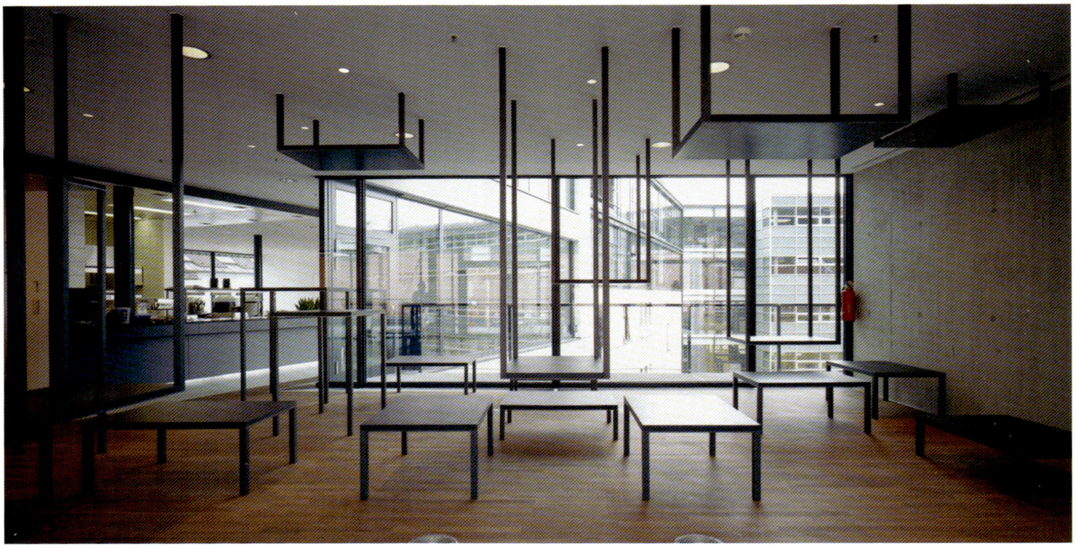

2009 - Landesausstellung in der *Festung Franzensfeste*, Südtirol

Brennerstraße, I-39045 Franzensfeste (Bozen), Südtirol. Italien, 09.05. bis 30.10.2009.
Installation in der historischen Anlage, als Beitrag zur Landesausstellung 2009 zum Thema *Labyrinth :: Freiheit.*

Fortress Franzenfeste, *South Tyrol, Italy. Installation in an historical complex, as a contribution to the 2009 national exhibition on the theme* Labyrinth :: Freedom.

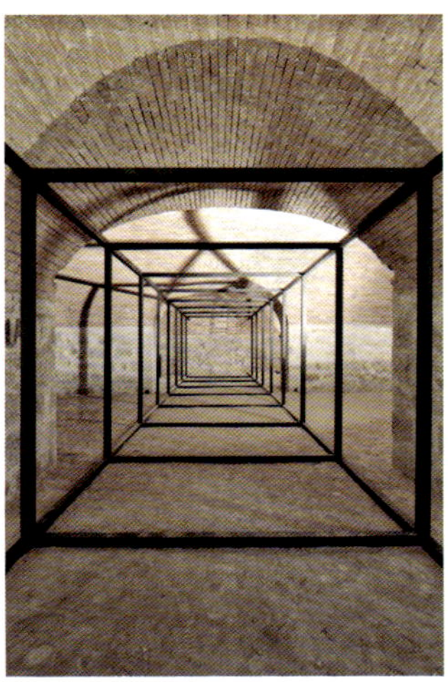

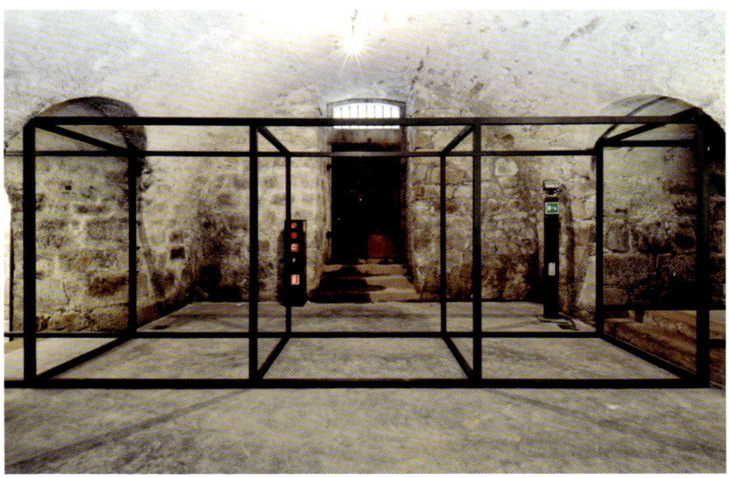

2009 – Festival of Dialogue of Four Cultures, Villa Grohman, Łódź

Tylna 9, PL-90-001 Łódź, Polen. 05.09. bis 04.10.2009.
Gestaltung der Portikuspfeiler als Beitrag zur Ausstellung *Anabasis. Rituals of Homecoming.*

Festival of Dialogue of Four Cultures, Villa Grohman, Łódź, Poland.
Design of the portico pillars, as a contribution to the exhibition Anabasis. Rituals of Homecoming.

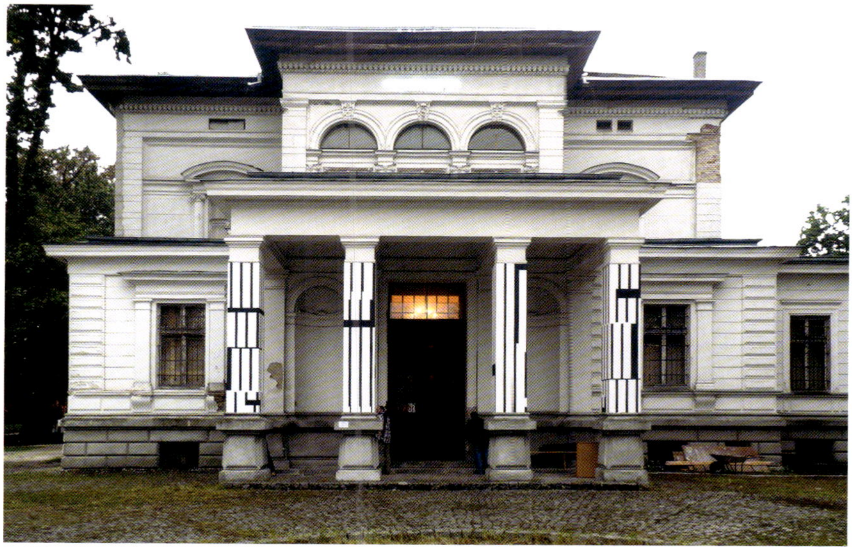

2009 – Raiffeisen-Landesbank Tirol AG, Innsbruck

Höttinger Au 4, A-6020 Innsbruck, Österreich. Deckengestaltung.

Raiffeisen-Landesbank Tirol AG, Innsbruck, Austria. Ceiling design.

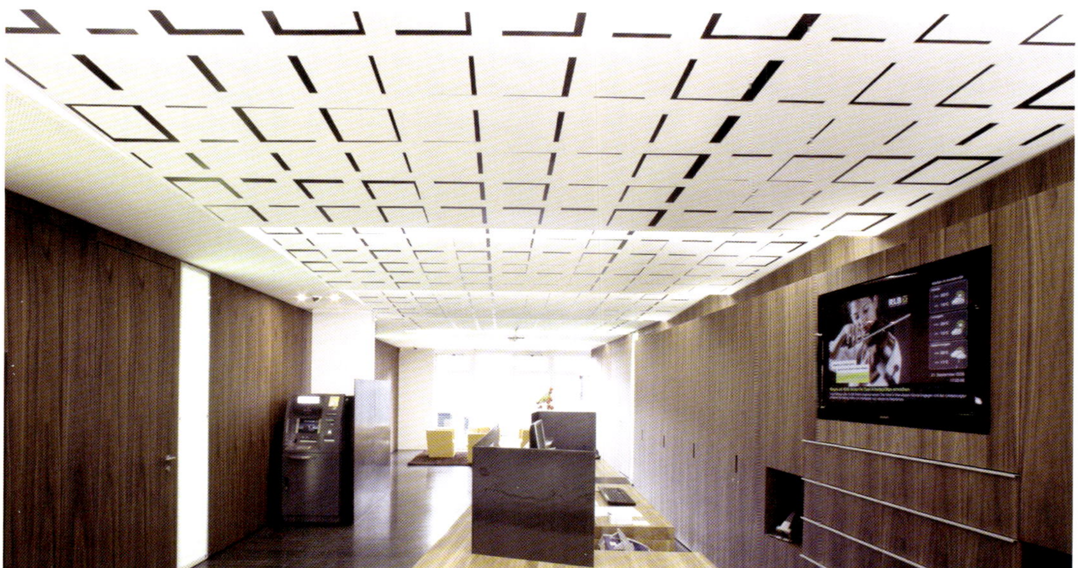

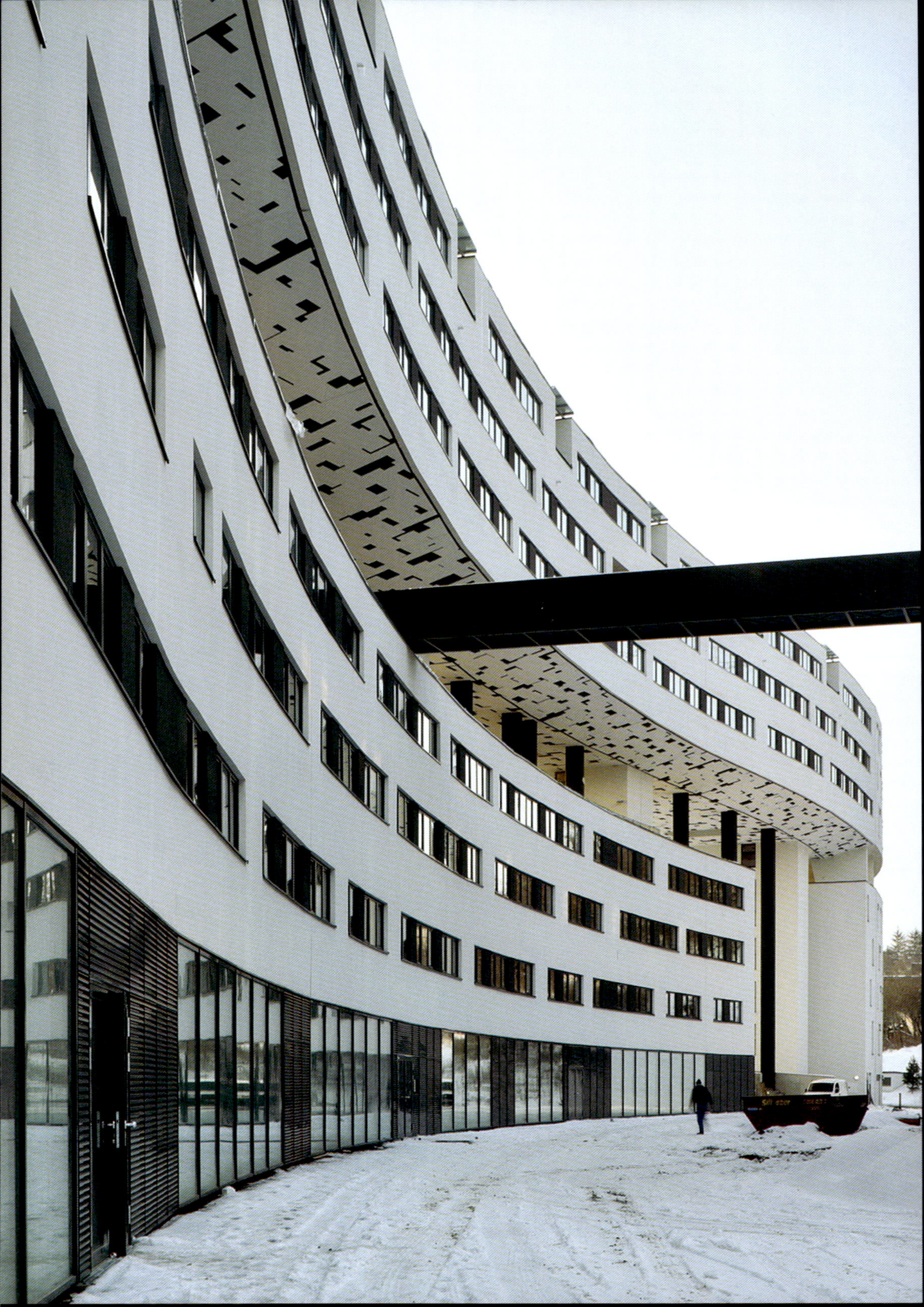

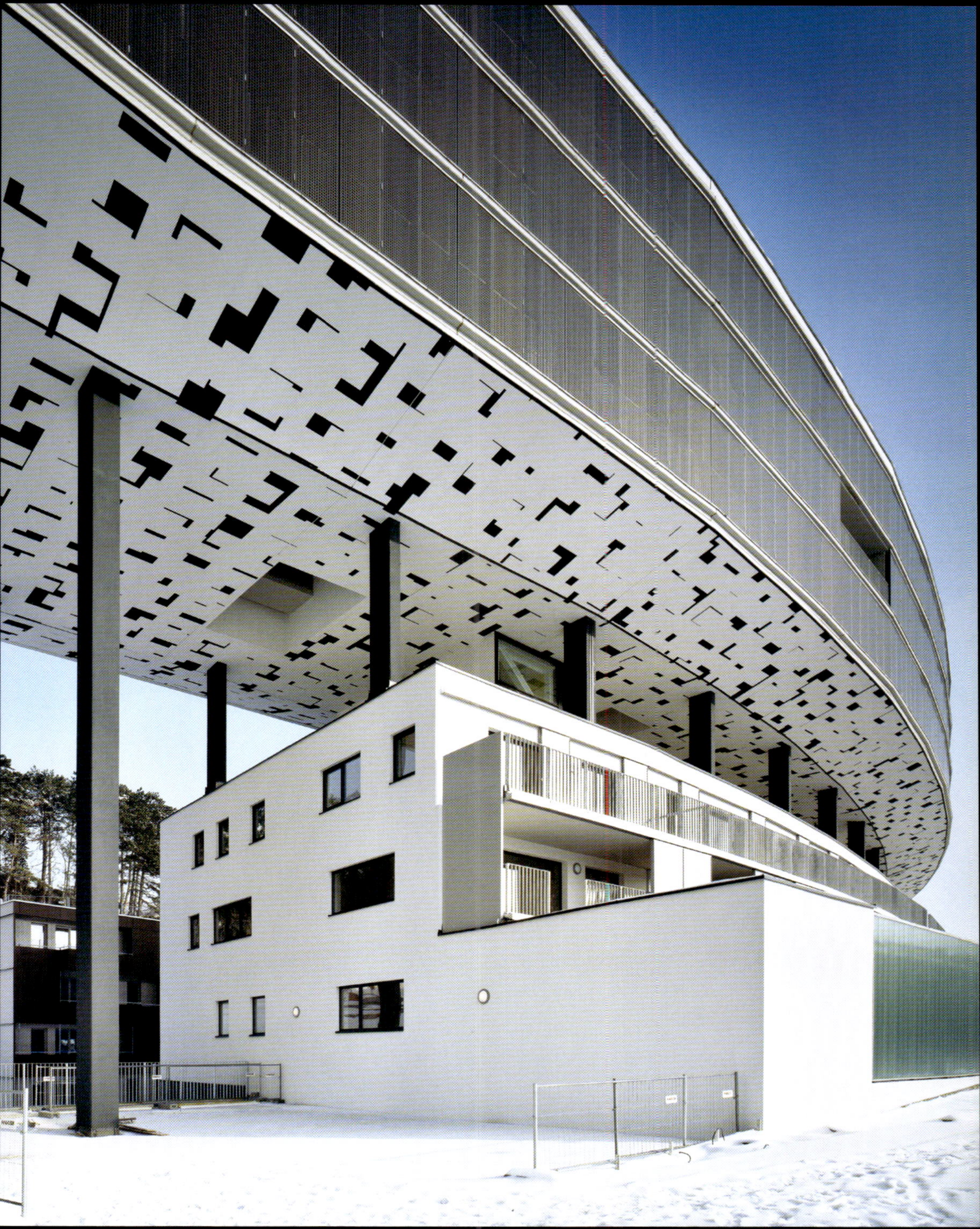

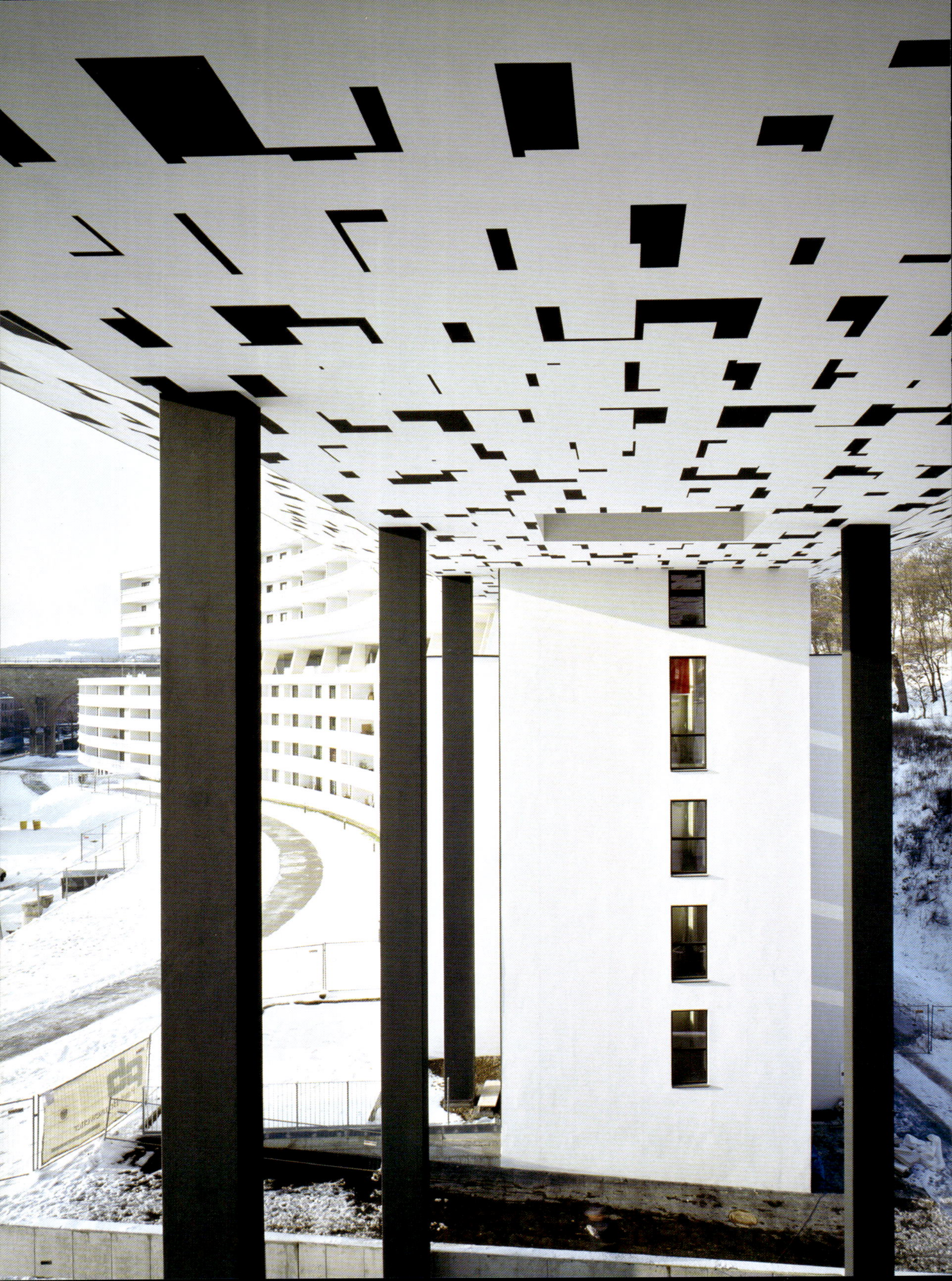

Wohnhausanlage Liesing, Breitenfurter Straße 376, A-1230 Wien, Österreich. Gestaltung der Untersicht des oberen Gebäudeteils.

Die künstlerische Gestaltung der großflächigen Deckenuntersicht eines aufgeständerten Gebäudeteils verändert deutlich den räumlichen Eindruck dieser architektonischen Situation. Die gewissermaßen sechste Fassadenseite des Hauses erfährt dadurch eine angemessene Würdigung. Die subtile Interferenz des orthogonalen Textursystems mit der leicht schwingenden Form des Gebäudes wird fast ausschließlich in der Nahsicht wirksam. Textur und Fensterfassadenflächen korrespondieren dabei strukturell. Die schwarzen Stelzen wirken zudem wie räumliche Fortsetzungen von Teilen der aufgebrachten Textur und erhalten dadurch eine stärkere visuelle Anbindung an den massiven Baukörper.

Residential complex Liesing, Vienna, Austria.
Soffit design of the of the upper part of the building.

The artistic design of the extensive soffit of an elevated part of the building significantly changes the spatial impression of the architectural situation. The sixth façade, as it were, of the building is hereby given the attention it deserves. The subtle interference of the orthogonal system of texture with the curving form of the building is almost solely effective at close range. The texture of the design corresponds structurally with the surfaces of the window facades. The black stilts also act as a spatial continuation of the applied texture and thereby become more closely visually connected to the massive structure.

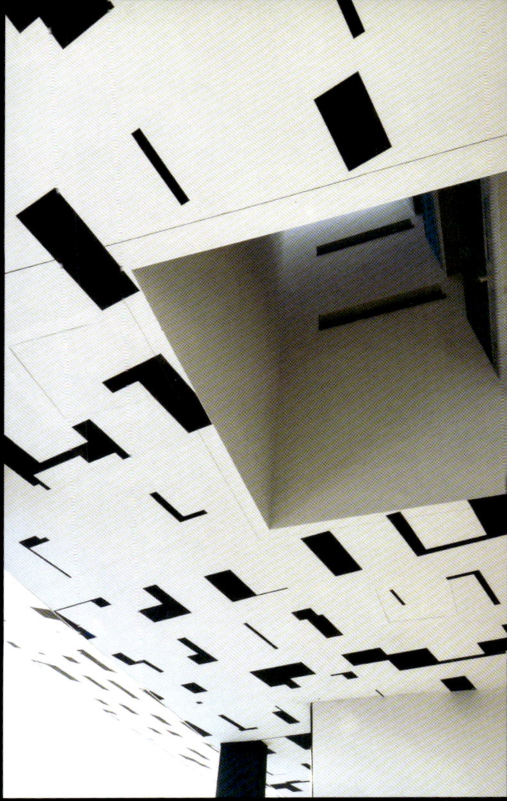

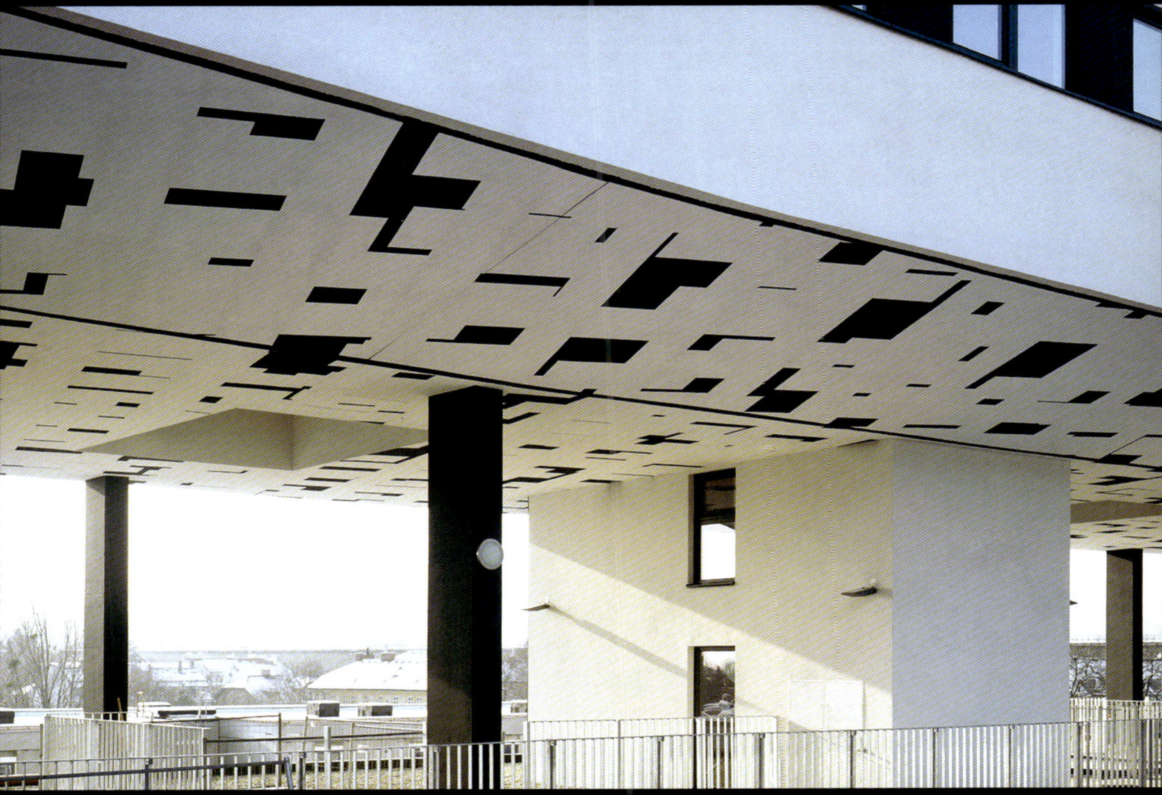

2009 – Jacob-Burckhardt-Haus, Universität Basel

Hexenweglein 2, CH-4052 Basel, Schweiz. Wandgestaltung.

Jacob Burckhardt House, University of Basel, Switzerland. Wall design.

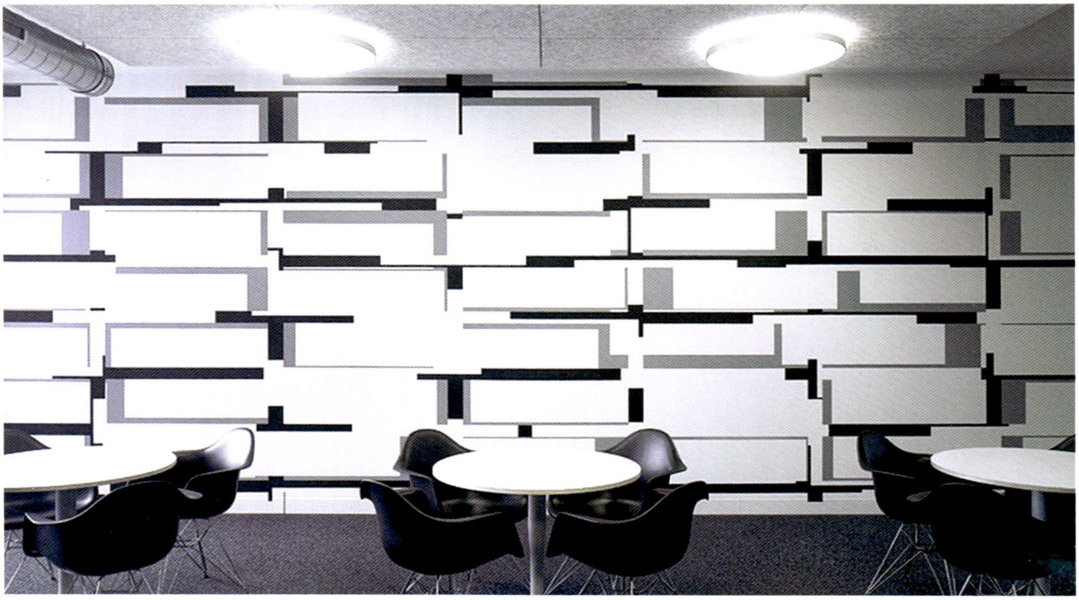

2008 – Akademie für Recht, Steuern und Wirtschaft, Wien

Schallautzerstraße 4, A-1010 Wien, Österreich.
Gestaltung der Deckenuntersicht.

Academy for Law, Taxes and Economics, Vienna, Austria.
Soffit design.

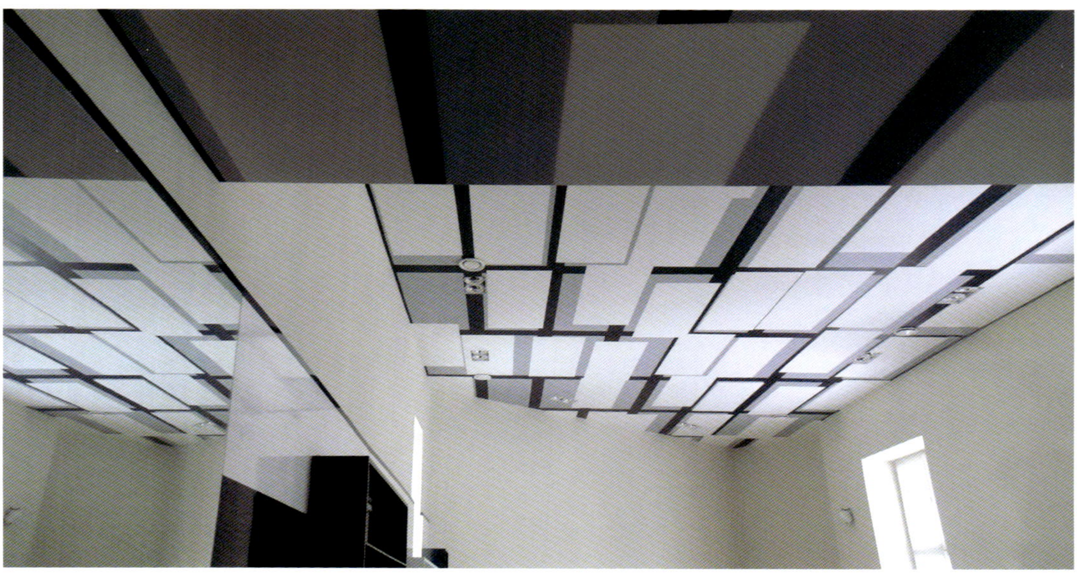

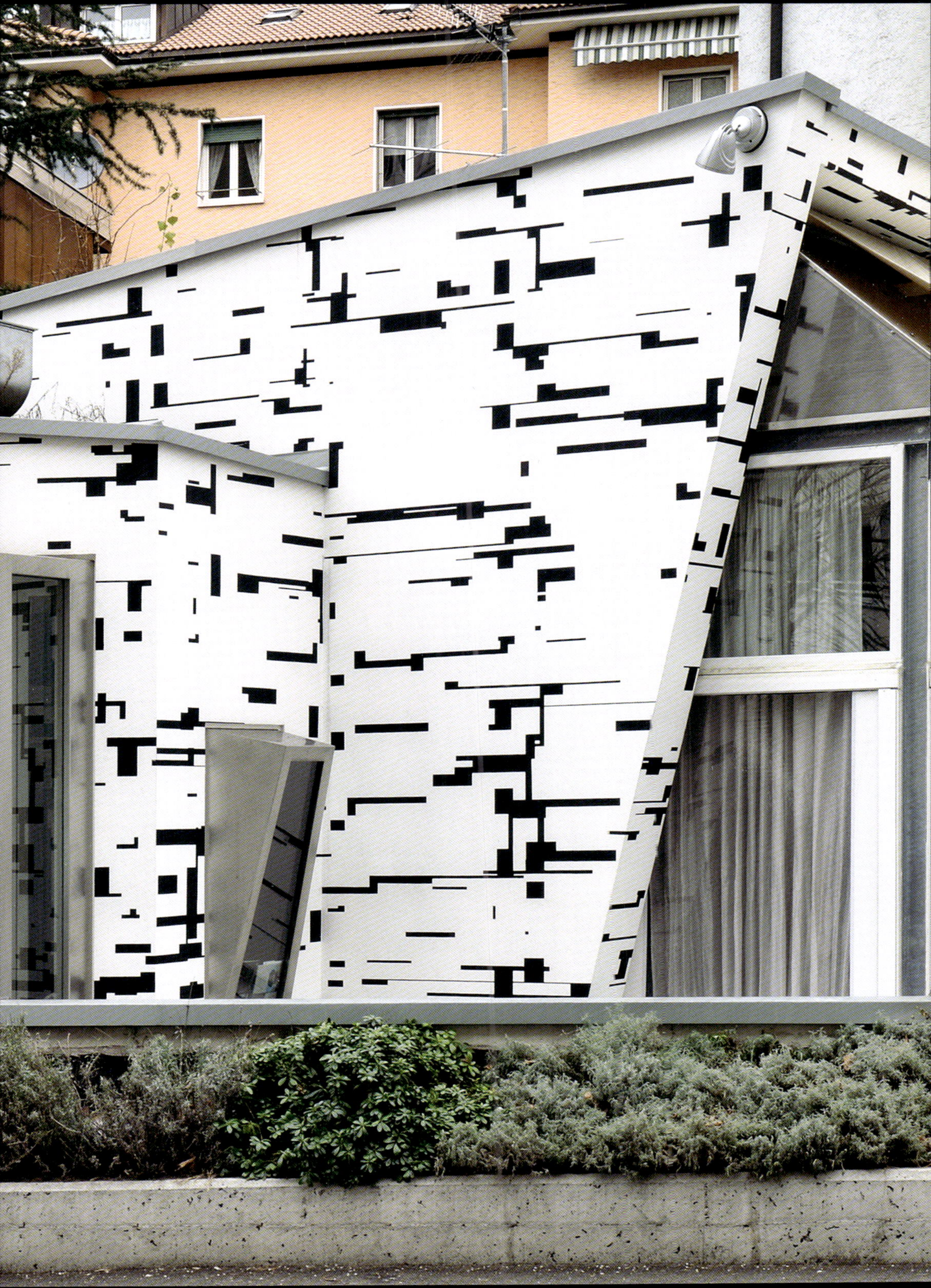

Restaurant *.42 Caffè Bistró*.
Horazstraße 42, I-39100 Bolzano/Bozen, Italien.
Fassadengestaltung.

Die komplexe graphische Oberflächentextur der künstlerischen Intervention trifft hier auf eine bereits ebenfalls sehr komplexe räumliche Struktur. Daraus resultieren auf der Wahrnehmungsebene zwei gegenläufige Effekte, die auf jeweils unterschiedlichen Maßstabsebenen wirken: eine Komplexitätssteigerung der Fläche in der Nahsicht sowie eine Komplexitätsreduktion der räumlichen Gesamtfigur in der Fernsicht. Die Textur selbst zeigt bei primärer Betonung der Horizontalität auch eine rhythmische Gliederung in vertikaler Richtung.

Restaurant .42 Caffè Bistró, *Bolzano/Bozen, Italy. Facade design.*

In this artistic intervention, a complex graphic surface texture meets an already complex spatial structure. On the perceptual level, the result is two opposing effects, which work on different scales: an increasing in complexity at close range, and a reduction in complexity of the overall spatial figure when viewed from a distance. Though the texture primarily emphasizes horizontality, it also exhibits a rhythmic organization in the vertical dimension.

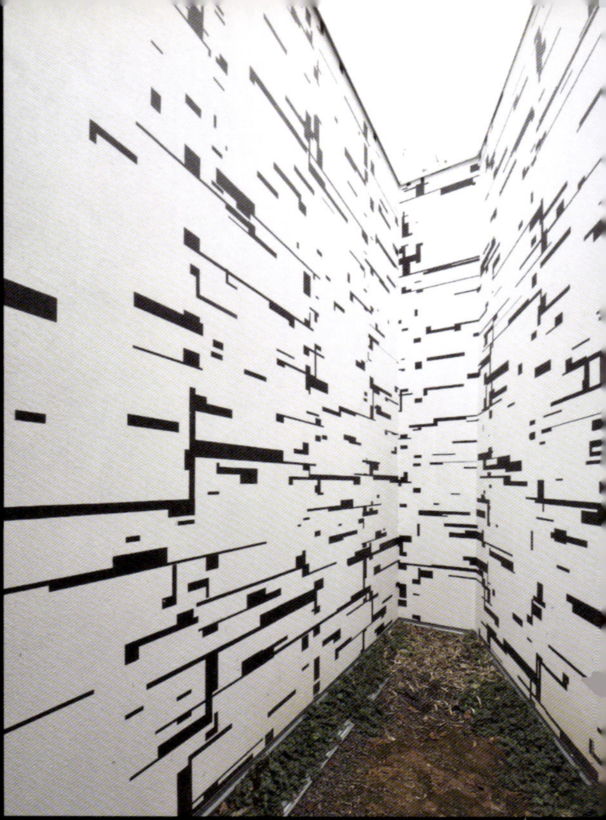

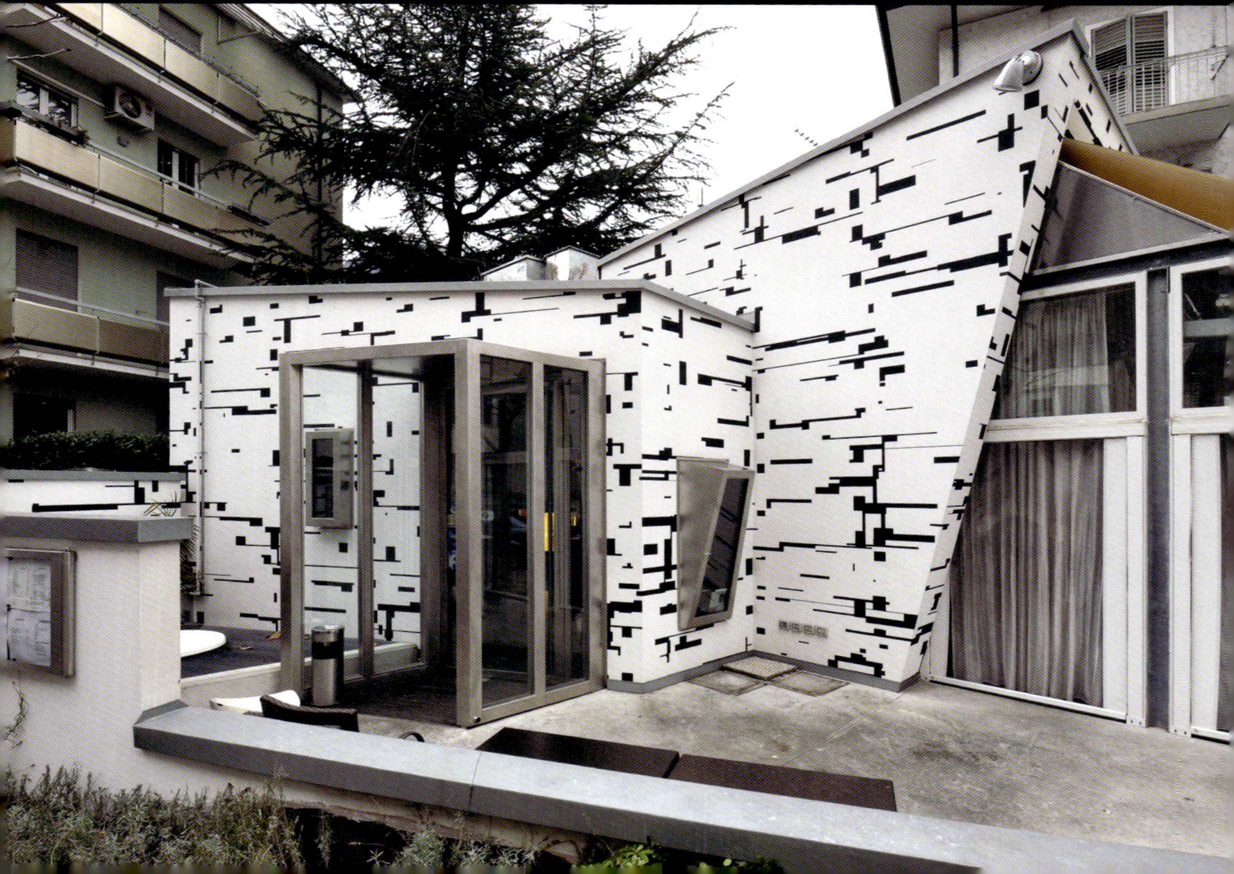

2007 – Ausstellung im *Heidelberger Kunstverein*

Hauptstraße 97, D-69117 Heidelberg, Deutschland. 10.02. bis 15.04.2007.
Wand- und Deckengestaltung, anlässlich der Ausstellung *OB ICH DAS SEHE.*

Heidelberger Kunstverein *[Heidelberg Art Association], Heidelberg, Germany.*
Wall and ceiling design on the occasion of the exhibition OB ICH DAS SEHE [Whether I See That].

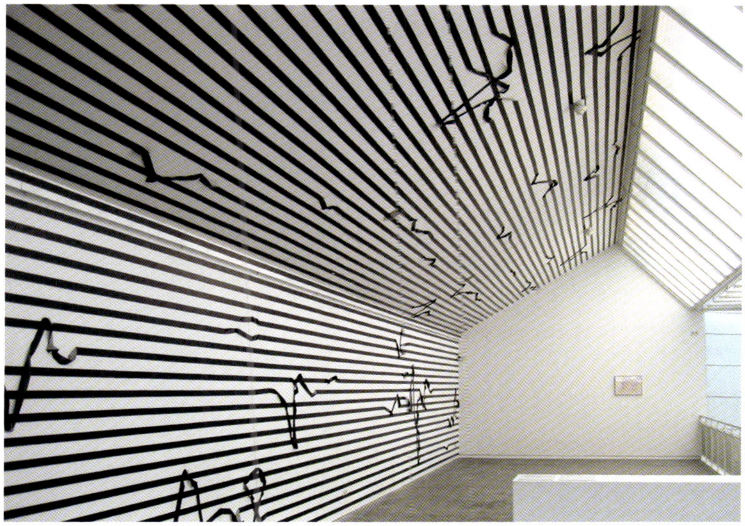

2007 – *Museum Essl*, Klosterneuburg bei Wien

An der Donau-Au 1, A-3400 Klosterneuburg, Österreich. Wandgestaltung im Treppenhausbereich.

Museum Essl, *Klosterneuburg, Austria.*
Wall design in the stairwell.

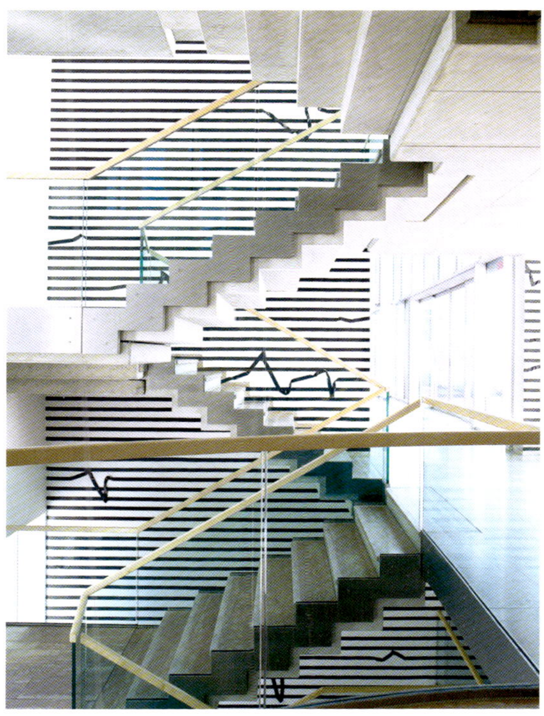

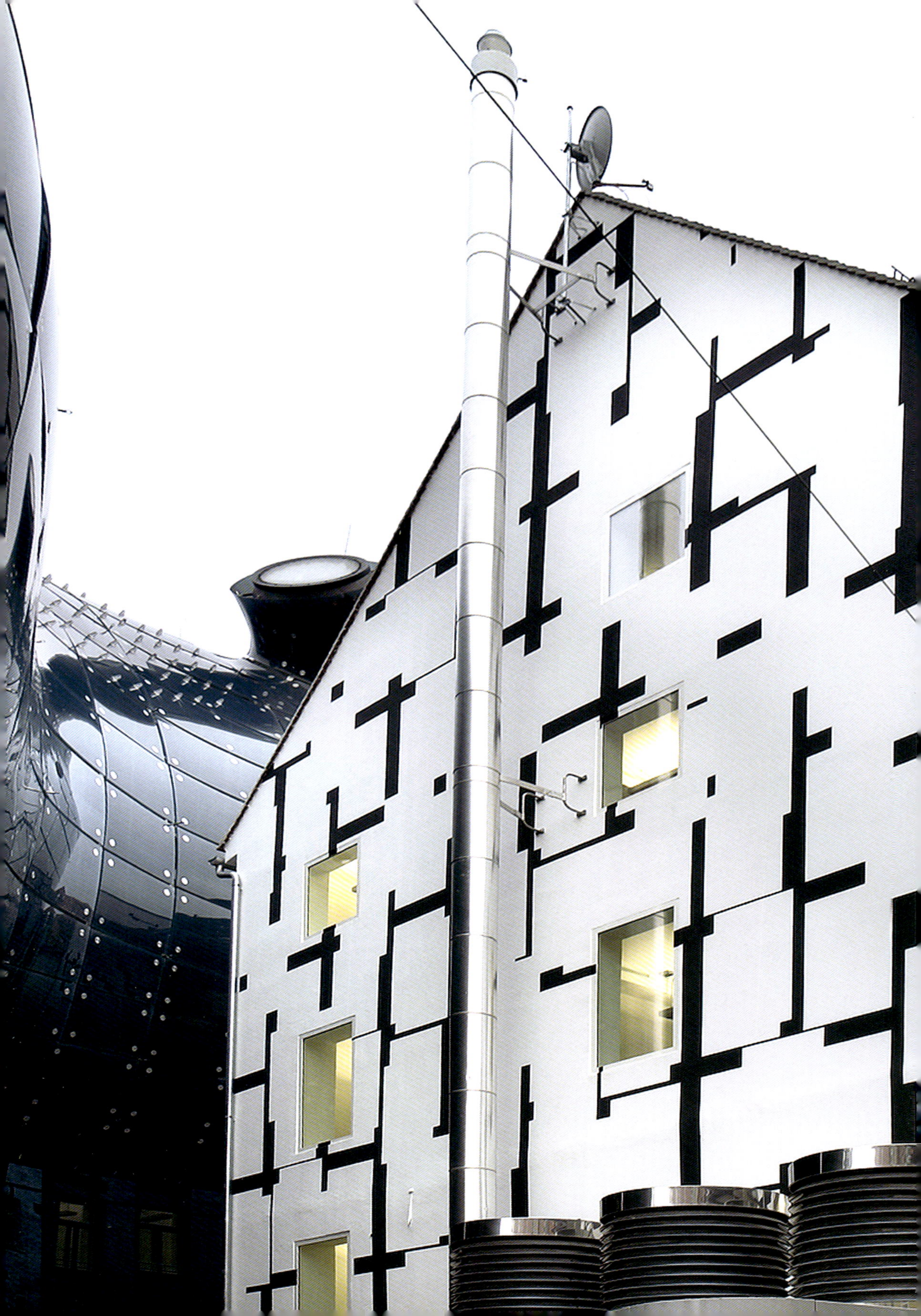

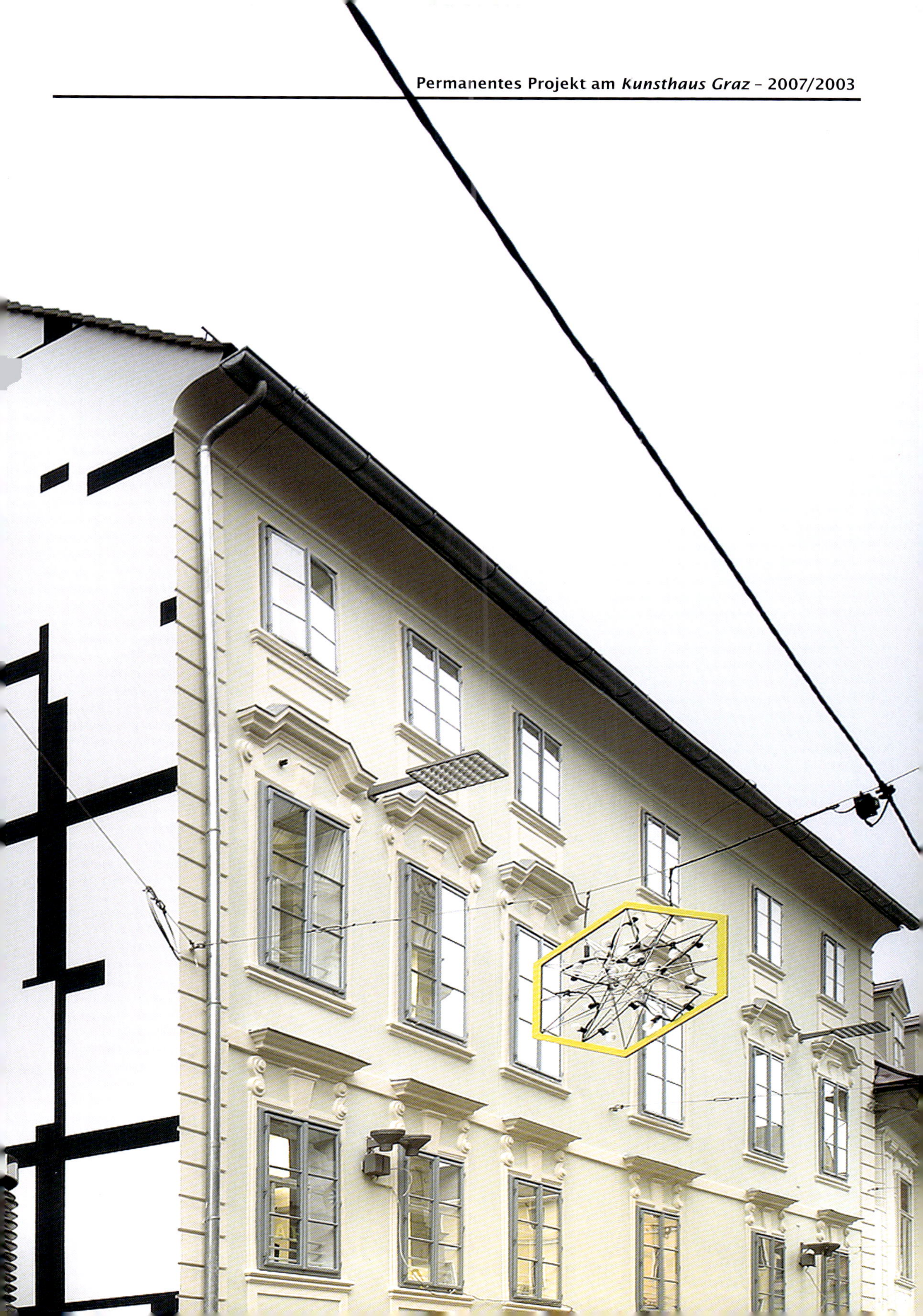

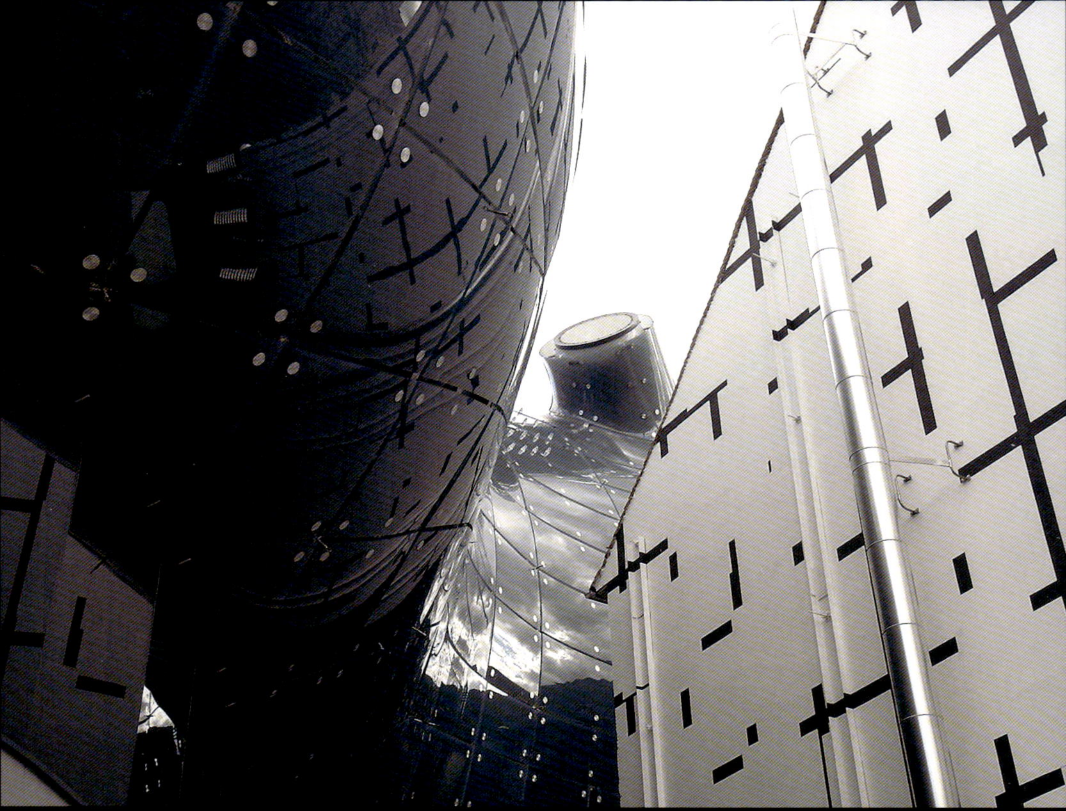

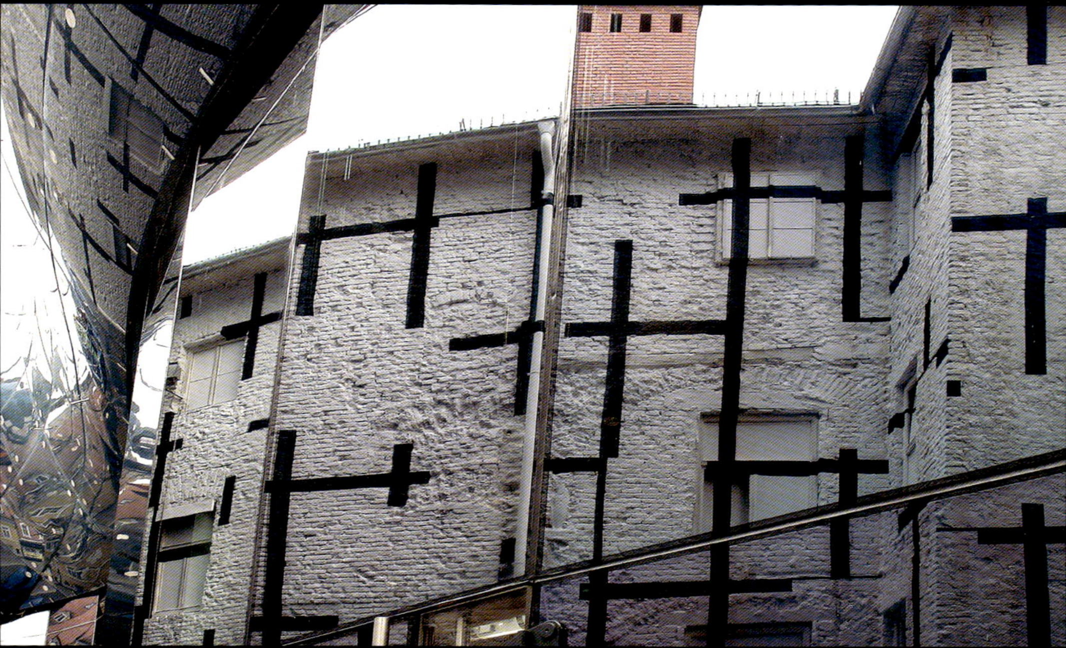

Permanentes Projekt am *Kunsthaus Graz* – 2007/2003

Lendkai 1/Mariahilfer Straße 4, A-8020 Graz, Österreich.
Fassadengestaltung.

Dieses Projekt ist durch zwei unterschiedliche Fassungen eine Besonderheit: Einer ersten von 2003 folgte eine zweite 2007 nach, die durch Umbau und Renovierung des Bestands nötig wurde. Betrachtet man deren Gemeinsamkeiten und Unterschiede, so wird deutlich, dass die erneute Umsetzung einer bereits ausgeführten Grundidee in einem leicht veränderten Kontext auch zu einem anderen Gestaltungsergebnis führen kann. Auch ein Einfluss von Entwicklungsprozessen auf Seiten der Künstlerin kann dabei nicht ganz ausgeschlossen werden – bzgl. der künstlerischen Grundposition, der konkreten Aussageabsicht und des Einsatzes künstlerischer Mittel.
Die erste Fassung von 2003 erinnert an eine mit Unterbrechungen versehene konkrete Fachwerkkonstruktion. Die zweite Fassung von 2007 scheint dagegen einen höheren künstlerischen Abstraktionsgrad aufzuweisen. Innerhalb des etwas enger gefassten orthogonalen Systems wird stärker mit verschiedenen Balkenbreiten gearbeitet. Auf der Wahrnehmungsebene entsteht neben dem Eindruck unterbrochener Balkenführungen auch der von aus der Ordnung herausgerückten und überlagerten Fachwerkfeldern. Die zweite Fassung scheint zudem mit ihrem etwas differenzierteren graphischen Ansatz auf die nun sehr viel homogeneren und weniger strukturierten Fassadenflächen zu reagieren, sodass – zumindest in der Nahsicht – der Gesamtkomplexitätsgrad der Gestaltung letztlich doch unverändert bleibt.
Für beide Fassungen gilt es, auf die bemerkenswerte Korrespondenz der geschaffenen Gestaltung zum modernen Baukörper des *Kunsthauses Graz* von Peter Cook hinzuweisen, mit seiner Rasterstruktur, seinem Spiegeleffekt und seiner Gewölbtheit. Esther Stockers Arbeit vermittelt damit überzeugend zwischen dem historischen und dem neuen Baukörper.

Permanent project at Art Museum Kunsthaus Graz, *Austria.*
Facade design.

This project is unusual in having two different versions: the first version from 2003 was followed by a second in 2007, which was necessitated by the reconstruction and renovation of the existing building. In considering their similarities and differences it becomes clear that the renewed execution of an already realized idea in a slightly altered context can lead to a different design result. The artist's own development—in terms of basic position, intended statement, and artistic media and strategies—of course also plays a role.
The first version, from 2003, is reminiscent of a disrupted half-timbered construction made of concrete. The version from 2007, on the other hand, displays a greater degree of abstraction. Within the somewhat narrower orthogonal system, there is more variation in the thicknesses of the bars. To the impression of interrupted timbers is added an impression of disordered and superimposed half-timbered systems. The second version's somewhat more nuanced graphic approach also seems a reaction to the much more homogenous and less structured façade surface, so that—at least at close range—the overall complexity of the design remains unchanged.
For both versions, it is important to note the remarkable correspondence of Esther Stocker's design with the modern architecture of Peter Cook's Kunsthaus Graz*—with its grid structure, mirror effect, and curvatures. Esther Stocker's work convincingly mediates between the historical and modern structures.*

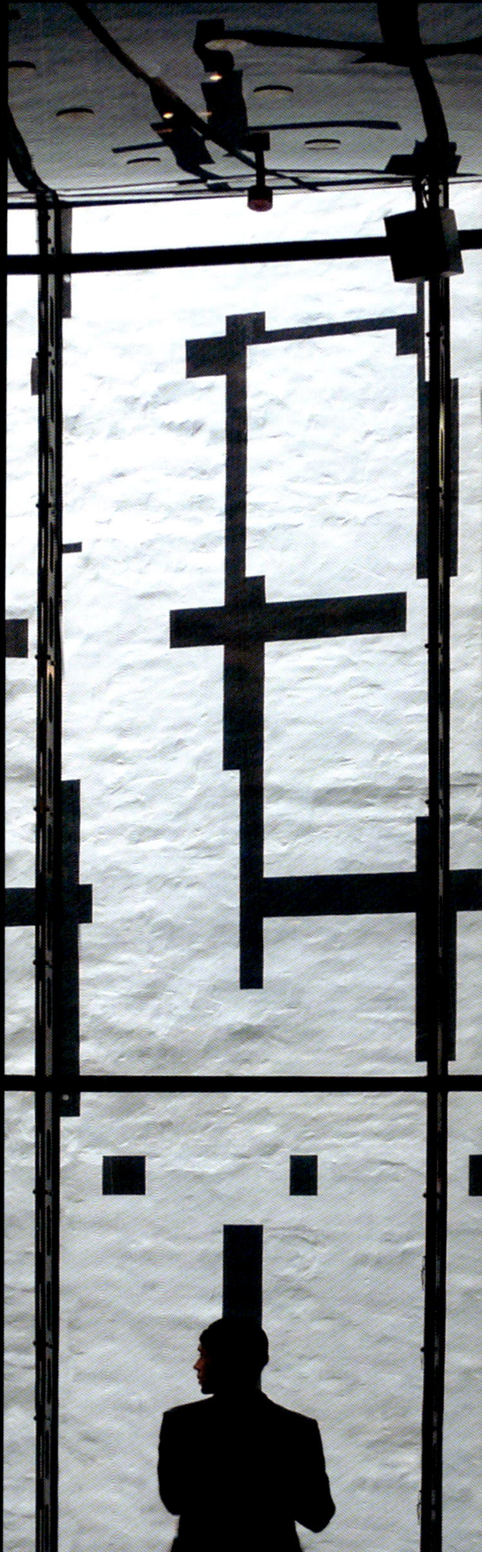

2003 – *Kunsthaus Graz*: Erste Fassung

Fassadengestaltung von Brandwand und Hof, vor der Erweiterung des Museums.

Façade design of the firewall and courtyard, prior to the extension of the museum.

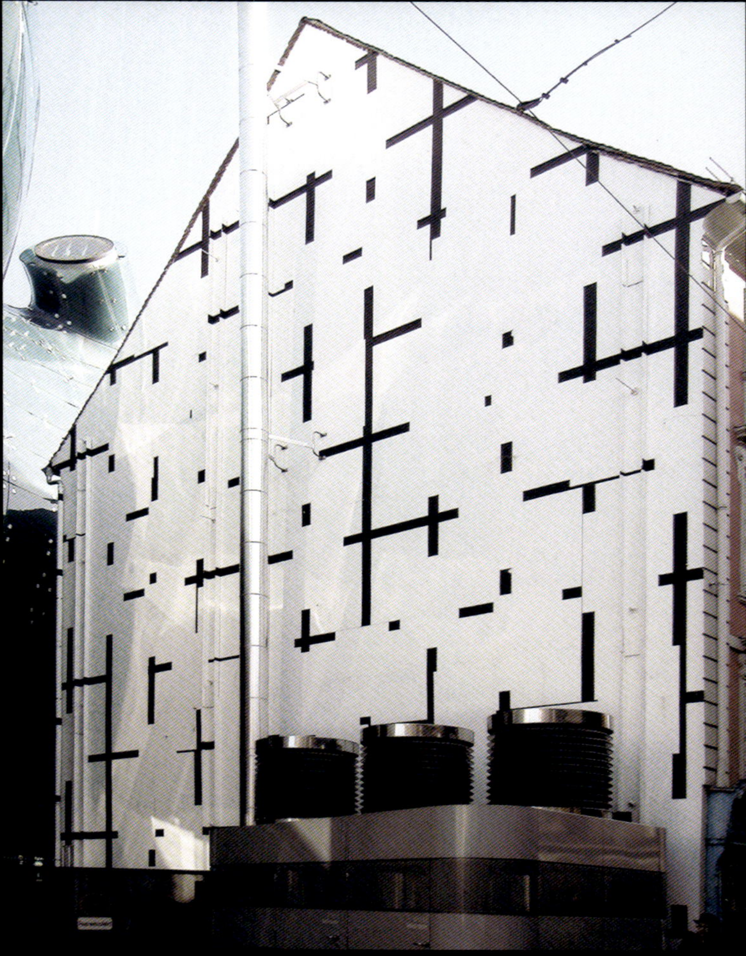

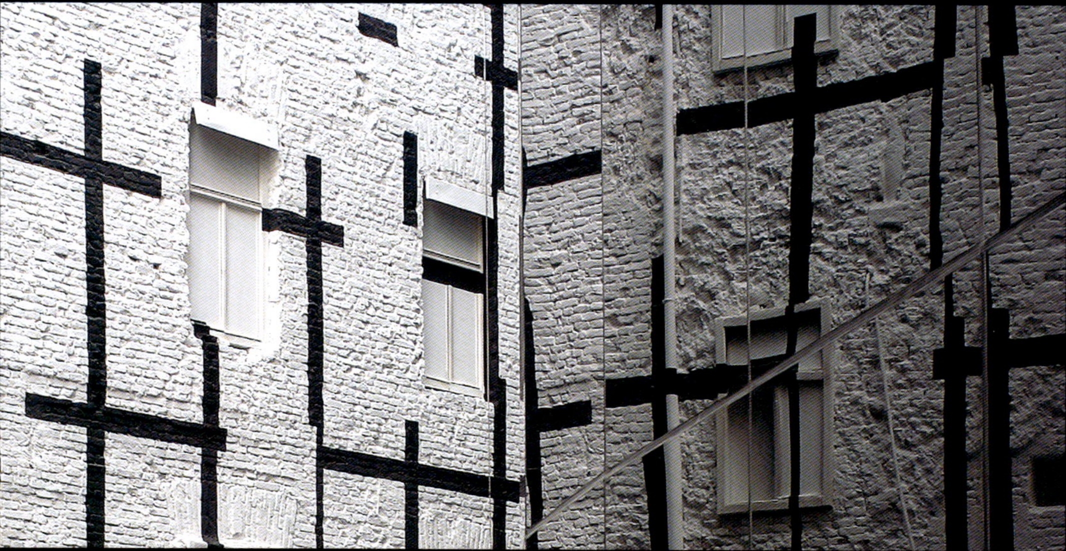

2007 – *Kunsthaus Graz*: Zweite Fassung

Erneute Fassadengestaltung nach dem Umbau des Altbaus, als Erweiterung des Museums.

Renewed façade design after the conversion of the historic building to serve as an extension to the museum.

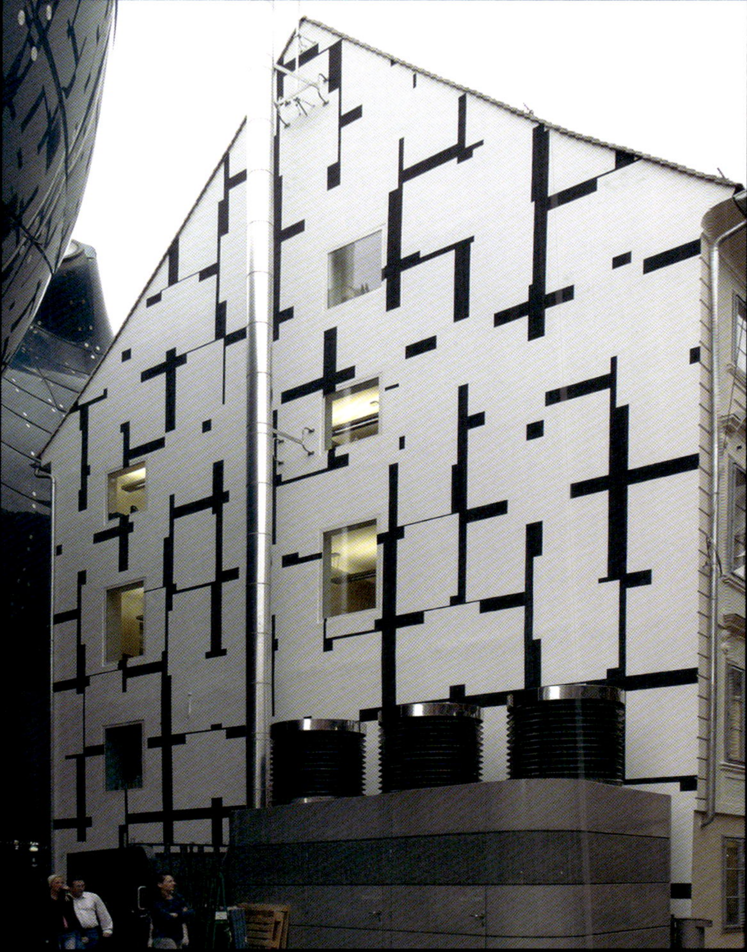

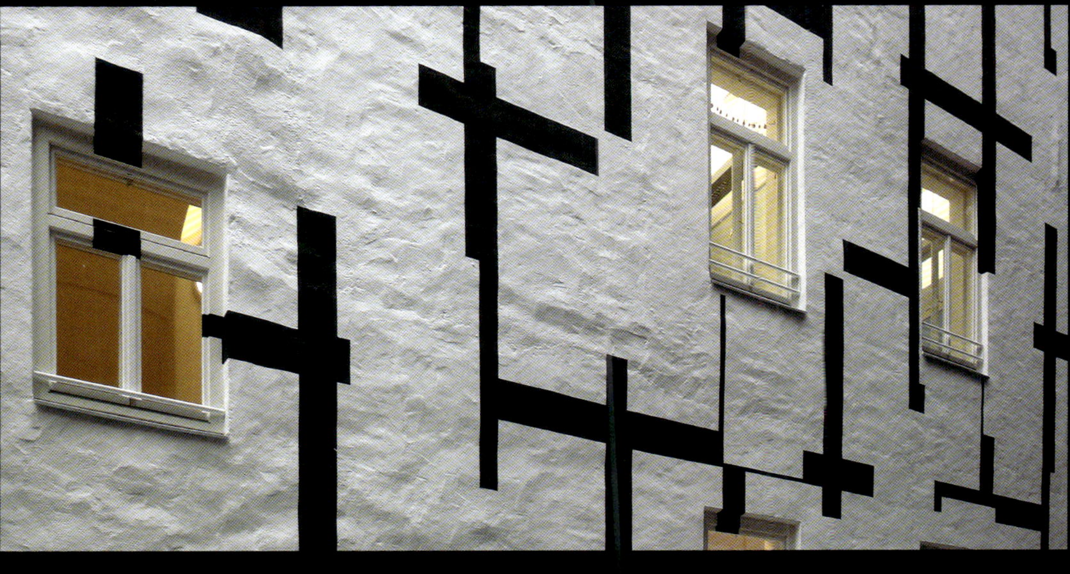

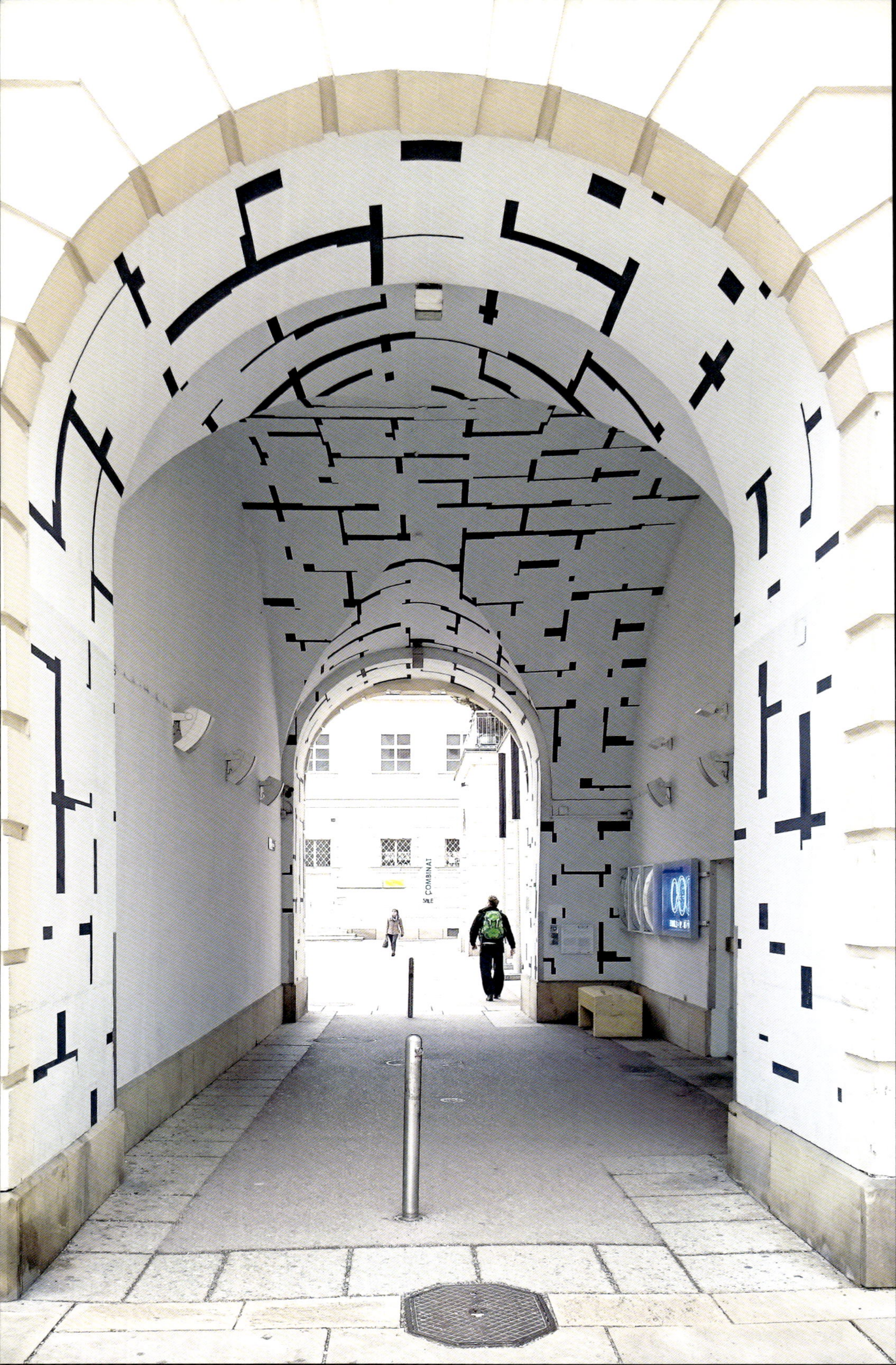
COMBINAT
SALE

Kunst- und Kulturareal *MuseumsQuartier*, Museumsplatz 1, A-1070 Wien, Österreich. Wand-Decken-Gestaltung.

Sämtliche gewölbte Flächen innerhalb der Passage haben eine mit Störungen versehene Orthogonaltextur erhalten, die nach außen hin mit der Bossierung der Gebäudefassade und nach unten hin mit der Bodenplattenstruktur korrespondiert. Durch die räumlich unterschiedlich ausgerichteten Achsen der einzelnen Gewölbeteile wird die Textur – aus verschiedenen Perspektiven betrachtet – visuell mit sich selbst konfrontiert. Auch die räumlich-geometrischen Verschneidungen des Gewölbes im Inneren der Passage werden durch die Texturierung besser ablesbar. In diesem Sinne wird die Gewölbtheit der gestalteten Flächen damit hier als eine zweite Störungsebene thematisiert.

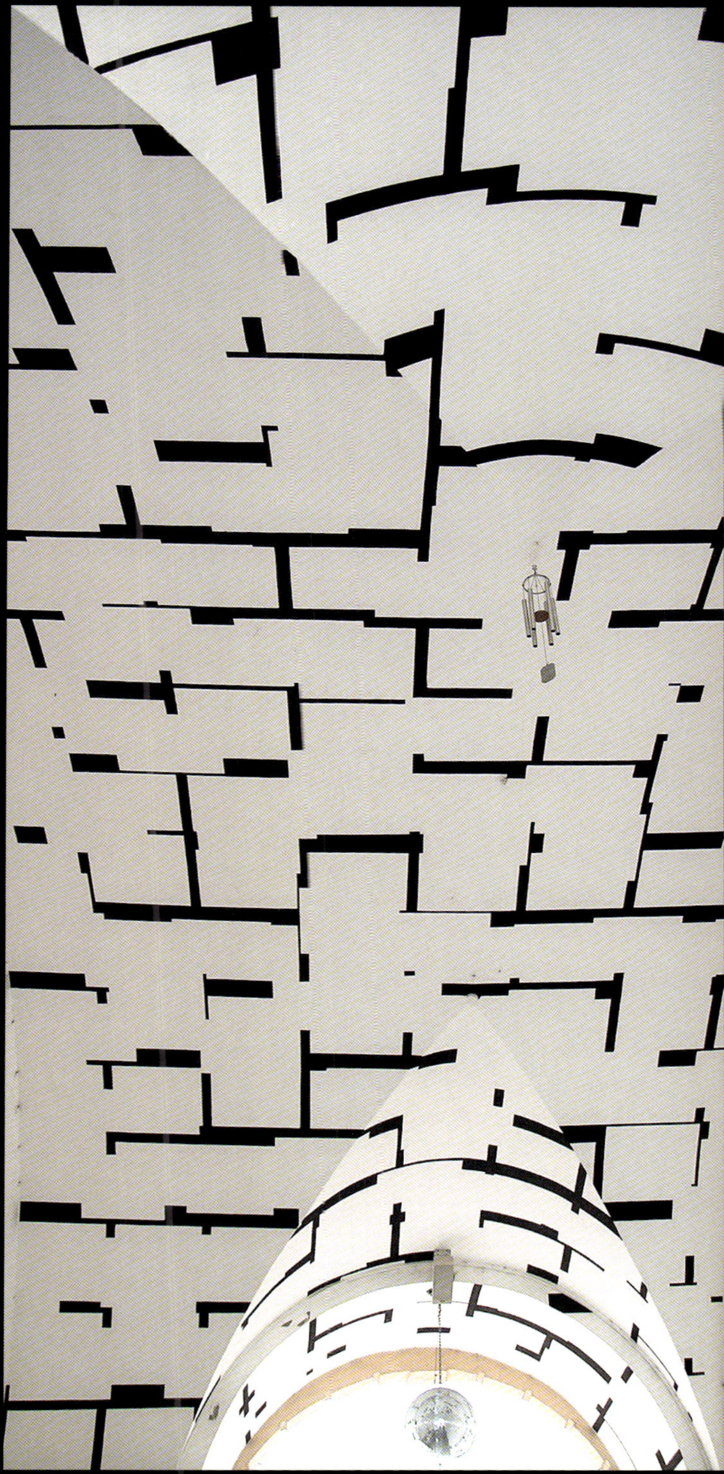

TONSPUR_passage. *Art and culture area* MuseumsQuartier, *Vienna, Austria. Wall and ceiling design.*

All surfaces within the passageway are designed with a disrupted orthogonal texture which corresponds externally with the bossing of the building's façade and internally with the structure of the paving tiles. Because of the differently aligned axes of the individual parts of the archway, the texture, when viewed from various perspectives, is forced into confrontation with itself. The texture also makes the spatial-geometric intersections of the arch inside the passage easier to read. In this sense, the curves of the designed surface are also thematized and made into a second level of disruption.

2006 – Silo der Firma *Barth Innenausbau KG*, Bressanone/Brixen

Julius-Durst-Straße 38, I-39042 Bressanone/Brixen, Italien.
Fassadengestaltung.

Die angewandten gestalterischen Dimensionen stellen sich als Transformationen der technisch-konstruktiven Prinzipien des Silogebäudes selbst dar: die horizontalen Nähte der einzelnen Ringe des Silos, dann die vertikalen Nähte auf jeder Ringebene, die aus konstruktiven Gründen von Ringebene zu Ringebene versetzt sind, und schließlich auch die Modularität der Ringe selbst. Mit Bezug auf diese strukturgebenden Elemente wird die Textur überlagerter und unterschiedlich dimensionierter weißer und schwarzer Rechteckformen entwickelt, deren Orthogonalausrichtung an den konstruktiven Nähten des Silos orientiert ist. Darüber hinaus wiederholen sich fünf texturierte Ringmodule in einer festgelegten Reihenfolge beim Aufbau der Gesamtstruktur. In der Fernsicht und ohne Kontextinformation kann das künstlerisch gestaltete industrielle Bauwerk durchaus auch für ein innovativ entworfenes Wohn- oder Geschäftsgebäude gehalten werden – künstlerische Gestaltung kann somit auch in den Bereich architektonischer Camouflage hineinreichen.

Silo of the company Barth Innenausbau KG, *Bressanone/Brixen, Italy.*
Facade design.

The design dimensions employed here reveal themselves to be transformations of the technical construction principles of the silo building itself: the horizontal seams between the individual rings of the silo, then the vertical seams in each level of ring, which are offset from ring to ring for technical reasons, and then ultimately the modularity of the ring itself. The texture of overlapping, variously-sized white and black rectangles refers to these structuring elements and its orthogonality is oriented by the silo's seams. In addition, five textured ring modules repeat in a set order to form the overall structure. From a distance and without contextualizing information, the artistically designed industrial structure can easily be taken for an innovative residential or commercial building—artistic design can thus even become architectural camouflage.

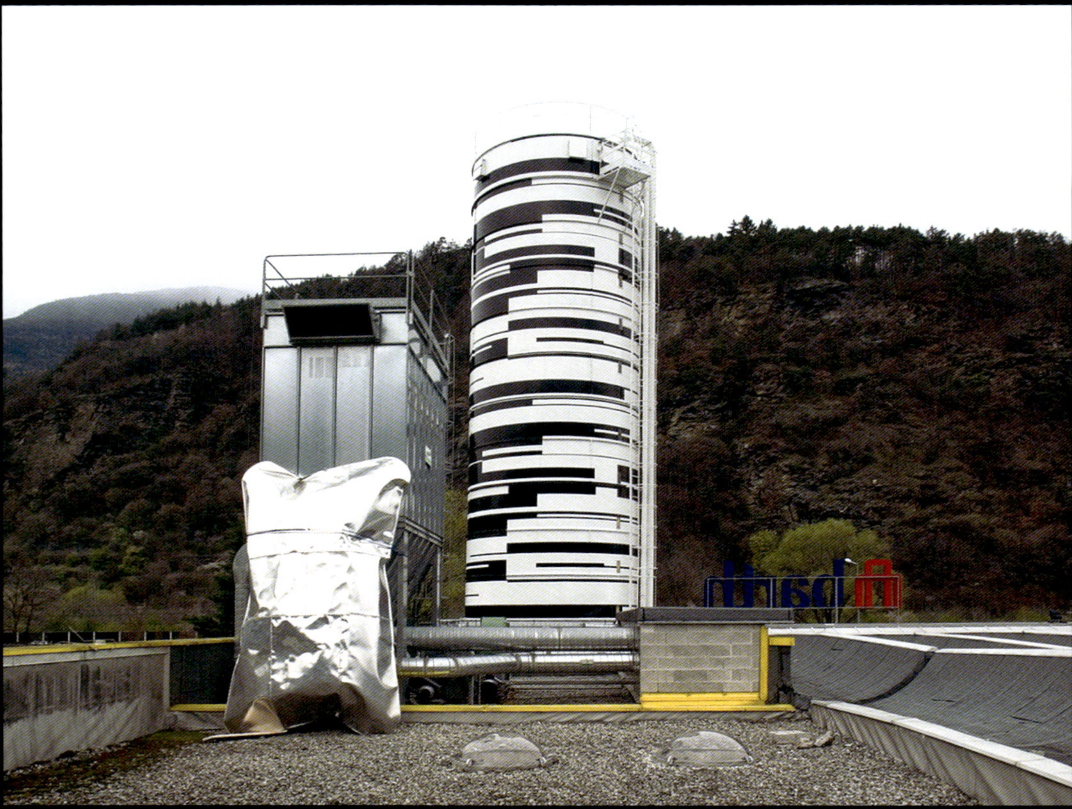

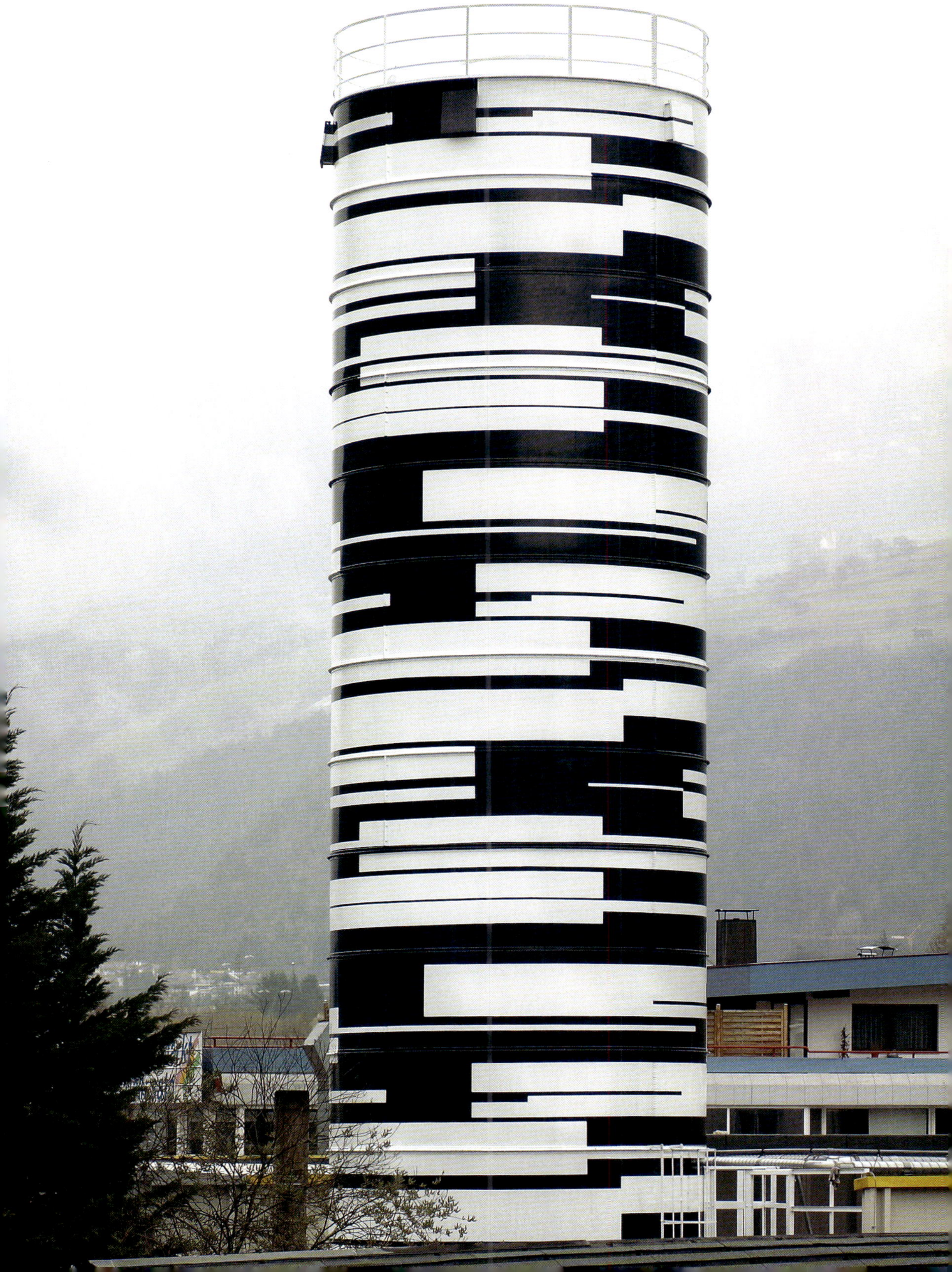

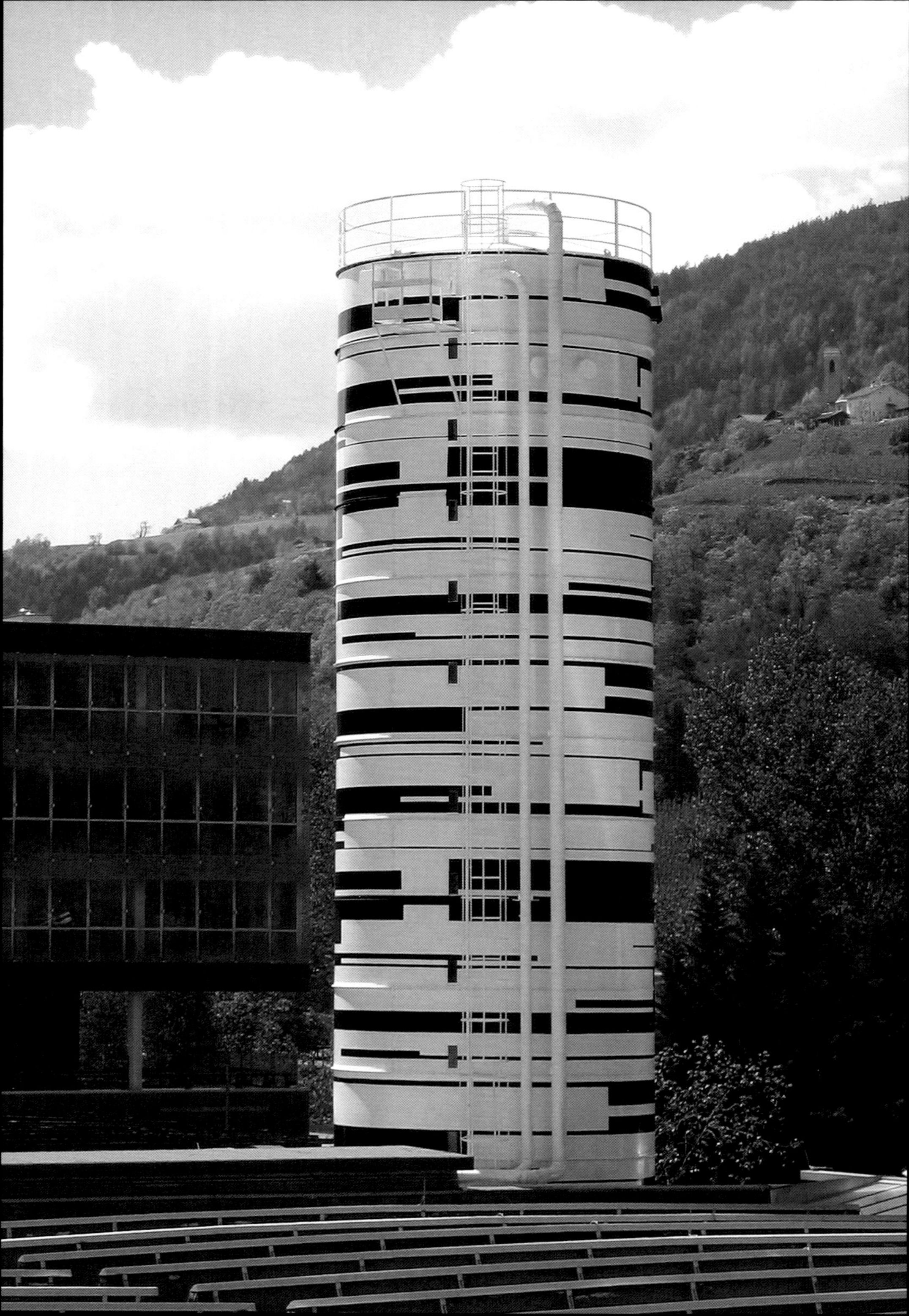

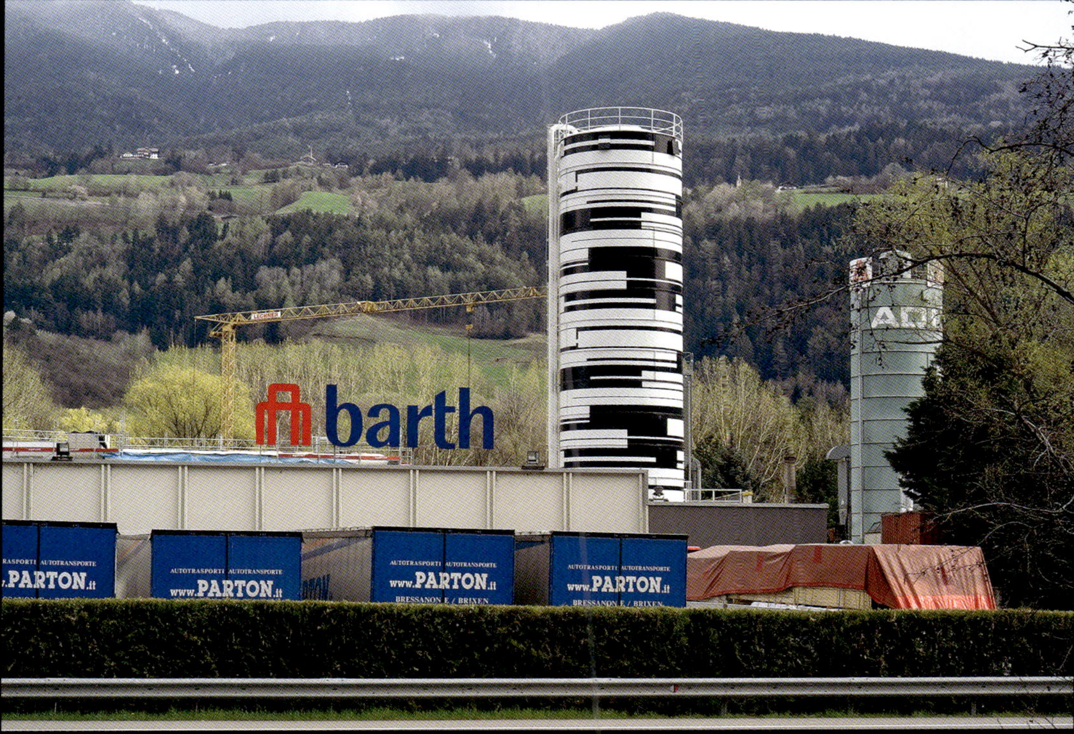
barth
AUTOTRASPORTI AUTOTRASPORTE
www.PARTON.it
BRESSANONE / BRIXEN

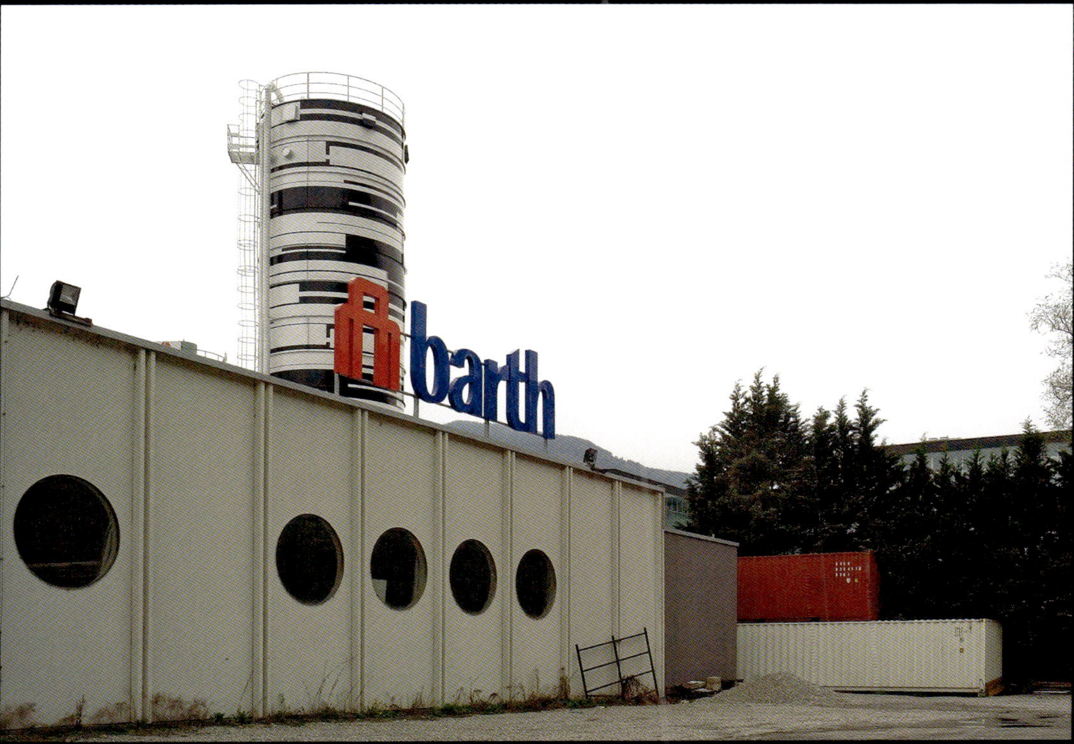
barth

2006 – Cafébar im *Museum Moderner Kunst Stiftung Ludwig Wien (mumok)*

Kunst- und Kulturareal *MuseumsQuartier*. Museumsplatz 1, A-1070 Wien, Österreich. Wandgestaltung im Durchgangsraum der Cafébar *MuMokka*.

Museum of Modern Art Ludwig Foundation Vienna (mumok).
Wall design in the passage of the MuMokka *café bar.*

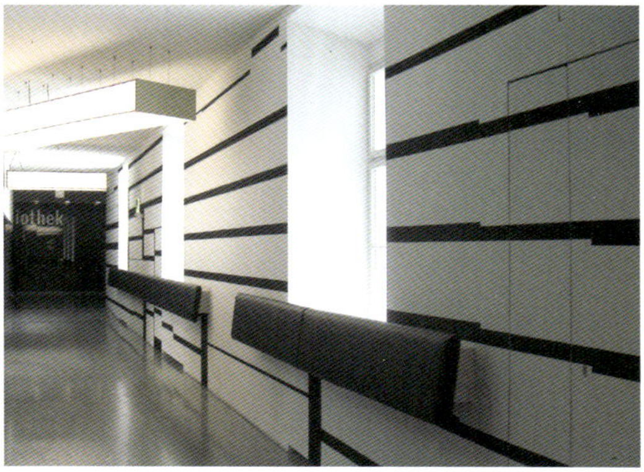

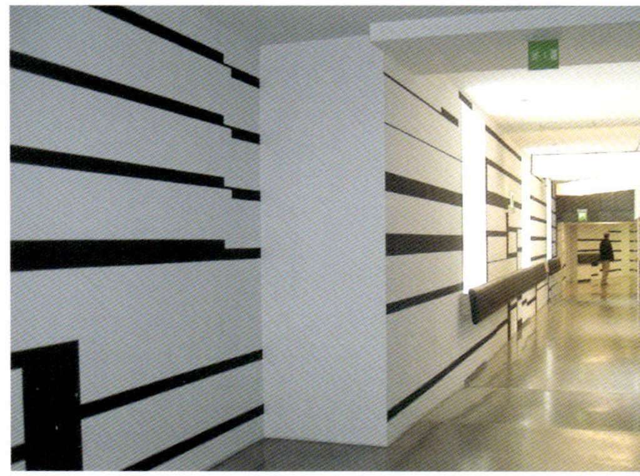

2006 – Ausstellung im Kunstzentrum Neuenburg/Centre d'art Neuchâtel (CAN)

Rue des Moulins 37, CH-2000 Neuenburg/ Neuchâtel, Schweiz. 02.09. bis 29.10.2006. Drei Wandgestaltungen, anlässlich der Ausstellung *Verdächtiger Zufall/Coincidence Suspecte*.

Neuchâtel Art Centre, Switzerland. Three wall designs on the occasion of the exhibition Verdächtiger Zufall/Coincidence Suspecte.

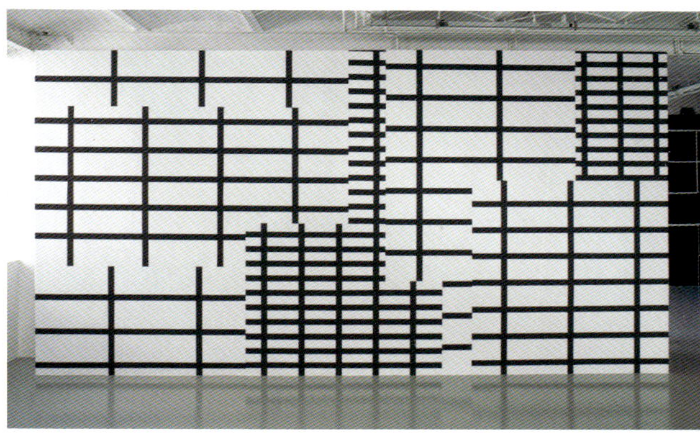

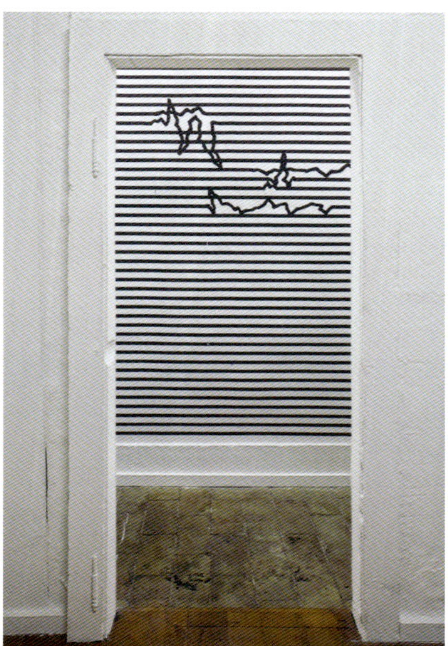

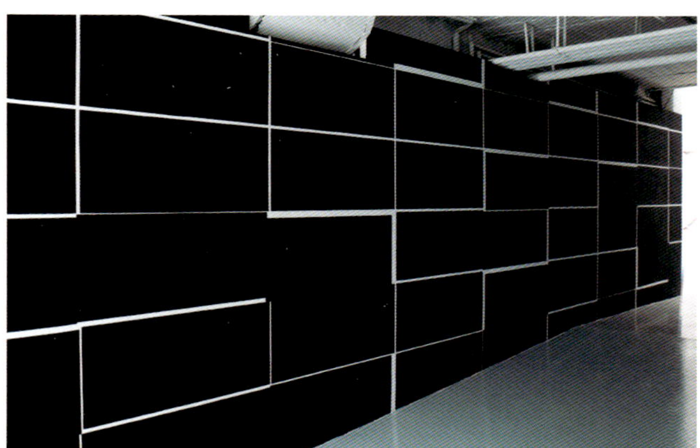

2006 – Ausstellung in der Galerie *Krobath Wimmer*, Wien

Eschenbachgasse 9, A-1010 Wien, Österreich. 07.06. bis 29.07.2006. Gestaltung einer Fensterglasfläche, anlässlich der Ausstellung *black/ white & chewing gum.*

Gallery Krobath Wimmer, *Vienna, Austria. Design of a window pane on the occasion of the exhibition* black/white & chewing gum.

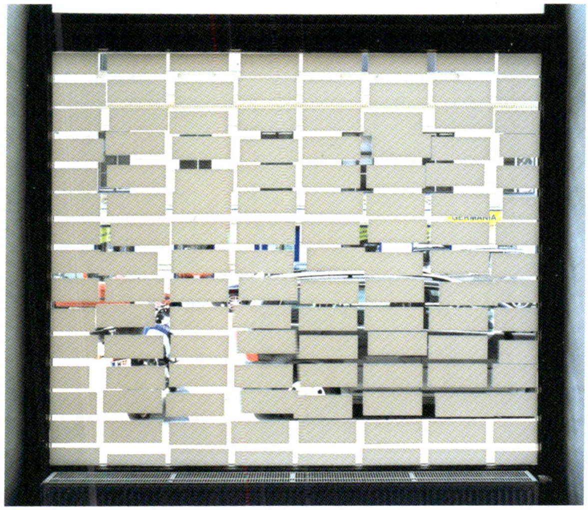

2006 – *Galleria Contemporaneo*, Mestre

Via Piave 2, I-30171 Venezia, Italien. 12.05. bis 24.06.2006. Installative Wandarbeit.
Dritte Version der Ursprungsarbeit vom März 2003, gezeigt in der Galerie *Krobath Wimmer*, Wien.

Galleria Contemporaneo, *Mestre (Venice), Italy. Wall installation.*
Third version of the original work from March 2003, shown at Gallery Krobath Wimmer, *Vienna, Austria.*

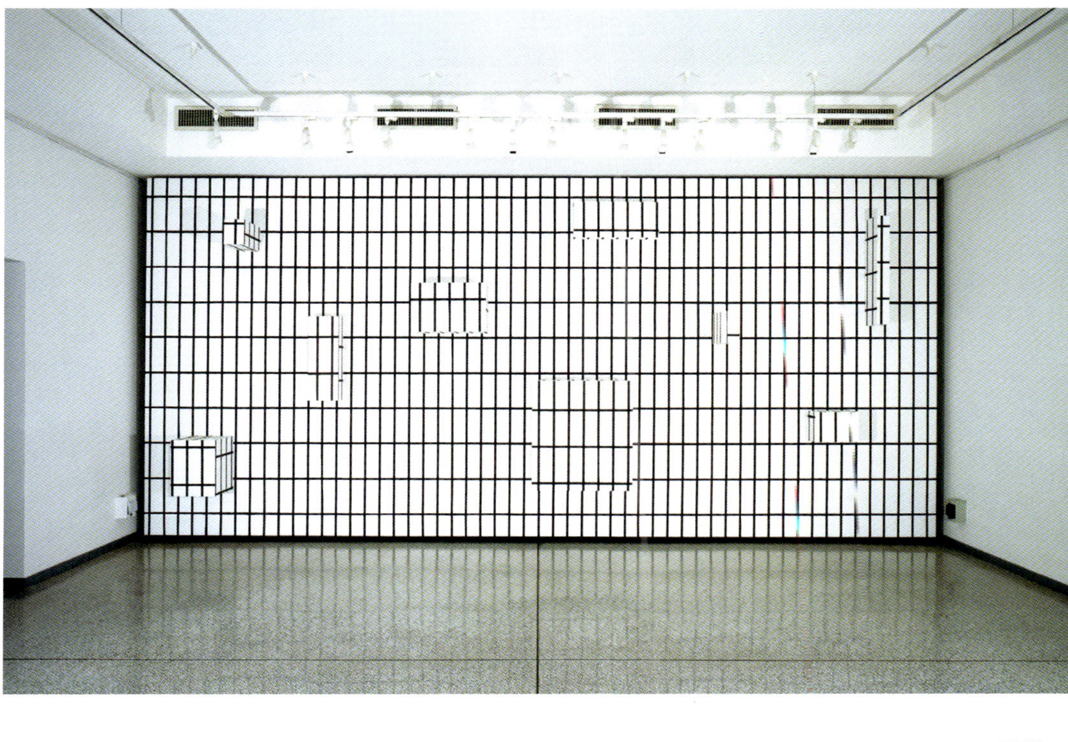

2005 – Kunstprojekt *Add on. 20 höhenmeter*, Wien

Wallensteinplatz, A-1020 Wien, Österreich. 18.06. bis 31.07.2005.
Podest- und Treppengestaltung als Beitrag zur temporären Installation des Kunstprojektes.

Art project Add on. 20 höhenmeter, *Wallensteinplatz, Vienna, Austria.*
Platform and stair design as a contribution to the temporary installation of the art project.

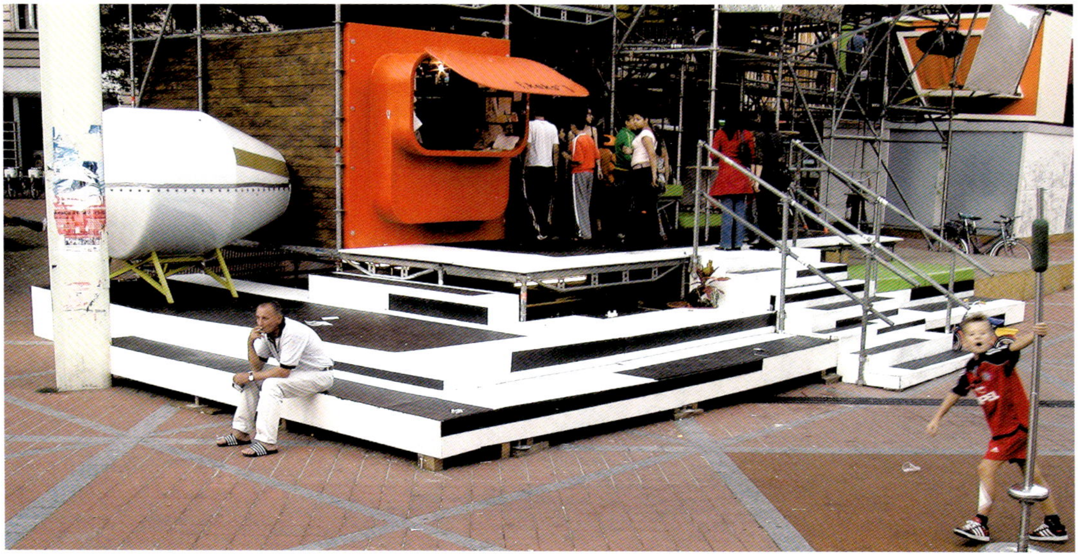

2006 – Ausstellung im ehemaligen Fabrikgebäude *Zacherlfabrik*, Wien

Nusswaldgasse 14, A-1190 Wien, Österreich. 02.06. bis 30.09.2006. Vier begehbare Objekte als Raumschleuse mit unterschiedlichen Steigungen des Fußbodens, anlässlich der Ausstellung *Ins Leere*.

Former factory building Zacherlfabrik, *Vienna, Austria. Four walk-in sculptures as spacial sluices with different floor gradients on the occasion of the exhibition* Ins Leere [Into the void].

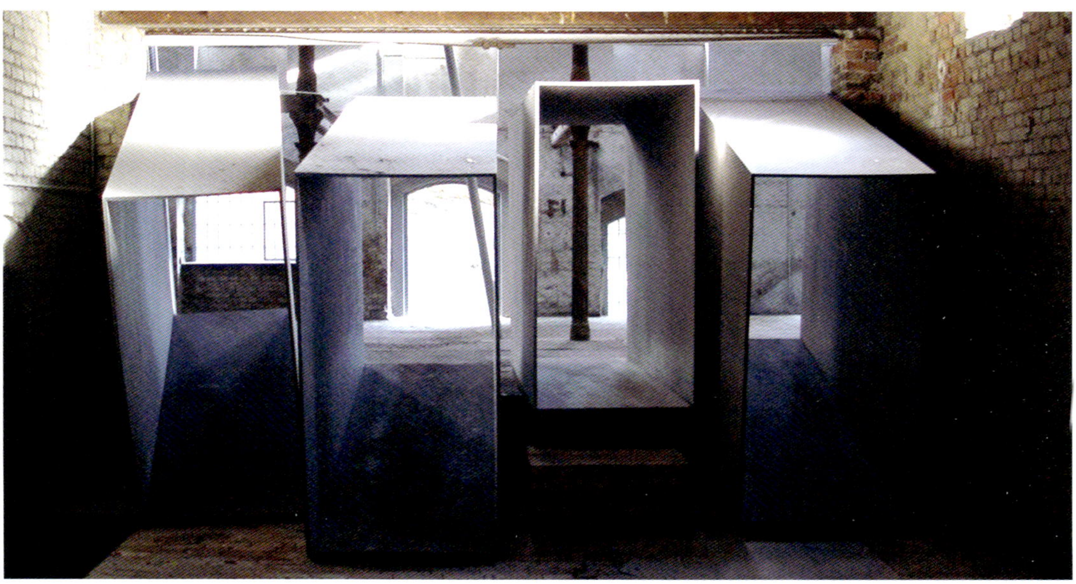

2006 – Ausstellung im *Kulturzentrum bei den Minoriten (KULTUM)*, Graz

Mariahilferplatz 3, A-8020 Graz, Österreich. 30.05. bis 18.07.2010. Zwei installative Raumgestaltungen: kubisch, flächig, schwarz/weiß/grau [links], konstruktiv, linear, schwarz/weiß [rechts], anlässlich der Ausstellung *RELIQTE. Profan-sakrale Bilddiskurse.*

Cultural Centre of the Minorites (KULTUM), *Graz, Austria. Two spatial installations: cubic, two-dimensional, black/white/grey [left], constructive, linear, black/white [right] on the occasion of the exhibition* RELIQTE. Profane-Sacred Image Discourses.

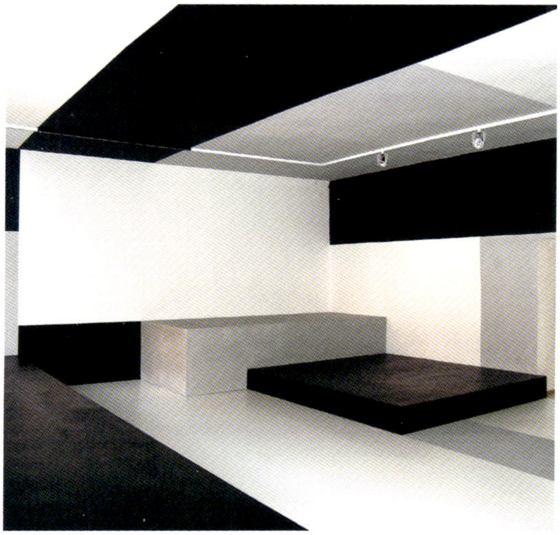

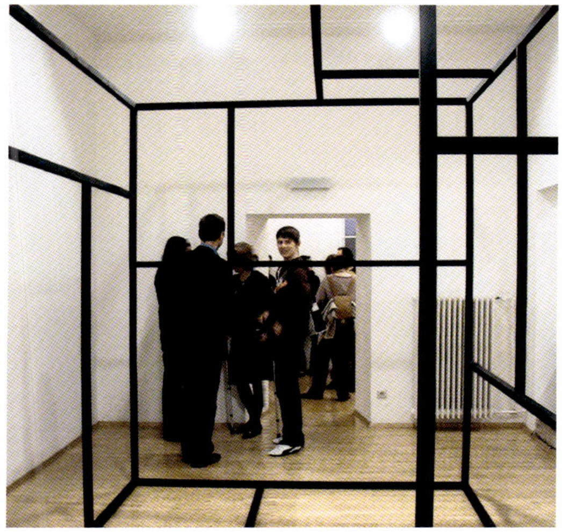

2006 – Ausstellung in der *Galerie im Taxispalais*, Innsbruck

Maria-Theresien-Straße 45, A-6020 Innsbruck, Österreich. 07.04. bis 21.05.2006. Installation im Foyer, teilweise begehbar, anlässlich der Soloausstellung *Esther Stocker.*

Art Museum Galerie im Taxispalais, *Innsbruck, Austria. Installation in the foyer on the occasion of the the solo exhibition* Esther Stocker.

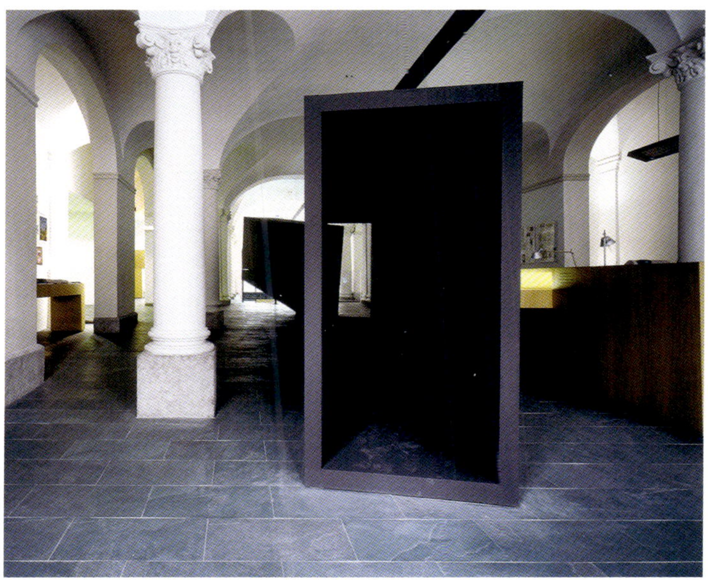

2005 - Ausstellung in der Galerie *Outrageous Look*, New York

103 Broadway, Brooklyn, NY 11211, South Williamsburg New York, USA. 10.12.2005 bis 09.01.2006.
Wandarbeit, anlässlich der Ausstellung *Intermittent Territory for Alienated Figures*.

Gallery Outrageous Look, *New York, USA. Wall work in the exhibition* Intermittent Territory for Alienated Figures.

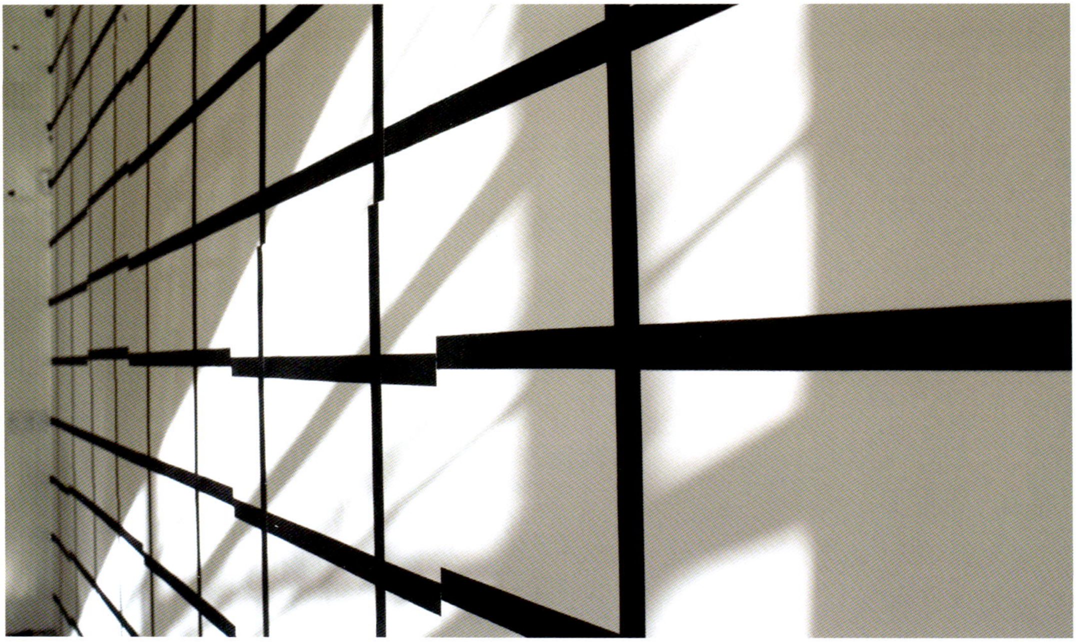

2005 - Ausstellung in der Galerie *Wallstreet One*, Berlin

Zimmerstraße 12, D-10179 Berlin. 30.09. bis 11.11.2005.
Wandgestaltung, anlässlich der Ausstellung *Passion beyond reason*.

Wallstreet One *Gallery, Berlin, Germany. Wall design on the occasion of the exhibition* Passion beyond reason.

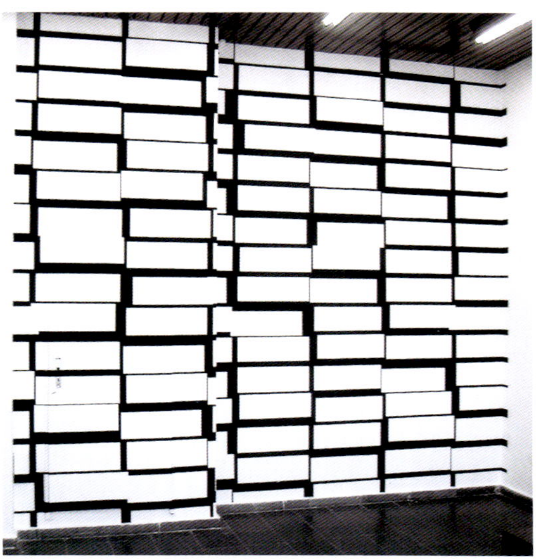

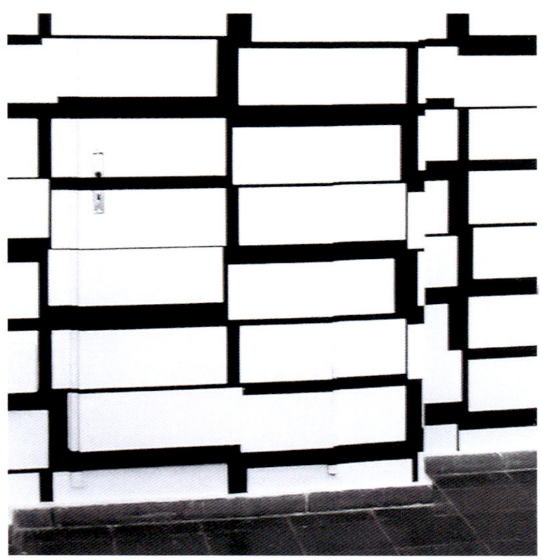

2005 – Ausstellung im Projektraum des Deutschen Künstlerbundes Berlin

Rosenthaler Straße 11, D-10119 Berlin, Deutschland. 10.09. bis 13.11.2005. Installative Raumgestaltung, anlässlich der Ausstellung *Geometrisch betrachtet, sind alle Richtungen im Raum gleichwertig.*

Project Space of the German Artists' Association Berlin, Germany. Spatial installation on the occasion of the exhibition Geometrically, all directions in space are equivalent.

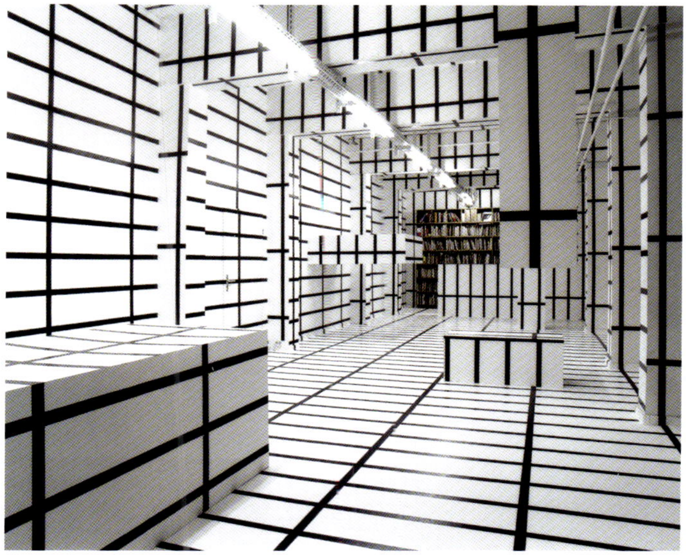

2004 – Presselounge der Kunstmesse *Art Forum Berlin*

Messedamm 22, D-14055 Berlin, Deutschland. 18.09. bis 22.09.2004. Installative Raumgestaltung mit Möbelobjekten.

Art Forum Berlin art fair, Germany. Spatial installation with furniture objects.

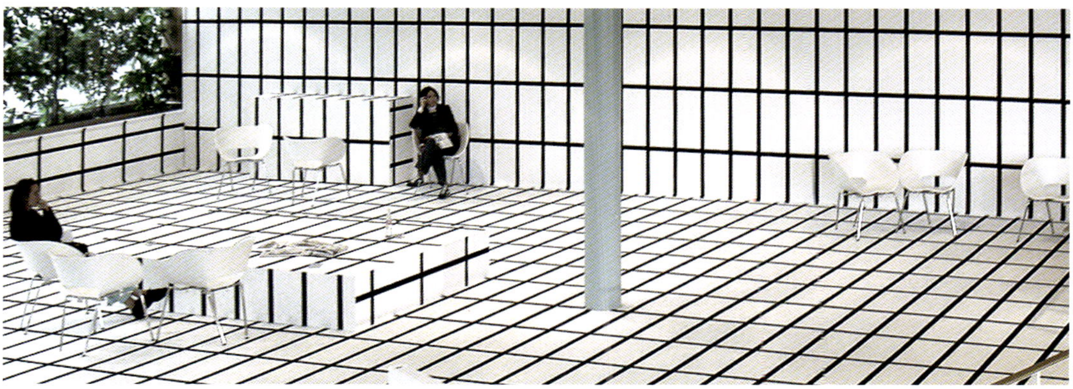

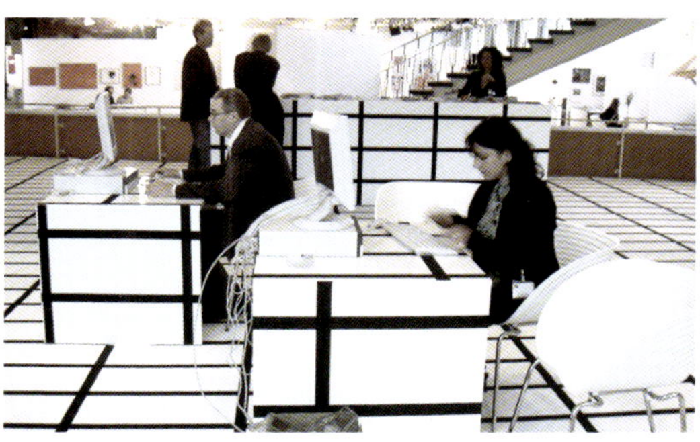

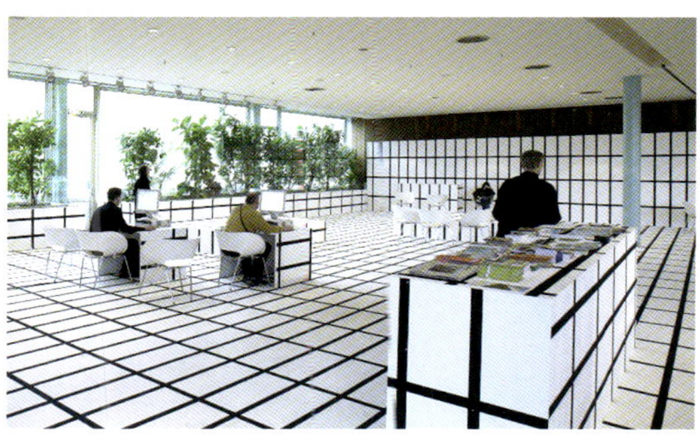

2004 – Ausstellung im Kultur- und Veranstaltungsort *heeresbäckerei*, Berlin

Köpenicker Straße 16, D-10997 Berlin, Deutschland. 29.05. bis 26.06.2004.
Wandgestaltung, anlässlich der Ausstellung *no risk, no glory*.

Culture and event venue heeresbäckerei, *Berlin, Germany.*
Wall design on the occasion of the exhibition no risk, no glory.

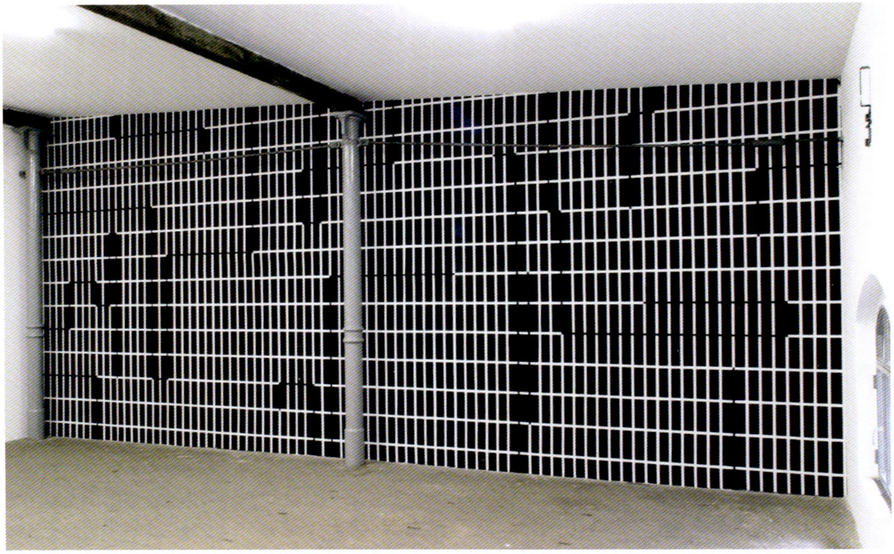

2003 – *Kunsthaus Graz* [Erste Fassung], siehe S. 86 ff.

2003 – Ausstellung in der *Galerie im Traklhaus*, Salzburg

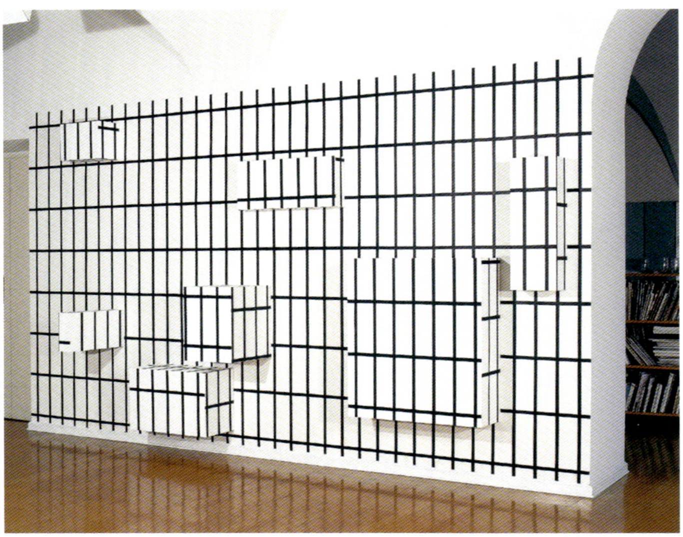

Waagplatz 1a, A-5020 Salzburg, Österreich. 27.06. bis 02.08.2003. Installative Wandarbeit. Zweite Version der Ursprungsarbeit vom März 2003, gezeigt in der Galerie *Krobath Wimmer*, Wien.

Exhibition location Galerie im Traklhaus, *Salzburg, Austria. Spatial installation. Second version of the original work from March 2003, shown at Gallery* Krobath Wimmer, *Vienna, Austria.*

2003 – Ausstellung in der Galerie *4WEST5*, London

4 West Road, Ealing, London W5 2QL, Großbritannien. Eröffnet am 06.06.2003.
Wandgestaltung, anlässlich der Ausstellung *Synthetic Pleasures, Dreizehnzwei, Vienna Show#1.*

Gallery 4WEST5, *London, Great Britain. Wall design on the occasion of the exhibition* Synthetic Pleasures, Dreizehnzwei, Vienna Show#1.

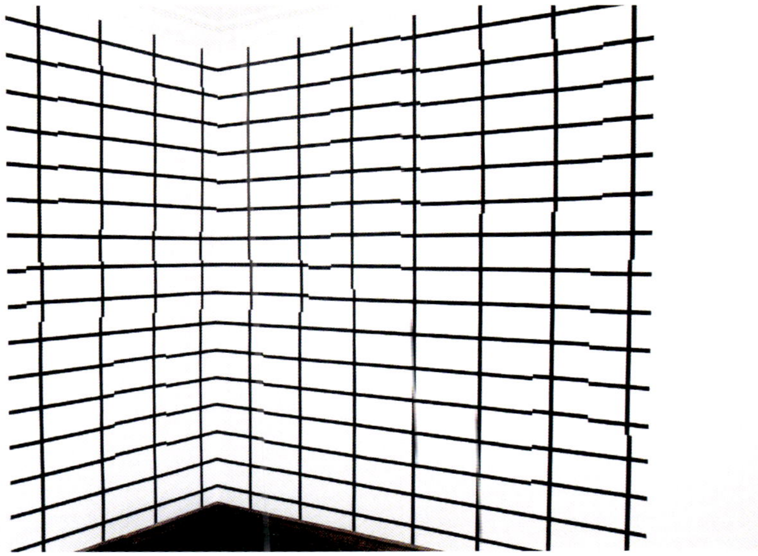

2003 – Ausstellung in der Galerie *Krobath Wimmer*, Wien

Eschenbachgasse 9, A-1010 Wien, Österreich. 20.03. bis 17.05.2003.
Installative Wandarbeit mit dreidimensionalen Elementen.

Gallery Krobath Wimmer, *Vienna, Austria. Wall installation with three-dimensional elements.*

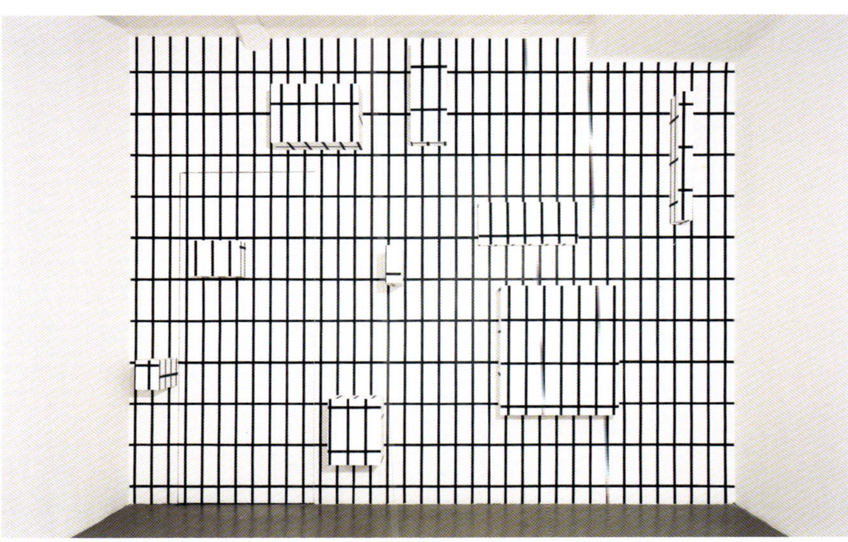

2002 – Ausstellung im Wiener Secessionsgebäude

Friedrichstraße 12, A-1010 Wien, Österreich. 14.02. bis 14.04.2002.
Wandgestaltung in der Eingangshalle, als Beitrag zur Ausstellung *Hier ist dort 2.*

Vienna Secession Building, Austria.
Wall design in the entrance hall, as a contribution to the exhibition Hier ist dort 2 [Here is there 2].

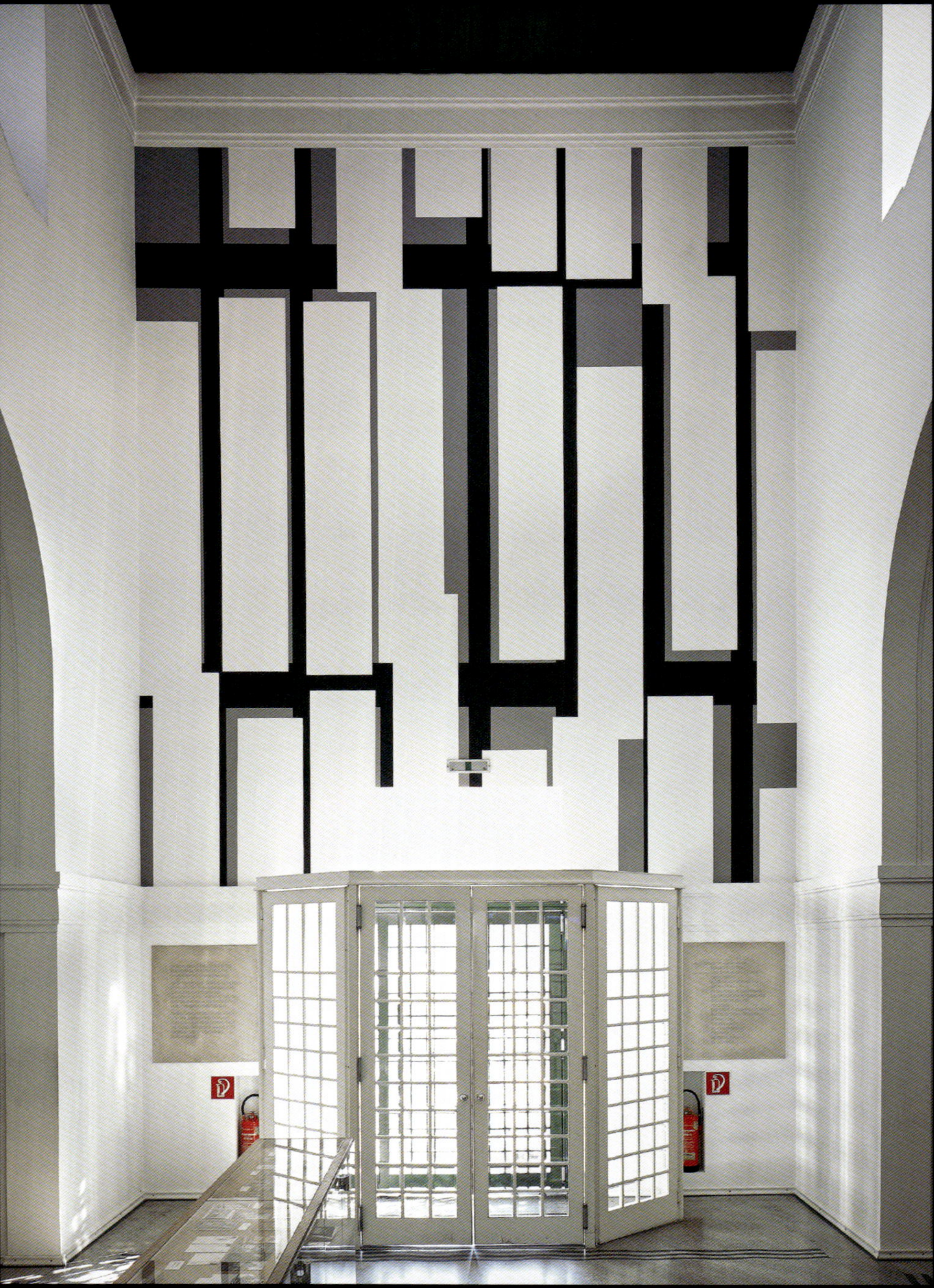

2001 – Ausstellung in der Kunstsammlung *Volpinum*, Wien

Theresiengasse 25-27, A-1180 Wien, Österreich. 07.05. bis 29.09.2001.
Wandarbeit, anlässlich der Ausstellung *Verstörtes Äußeres.*

Volpinum *art collection, Vienna, Austria.*
Wall work on the occasion of the exhibition Verstörtes Äußeres [Disturbed appearance].

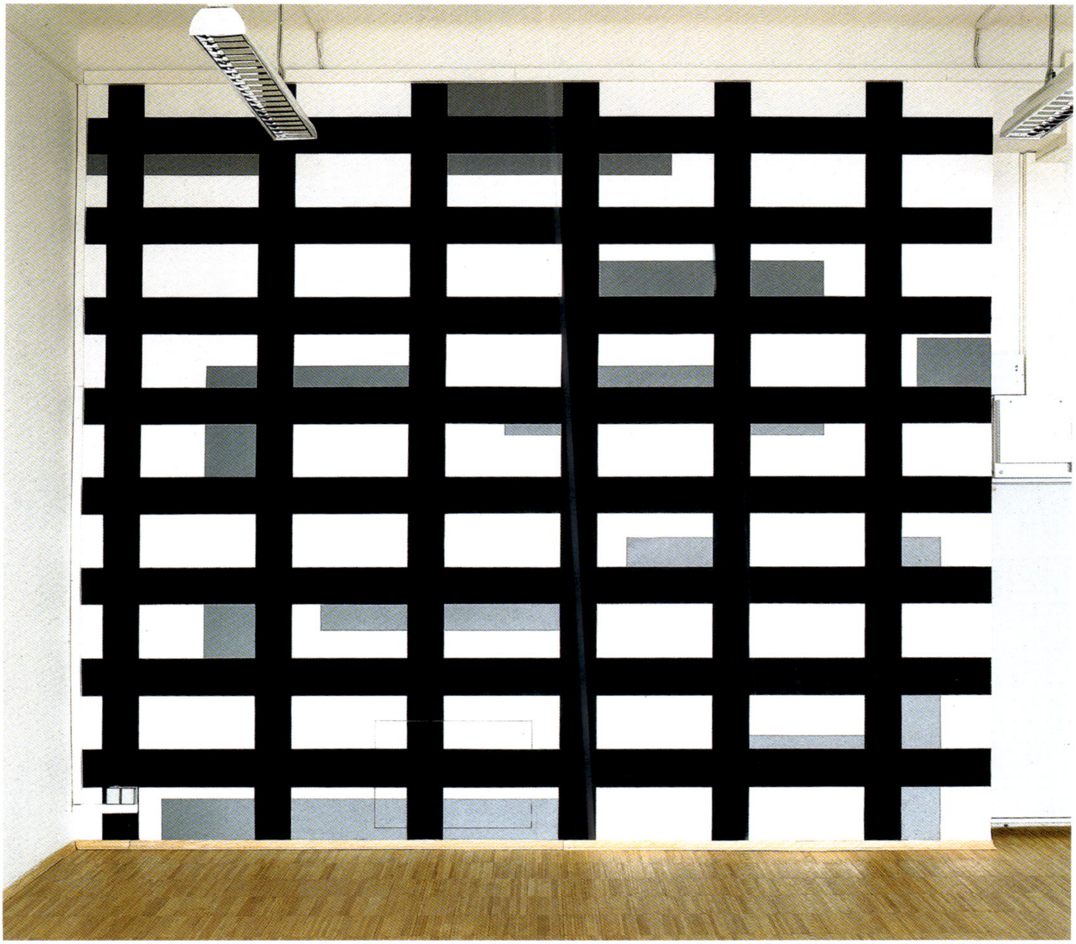

Werkfotografien von · *Photographs of the works by*
Sully Balmassiere 98 · Primoz Bizjak 99 · David Brandt 103 · Jürgen Eheim 95, 96 · Roman Fehr 104 · Michael Goldgruber 14, 68, 68, 94, 97 · Markus Gradwohl 25, 37 · Daniel Greenfeld 102 · Matthias Herrmann 106 · Meinrad Hofer 13, 14, 38, 39, 58, 59, 64, 66, 67 · BS Höttinger 77 · Werner Huthmacher 75 · Achim Kukilies 14, 57 · Nikolaus Lackner 88 · Johannes Marburg 82 · Mischa 85 · Haroon Mizra 105 · Henning Moser 103 · Martin Pardatscher 76, 83, 84 · Katrin Plavcak 103 · Iris Ranzinger 68, 78, 79, 80, 81 · Lisa Rastl 54, 69 · J. Rauchenberger 101 · Rene Riller 74 · Nikolaus Schletterer 76 · David Schreyer 14, 15, 62, 63 · Matthias Seidel 9, 18, 30, 32, 34, 35, 40, 41, 53, 110 · Esther Stocker 10, 11, 12, 26, 28, 29, 31, 43, 44, 45, 46, 47, 49, 50, 52, 53, 55, 56, 57, 68, 74, 75, 77, 82, 85, 86, 89, 90, 91, 92, 93, 98, 100, 101, 102 · Agata Stomna 71, 72 · Rudolf Strobl 50, 52 · Takeshi Sugiura 13, 14, 60 · Burkhard Walther 22, 24 · Otto Wieser 104 · W. Woessner 99, 105, 107 · Shinpei Yokoyama 12, 13, 46, 48 · Raimund Zakowski 69 · Tomek Zerek 72, 73

Umschlagmotiv: Bahnstation Hachihama, Setouchi-Triennale, Japan, 2016 (vgl. S.12 und 47)
Cover motif: Hachihama railway station, *Setouchi-Triennale, Japan, 2016 (cf. pg. 12, 47)*
Foto · *Photograph* Takeshi Sugiura

Anmerkung: Trotz sorgfältiger Recherchen konnten die aktuell gültigen Verwertungsrechte einzelner Aufnahmen bzw. Bildautor:innen nicht mit letzter Gewissheit bestimmt werden. Bei Bedarf wird gebeten, sich zu deren Klärung mit dem Verlag in Verbindung setzen.

Please note: Despite careful research, the currently valid reproduction rights of particular photographs or image authors could not be determined with absolute certainty. If required, please contact the publisher for clarification.

Esther Stocker, geb. 1974 in Silandro, Italien, studierte Bildende Kunst an der Akademie der bildenden Künste Wien, erweitert durch Auslandsstudien in Pasadena, CA und in Chicago, IL. Seit 2001 ist sie als freischaffende Künstlerin in zahlreichen Ländern Europas, Asiens und den USA sehr erfolgreich. Ihre Arbeiten werden in renommierten Galerien und Museen gezeigt und sind in wichtigen Sammlungen vertreten. Darüber hinaus hat sie zahlreiche Kunstwerke im öffentlichen Raum und im Architekturzusammenhang realisiert. Sie lebt und arbeitet in Wien.

Dr. Martin Brucks, geb. 1973 in Berlin-Mitte, studierte Architektur an der Universität der Künste Berlin sowie Psychologie an der Technischen Universität Berlin. 2011 promovierte er mit einer interdisziplinären experimentalpsychologischen Forschungsarbeit zur Raumwahrnehmung an der Humboldt-Universität zu Berlin. Er lehrte Architekturgeschichte und -theorie an der Universität der Künste Berlin, Kognitions- und Ingenieurpsychologie an der Humboldt-Universität zu Berlin, Raumgestaltung und Bildnerisches Gestalten an der Technischen Universität Dresden sowie Textil- und Flächendesign an der Kunsthochschule Weißensee, Berlin. Er arbeitet als freier Wissenschaftsautor und Architekturgutachter.

Matthias Seidel, geb. 1966 in Ludwigsburg, studierte Architektur an der Technischen Universität Berlin und arbeitete anschließend sieben Jahre als freier Architekt. Von 1999 bis 2011 lehrte er an der Universität der Künste Berlin im Studiengang Architektur sowie in der Fakultät Kunst. 2008 gründete er *dr. julius | ap* als Ausstellungsort für konzeptuell-minimale Kunst und Architektur. Parallel entwickelte er in verschiedenen Arbeitsgemeinschaften Konzepte für die Produktion von Ausstellungen sowie Formate kultureller Bildung und Vermittlung in den Bereichen Kunst, Architektur, Stadt und Gesellschaft. Er ist Direktor des Projects Dept. von *drj art projects*, wo diese Sparten heute mit der 2010 begonnenen *edition ROTE INSEL* zusammengefasst sind. Diese erarbeitet, verlegt und vertreibt Publikationen zu den entsprechenden Themenfeldern sowie Auflagenwerke der Programmgalerie *drj art projects*.

***Esther Stocker**, b. 1974, Silandro, Italy, studied fine art at the Academy of Fine Arts Vienna, as well as in Pasadena, CA, and Chicago, IL. Since 2001, she has found great success as a freelance artist in countries across Europe as well as in Asia and the US. Her works have been shown in renowned galleries and museums and are represented in important collections. In addition, she has realized many works in public space and site-specific installations. She lives and works in Vienna, Austria.*

***Dr. Martin Brucks**, b. 1973, Berlin-Mitte, Germany, studied architecture at the Berlin University of the Arts and psychology at the Technical University of Berlin. He received his doctorate in 2011 for an interdisciplinary work of experimental psychology on spatial perception from the Humboldt University of Berlin. He taught architectural history and theory at the Berlin University of the Arts, cognitive- and engineering psychology at the Humboldt University of Berlin, interior- and graphic design at the Dresden University of Technology, and textile- and surface design at the Weißensee Academy of Art Berlin. He works as freelance academic author and architectural expert.*

***Matthias Seidel**, b. 1966, Ludwigsburg, Germany, studied architecture at the Technical University of Berlin and subsequently worked for seven years as an architect. From 1999 to 2011 he held a position as research associate and lecturer in the art and architecture departments at the Berlin University of the Arts. In 2008 he founded* dr. julius | ap *as an exhibition space for conceptual minimal art and architecture. At the same time, he was active in various working groups to develop concepts for exhibition production as well as new formats of cultural education and promotion in the realms of art, architecture, city, and society. He is director of the projects dept. of* drj art projects, *which brings together these fields of activity with* edition ROTE INSEL, *which was founded in 2010. It develops, publishes and distributes publications on the related subjects in combination with editions by the programme gallery* drj art projects.

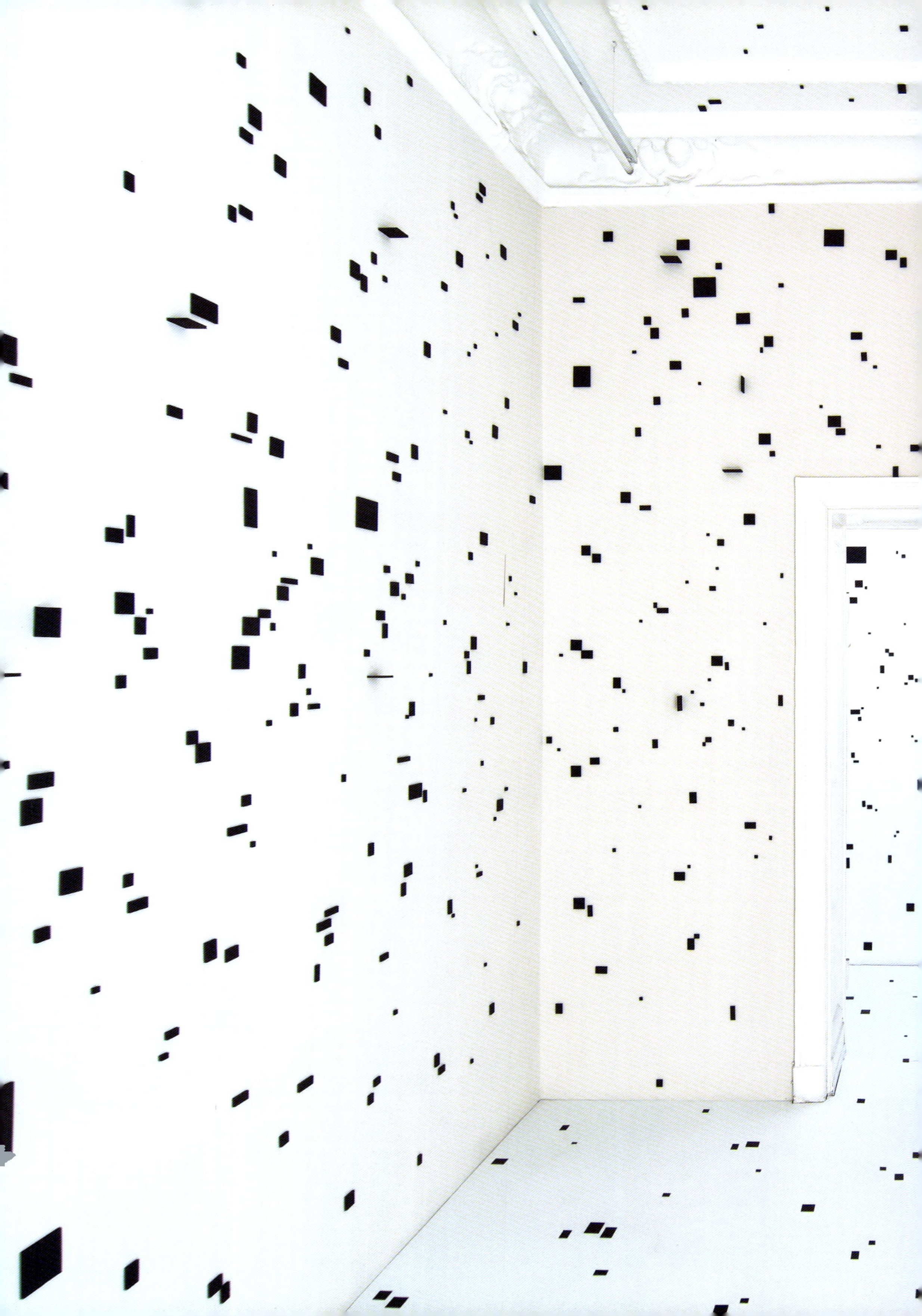

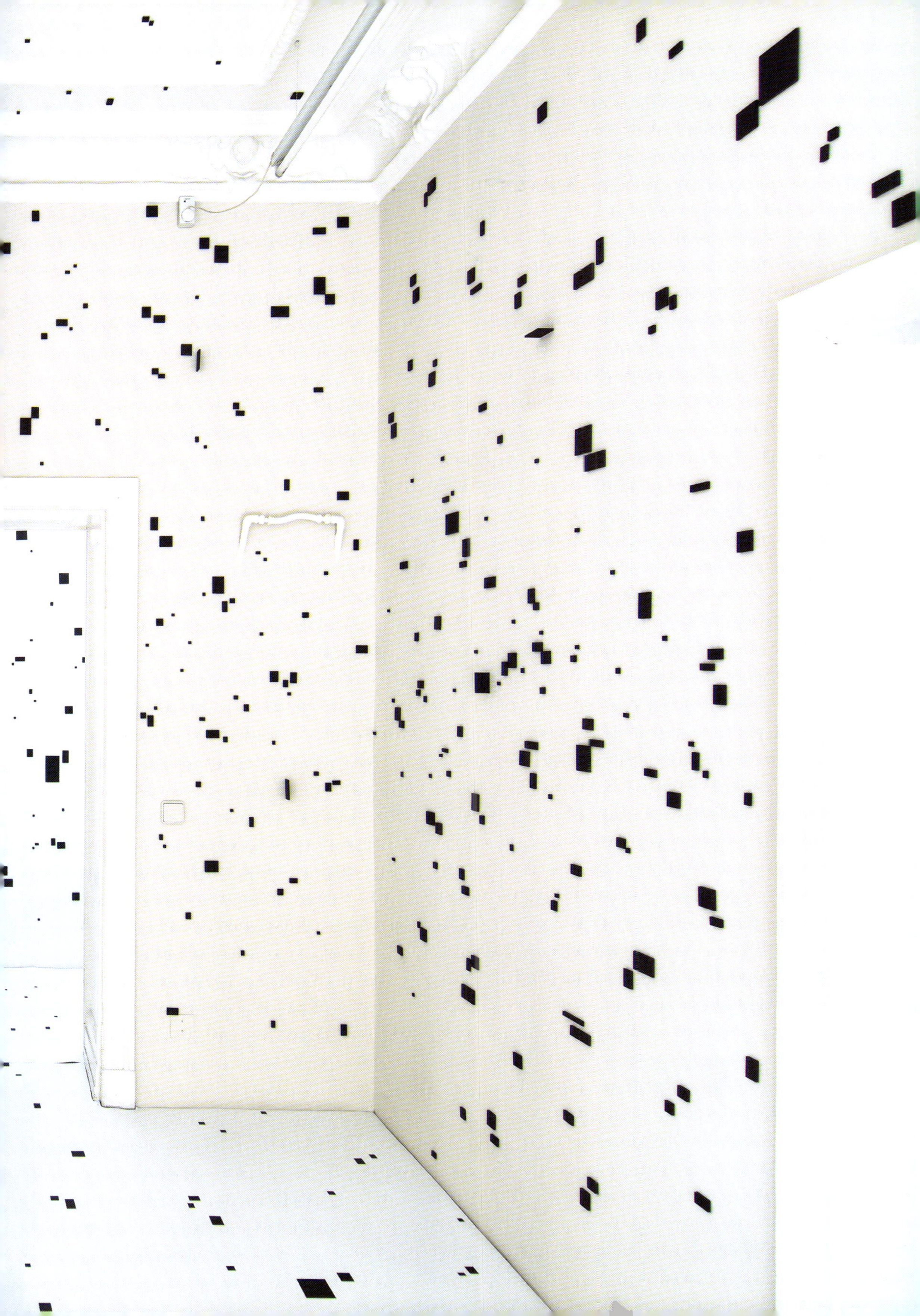

ESTHER STOCKER
Art on Architecture
Architekturbezogene Arbeiten 2001–2020

Herausgegeben von · *Edited by* drj art projects
Mit Texten von · *Texts by* Esther Stocker, Martin Brucks und/*and* Matthias Seidel
Lektorat von · *Proofreading by* Martin Brucks, Christiane Bail
Übersetzung von · *Translation by* Anne Posten
Satz + Gestaltung von · *Typesetting + design by* Matthias Seidel
Druckvorstufe und Bildbearbeitung von · *Pre-print and image processing by* Stephan Ehrenhofer

Ausdrücklichen Dank an · *Special Thanks to*
Ariane und/*and* Peter Nagel, Peter C. Ruppert [†], Österreichisches Kulturforum Berlin

Bibliografische Information der Deutschen Nationalbibliothek
Die Deutsche Nationalbibliothek verzeichnet diese Publikation in der Deutschen Nationalbibliografie; detaillierte bibliografische Daten sind im Internet über dnb.de abrufbar.

Bibliographic information published by the Deutsche Nationalbibliothek
The Deutsche Nationalbibliothek lists this publication in the Deutsche Nationalbibliografie; detailed bibliographic data is available in the Internet at dnb.de

Erschienen im · *Published by*
VfmK Verlag für moderne Kunst GmbH
Schwedenplatz 2/24
A-1010 Wien · *Vienna*
hello@vfmk.org
www.vfmk.org

ISBN 978-3-903572-99-7

Vertrieb · *Distribution*
Europa · *Europe*: LKG – www.lkg-va.de
Großbritannien · *UK*: Cornerhouse Publications – www.cornerhousepublications.org
USA: D.A.P. – www.artbook.com

Gedruckt von · *Printed by*
Gerin Druck GmbH
Gerinstraße 1-3
A-2120 Wolkersdorf

edition ROTE INSEL
Leberstraße 60
D-10829 Berlin
www.rote-insel.com
www.drj-art-projects.com

edition ROTE INSEL
00261